BIDOCHE
L'INDUSTRIE DE LA VIANDE MENACE LE MONDE

DU MÊME AUTEUR

Jours sang, Fleuve Noir, 1987.

Le Tour de France d'un écologiste, Le Seuil, 1993.

Pesticides, révélations sur un scandale français, avec François Veillerette, Fayard, 2007 ; Hachette Littératures, coll. Pluriel, 2008.

La Faim, la Bagnole, le Blé et nous. Une dénonciation des biocarburants, Fayard, 2007.

Bidoche. L'industrie de la viande menace le monde, Les liens qui libèrent, 2009.

Le Vent du boulet, Fayard, 2009.

Biocarburant, la fausse solution, Hachette Littératures, coll. Pluriel, 2010.

Qui a tué l'écologie ? WWF, Greenpeace, Fondation Nicolas Hulot, France nature environnement en accusation, Les liens qui libèrent, 2011 ; Points n° 2771.

Un empoisonnement universel. Comment les produits chimiques ont envahi la planète, Les liens qui libèrent, 2014 ; Babel n° 1377.

Lettre à un paysan sur le vaste merdier qu'est devenue l'agriculture, Les Échappés, 2015.

© Les liens qui libèrent, 2009

ISBN 978-2-7427-9304-4

FABRICE NICOLINO

BIDOCHE

L'INDUSTRIE DE LA VIANDE
MENACE LE MONDE

*Ce livre est dédié à tous les animaux
morts sans avoir vécu.*

Pero ninguna cosa me admiraba más ni me parecía peor que el ver que estos jiferos con la misma facilidad matan a un hombre que a una vaca ; por quítame allá esa paja, a dos por tres meten un cuchillo de cachas amarillas por la barriga de una persona, como si acocotasen un toro.

« Mais rien ne m'étonnait plus ni ne me semblait pire que de voir ces bouchers d'abattoir tuer un homme avec la même facilité qu'une vache ; pour un oui ou un non, ils enfoncent un couteau à manche jaune dans le ventre d'une personne, comme ils le feraient dans la nuque d'un taureau. »

El coloquio de los perros (Miguel de Cervantes)

*In etterno verranno a li due cozzi :
questi resurgeranno del sepulcro
col pugno chiuso, e questi coi crin mozzi.*

*« Ils iront se heurter jusqu'à la fin des siècles,
et les uns surgiront un jour de leur sépulcre
avec le poing fermé, les autres sans cheveux. »*

« L'Enfer », chant VII de *La Divina Commedia* (Dante Alighieri)

« Dans un film ancien (*Deuxième bureau contre Kommandantur*), la bonne du curé patriote offre à manger à l'espion boche déguisé en clandestin français : "Ah, c'est vous, Laurent ! Je vais vous donner de mon bifteck." Et puis, quand l'espion est démasqué : "Et moi qui lui a donné de mon bifteck !" Suprême abus de confiance. »

« Le Bifteck et les Frites », *Mythologies* (Roland Barthes)

« De quelque façon qu'on l'interprète, quelque conséquence pratique, technique, scientifique, juridique, éthique ou politique qu'on en tire, personne aujourd'hui ne peut nier cet événement, à savoir les proportions sans précédent de cet assujettissement de l'animal. Cet assujettissement dont nous cherchons à interpréter l'histoire, nous pouvons l'appeler violence, fût-ce au sens moralement le plus neutre de ce terme et même quand la violence interventionniste se pratique, dans certains cas, fort minoritaires et nullement dominants, ne l'oublions jamais, au service ou pour la protection de l'animal, mais le plus souvent de l'animal humain. Personne ne peut davantage dénier sérieusement la dénégation. »

L'Animal que donc je suis (Jacques Derrida)

« *Faut qu'ça saigne*
Faut avaler d'la barbaque
Pour êt'e bien gras quand on claque
Et nourrir des vers comaques
Faut qu'ça saigne
Bien fort. »

Les Joyeux Bouchers (Boris Vian)

Pourquoi j'ai voulu ce livre

Je suis né pour ma part dans le sous-prolétariat urbain de la banlieue parisienne. Ce n'est pas un lieu rieur. Ce ne fut pas un temps calme. Il m'arriva plus d'une fois de rêver meilleur destin. Mais qui choisit ? Il reste que, dans les meilleures années de cette époque engloutie à jamais, ma mère préparait le dimanche midi un roast-beef, un rosbif farci à l'ail qui déclenchait chez nous tous, les enfants de cette pauvre nichée, une émeute de papilles.

Un repas peut-il rendre heureux ? Oui. Un morceau de viande peut-il faire croire, le temps d'une tablée familiale, que tout va bien, que tout va mieux ? Oui. J'ai mangé beaucoup de viande. J'ai pris un grand plaisir à mastiquer, à partager avec les miens ce qui était davantage qu'un mets. Je suis mieux placé que d'autres pour comprendre que manger de la viande est un acte social majeur. Un comportement. Une manière de se situer par rapport au passé maudit de l'humanité, et de défier le sort promis par l'avenir.

Je crois savoir ce que manger veut dire. Mais je dois ajouter que, chemin faisant, j'ai changé d'avis et de goût. Modifier ses habitudes est l'une des vraies grandes libertés qui nous sont laissées. Je l'ai fait. Derrière la viande, peu à peu, les morceaux, hauts et bas, se sont reformés, comme dans les dessins animés de mon enfance, qui ignorent tout de la logique triviale de la vie ordinaire.

Derrière une côte de bœuf, j'ai fini par voir un bœuf. Derrière un gigot, un agneau. Derrière un jambon, un cochon. On peut parler d'un choc, immense et lent. L'histoire que je vais vous raconter n'est pas simple, et j'en suis le premier désolé. Elle peut d'autant plus paraître compliquée qu'elle l'est en réalité. Mais ce n'était pas une raison pour faire un livre pesant. Celui-ci ne devrait pas l'être. On y verra beaucoup d'hommes en action, prenant en notre nom des décisions plus ou moins réfléchies. Avec des conséquences majeures que la plupart ignorent.

Cela explique les tours, détours, ruses et contorsions d'une affaire profonde, qui nous concerne tous. Ce livre sur la viande commande du temps, et de la réflexion. Peut-être est-ce une mauvaise idée de le signaler d'entrée, à l'heure d'Internet et du zapping tous azimuts. Mais c'est ainsi. Au moins ne serez-vous pas trompé sur la marchandise.

Il reste que cet ouvrage peut aussi se lire pour ce qu'il est : une formidable aventure aux conséquences inouïes. Où rien n'était inévitable. Où tout aurait dû être pesé. Ou tout aurait pu être contrebalancé. Une histoire pleine de bruit et de fureur, emplie jusqu'à déborder de qualités qui sont souvent de pénibles défauts. Laissez-vous porter par cette vague venue des temps les plus anciens, et posez-vous les bonnes questions, qui vous rendront fiers d'être des humains dignes du mot.

Comment des animaux aussi sacrés que le taureau Hap de la plus haute Antiquité sont-ils devenus des morceaux, des choses, des marchandises ? Pourquoi des techniciens inventent-ils chaque jour, en notre nom, de nouvelles méthodes pour « fabriquer » de la « matière » à partir d'êtres vivants et sensibles ? Pourquoi leurs laboratoires sont-ils aussi anonymes que secrets ? Pourquoi l'industrie de la bidoche est-elle dotée d'une puissance qui cloue le bec de ses rares critiques ? À la suite de quelle rupture mentale a-t-on accepté la barbarie de l'élevage industriel ? Pour quelle raison folle laisse-t-on la consommation effrénée de ce produit plein d'antibiotiques et d'hormones menacer la santé humaine, détruire les forêts tropicales, aggraver dans des proportions étonnantes la si grave crise climatique en cours ?

Qui est responsable ? Et y a-t-il des coupables ? La réponse n'a rien d'évident, mais elle existe, dans les deux cas. Ce livre vous convie à une plongée dont vous ne sortirez pas indemne. À la condition de le lire pour de vrai, vous ferez ensuite partie d'une tribu en expansion, mais qui demeure on ne peut plus minoritaire. La tribu de ceux qui savent. Et peut-être même rejoindrez-vous celle qui ne veut plus. A-t-on le droit de se révolter ? On en a en tout cas le devoir.

Je mange encore de la viande. De moins en moins, et désormais si peu que j'entrevois le moment où je cesserai peut-être de le faire. Je ne suis pas un exemple. Je suis exactement comme vous. J'espère en tout cas que nous nous ressemblons assez pour que le dialogue commence. Mais avant cela, il fallait vous faire découvrir le tumulte des relations que nous entretenons avec notre sainte bidoche. Si ce livre devait servir à quelque chose, il me plairait qu'il permette à ses lecteurs de se demander ce qu'ils mangent. Et pourquoi. Et comment.

Vivre vite, mourir jeune,
faire un affreux cadavre
(librement inspiré de James Dean)

Les poussins font du toboggan, direction le hangar, ou sont jetés vivants à la poubelle. Les vaches sont nourries « scientifiquement » et les taureaux agrémentés de vagins artificiels. Les veaux sont sevrés au bout de deux jours et n'ont pas le droit de bouger un sabot. Les cochons, sans queue ni dents, deviennent pourtant cannibales. Et les poules ne peuvent plus avoir de becs. Bienvenue à la Ferme des animaux.

On peut passer ce premier chapitre si l'on n'a pas le cœur assez bien accroché. L'enfer est en effet un lieu insupportable pour les âmes tendres. Dans le monde des bêtes, on tue sans voir ni réfléchir. On massacre de toutes les manières possibles. Et cela ne date pas d'hier, non. On attribue au grand Tolstoï une phrase qu'il a probablement prononcée et sans aucun doute pensée : « Tant qu'il y aura des abattoirs, il y aura des champs de bataille. »

L'affaire n'est pas nouvelle. Témoin, pour ne pas remonter à Mathusalem, le chef-d'œuvre de Georges Franju sorti en 1949 et dont le titre est un programme : *Le Sang des bêtes*. Las de réclamer cette année-là des autorisations qui ne viennent pas, Franju part filmer clandestinement aux abattoirs de Vaugirard et de la Villette, caméra au poing. Nous sommes en noir et blanc.

Faut-il parler de cinéma-vérité, comme l'on disait en France dans les années de l'après-68 ? Ou de cinéma néo-réaliste à la mode italienne, façon *Rome, ville ouverte* ? Le résultat est stupéfiant. Franju rapportera plus tard, en 1992 : « Quand je suis allé la première fois là-dedans, je suis rentré chez moi, j'ai pleuré pendant deux jours, j'ai caché tous les couteaux, j'avais envie de mourir. »

Il faut le voir, si l'on ose. Car le spectacle est celui du grand massacre. La caméra de Franju, sur un commentaire minimaliste dit par une jeune femme, montre la réalité sans fard. Un cheval blanc arrive à la Villette et, avant que l'on ait pu comprendre quoi que ce soit, il est foudroyé avec un pistolet de Behr, vidé, dépecé. Sous nos yeux. De même les veaux sont-ils égorgés en enfilade. De même les moutons sont-ils saucissonnés sur des étals, laine contre laine, de façon grotesque, avant d'être vidés de leur sang, qui coule sur le sol et le long d'une rigole. Les tueurs sont armés de pistolets d'abattage, de merlins, de joncs grâce auxquels ils pénètrent le cerveau des bêtes.

On aperçoit Ernest, dont on apprend qu'il est un roi de la lancette – ce couteau plus coupant qu'un rasoir qui permet de fleurer l'animal mort, c'est-à-dire de séparer la peau de la chair avec délicatesse. On l'aperçoit, on le voit finalement clopiner, car Ernest, malgré sa vaillance, a commis une faute et sectionné un jour sa propre artère fémorale. On le voit donc clopinant sur un pilon en bois qui ne déparerait pas dans un vieux film de pirates.

Les images sont aux limites extrêmes du supportable. À chaque instant, la vie s'éteint dans l'œil des victimes. On tremble, on tremble pour de vrai. Et le pire est peut-être la sempiternelle bonhomie des exécuteurs. Ernest, Maurice, André, Alfred sont des sortes de Gabin à gapette, la cigarette au bec, bras nus dans l'immondice. On entend des sifflotements. La voix off dit : « Dans l'ambiance assourdissante des treuils métalliques, les tueurs et ouvriers de l'échaudoir travaillent, entourés des vapeurs grises du sang des bêtes. »

Il est difficile de croire que Franju n'a pas pensé aux camps de la mort humaine, qui, au moment où il tourne, n'ont fermé que quelques années plus tôt. Les longs travellings sur les façades des immeubles voisins semblent dire l'indifférence radicale face au crime de masse. Le canal de l'Ourcq, au-dessus duquel passent sans trêve les troupeaux de condamnés, fait irrésistiblement penser au Styx, le fleuve des Enfers. Et du même coup au roman de Boris Vian, *L'Arrache-Cœur*, et à son personnage clé nommé La Gloïre. En échange de pièces d'or, ce dernier ramasse tous les péchés de la communauté. « Ramasse » au sens propre ou presque, puisque son « travail » consiste à reprendre au fleuve – rouge sang – les pires horreurs accumulées dans la vie des autres. Ces ouvriers de la Villette, filmés par Franju en 1949, font-ils autre chose ? Pour nous et d'ailleurs en notre nom ?

Le Sang des bêtes s'achève sur ce commentaire : « La journée se termine. Les moutons s'endorment avec le silence, ils n'entendront pas les grilles de leur prison se refermer sur eux, ni le petit train de Paris-Villette qui s'en va chercher dans les champs les victimes du lendemain. »

Horrible ? Horrible. Encore faut-il ajouter que cette mort est donnée dans des conditions artisanales. Imagine-t-on bien ? On foule du pied les carcasses pour mieux les vider, la cendre des cigarettes tombe sur la chair, les couteaux sont aiguisés sous nos yeux, entre deux opérations, les vêtements sont portés visiblement plusieurs jours d'affilée, quatre hommes peuvent se pencher sur une seule vache, se gênant même dans leurs mouvements. C'est un autre temps, venu de loin.

Aujourd'hui est mieux. Aujourd'hui va plus loin. Aujourd'hui est plus sain. Ce qui suit est tiré d'images prises partout et même ailleurs. De témoignages variés. Sur le continent européen. Sur le continent nord-américain, qui aura tant innové dans ce domaine. Ces films et propos sont documentés et disent le vrai. Pas les compromis euphémiques par quoi les hommes parviennent à nier l'évidence. Pas les contes de fées et autres bluettes qui permettent aux bénéfices industriels de continuer à bondir, envers et contre toutes les crises. Le vrai, pas le mensonge. Ce que l'on va pauvrement décrire s'appelle un système, qui peut comporter des variantes ici ou là. Les scènes peuvent se dérouler en Bretagne, autour d'Amsterdam, dans l'Italie lombarde, au fin fond de l'Iowa. N'importe où sur l'une des innombrables îles de l'archipel du malheur. Mais il s'agit d'un système. Et ceux qui ne veulent pas savoir ne sauront pas. Comme à l'habitude.

Cochonneries à tous les étages

Le cochon. D'abord la saillie. Le mâle n'a bien entendu pas le droit de faire l'amour à sa belle. Si on le laissait faire, il y aurait, comme on dit dans le métier, trop de « casse ».

Un rapport sexuel non trafiqué entre un verrat et une truie peut avoir des effets sur les deux. Surtout sur la truie, dont les capacités de reproduction normalisées pourraient s'en trouver diminuées.

Donc, de deux choses l'une. Ou l'on achète du sperme congelé dans un centre d'insémination artificielle et on le glisse au bon moment dans le ventre de Madame. Ou l'on branle Monsieur. Dans les porcheries qui disposent de verrats génétiquement sélectionnés, un ouvrier s'enferme dans une pièce avec l'un des champions et un mannequin de monte. Lequel est une poupée gonflable qui ne se gonfle pas. Il faut que le verrat bande, il faut ce qu'il faut, de manière à ce que le prolo de service puisse recueillir une belle dose d'éjaculat dans un récipient *ad hoc*. Ensuite, comme dans le cas précédent, il conviendra d'injecter la semence. C'est stressant, vraiment stressant. Ne pas hésiter à insulter l'animal s'il n'arrive pas à donner son sperme dans des temps raisonnables. Le traiter de « gros tas », de « grosse merde » ne sert pas à grand-chose sur un plan pratique, mais soulage.

Les injections sont faites ? Les sondes d'insémination sont bien fixées sur le col de l'utérus des truies ? Alors elles ne tarderont pas à se trouver enceintes. Au boulot. Elles sont envoyées dans des salles de gestation où elles resteront trois mois, trois semaines et trois jours en tout. Elles sont encagées dans des stalles de contention faites de tubes d'acier. La règle d'or est qu'elles ne doivent pas bouger. Ou si peu. Les possibilités sont menues. On peut faire un pas en avant ou un pas en arrière. Se coucher requiert des acrobaties. Les problèmes aux pieds, aux hanches, la question même de l'aplomb se posent à un très grand nombre de truies. Attention ! Si cela devient gênant pour le producteur, l'animal déglingué est « réformé ». L'élevage aime les euphémismes. Être « réformé », c'est être tué. C'est être « abattu » avant la date prévue. On tue certains cochons dès l'âge de 6 mois ; on en garde d'autres jusqu'à 3 ans et plus. Leur espérance de vie normale est de quinze à vingt ans. Commentaire d'un ouvrier, évidemment abîmé en profondeur par ce que la machine commande : « Il y a trop de truies qui partent en réforme, ça fait chier. »

Une soupe aux hormones

Une truie peut-elle s'ennuyer ? Le temps de la gestation est une saison absolument vide de toute activité. Il n'y a rien à faire. Aussi ne faut-il pas s'étonner du climat de folie qui s'installe à l'heure des repas. Deux fois par jour, un mécanisme qui ne doit rien à l'homme délivre aux prisonnières une ration dite de « soupe », mélange d'eau, de céréales diverses et de « compléments alimentaires » encore plus variés. Les truies se mettent à hurler, au point que ceux qui sont présents dans ces moments-là portent souvent des casques de protection auditive. Elles mordent les barreaux de métal ; on peut supposer qu'elles feraient pire si l'occasion s'en présentait.

Soupe. Plus tard, avant, après, quand cela est nécessaire, nombreuses piqûres d'hormones, d'antibiotiques, de vaccins et de médecines dans leur corps. Elles doivent absolument enfanter le nombre de « petits » prévus au programme d'investissement. Sinon, comment fera le producteur, endetté jusqu'au cou ? Jocelyne Porcher, qui a beaucoup travaillé sur le sujet, commente : « Elles me font penser à ces ouvriers qui sont postés, en usine. Parfois ils sont attachés, de manière à ne pas se faire happer les mains. Sauf que, pour l'animal, la journée de travail ne s'arrête jamais. Il n'y a pas de fin. La seule fin, c'est la mort. »

On notera le sens de l'exagération : avant la mort, il y a la vie. Dans les boxes de maternité. Les truies, une fois terminée leur gestation, vont bien devoir enfanter. On les change donc de hangar. L'espace personnel y est à peine plus grand. C'est fâcheux, car ces grosses mères imbéciles, à force de mouvements inconsidérés, écrasent certains de leurs nouveau-nés. Encore de la « casse ». D'où des débats interminables entre professionnels. Faut-il incriminer la génétique ? Certains n'hésitent pas à mettre en cause la race issue d'un croisement entre porcs Large White et porcs Landrace. Elle ferait des marâtres. D'autres estiment qu'il conviendrait de desserrer l'étau des cages de contention. Ou au contraire de diminuer encore la taille de l'enclos, de façon à mieux protéger les porcelets. La discussion technique est passionnante.

Mais, surtout, ne pas oublier la productivité. Les objectifs sont perpétuellement à la hausse depuis le vrai début de l'élevage industriel, à la fin des années 60 du siècle passé. Il faut augmenter la « prolificité » des truies, qui atteint pourtant des records. Grâce aux astucieux procédés des hommes, une truie donne en moyenne 18, 20 porcelets, voire plus. Or elle ne dispose que de 14 tétines. Heureusement, au bout du compte, qu'il y a de la « casse ». Et ce flux tendu qui permet de considérer, d'un seul et même mouvement, la totalité des truies et des porcelets. S'il manque quelque chose quelque part, on le trouvera bien ailleurs. On déplacera. On mettra un bébé à un quelconque robinet de lait. Dans la réalité de ce beau travail, une tétine égale un porcelet. On compte comme cela. Non, on ne compte pas comme cela. Le but n'est pas de multiplier le nombre de porcelets, car ce chiffre-là est absurde. Le but est de produire un tonnage de viande commercialisable à la sortie de la vaste tuyauterie. Donc, penser à la balance. Seul le poids global est pris en compte dans le bilan.

Encore un mot sur les porcelets. Ces salopiaux n'en font qu'à leur tête. Souventes fois, ils ne veulent pas sortir assez vite du ventre où ils ont poussé. Et les mères n'aident pas, pensez ! Les « vieilles » ont des problèmes liés au rythme des enfantements. Car dès qu'elles ont accouché, elles sont de nouveau « fécondées » par sonde d'insémination, et tout recommence. Mais, à ce jeu de vitesse, les organes se fatiguent, les séquelles physiques se multiplient. On dira qu'il faut « fouiller » à la main et au bras pour aider la sortie des porcelets. Ce qui n'est pas tout rose.

Les petits se mettent à « gicler »

À l'inverse, les « jeunes », les cochettes nées dans l'exploitation ou achetées au-dehors, sont « intactes ». Mais, sans expérience de la vie concentrationnaire, elles paniquent pour un rien, et pour un peu gâcheraient une mise bas. Par chance, il y a les hormones. Des hormones de contraction qui sont injectées au bon moment. L'inconvénient, c'est qu'il faut être prêt à recevoir les colis. Commentaire d'un ouvrier à un autre après le début d'une « opération hormones » : « Fais attention, elle va te les envoyer les uns après les autres. » Et, de fait, les petits se mettent à gicler comme autant d'éclaboussures de la vie.

Encore du travail. Quand les porcelets ont 5 ou 6 jours, il faut commencer ce que la langue localement parlée appelle les « soins ». On sort une seringue, une pince coupante, de l'alcool médical, un coupe-queue électrique et une protection pour les oreilles. Cela vaut mieux. Il s'agit en effet de castrer un à un les mâles – pour ne pas « nuire » au goût du produit terminal – et de leur couper la queue en tire-bouchon pour qu'ils n'aient pas envie, devenus adultes, de croquer celle de leur voisin. Du coup, fatalement, il faut aussi leur limer les dents. Les petits hurlent de frayeur et de douleur. Les mères hurlent de colère. Les hommes châtrent et mutilent, protégés fictivement par un casque auditif.

Après ? Il faut engraisser ces petites usines à fabriquer de la viande, ce qui représente bien du souci. D'abord un passage par le hangar « PS », pour post-sevrage. Il faut avant cela séparer les porcelets de leur mère, vite et bien – les truies mordent leurs barreaux de désespoir –, les rassembler, à coups de botte si nécessaire, puis les conduire au « PS », où on leur injectera des vaccins. Des menus spéciaux sont destinés à ces jeunots, qui rejoindront ensuite le dernier cercle, celui de l'engraissement, celui où ils deviendront enfin des « gras », destinés à l'abattoir.

Dans le bâtiment d'engraissement, le noir. Pas de lumière du tout. C'est mieux, cela évite les accrochages. Car le cannibalisme règne. Cannibalisme qui n'est pas vu – pour cause – comme un révélateur. Qui n'est pas tenu pour un trouble du comportement extrême. Lequel, lançons cette folle hypothèse, pourrait être lié aux conditions d'infravie imposées aux animaux. Jocelyne Porcher, de nouveau : « Il faut comprendre qu'ils sont complètement coupés de leur monde propre. Un cochon, ce qu'il aime, c'est courir. Chez les éleveurs de plein air, un cochon court énormément. Et broute de l'herbe. Et creuse la terre. Les animaux à l'engraissement vivent sur un socle de béton dans le noir. Il n'y a rien à faire. Ils ne font que manger, attendre, et se battre avec leurs congénères. Le noir incite au conflit. »

Il y a de la « casse », qui peut le croire ? Dans une porcherie de quelques centaines d'animaux, chaque matin ou presque, il y a un cadavre à sortir puis à déposer dans le bac d'équarrissage. Des entreprises spécialisées vendent opportunément des cloches à cadavres en polyéthylène. Il s'agit de bacs en plastique rigides qui permettent de recouvrir les porcs tombés au champ industriel. L'une de ces entreprises – MC Shippers – assortit son offre d'une belle photo. Un « producteur » botté et costaud saute à pieds joints sur la cloche pour prouver sa solidité. Argument de vente : « Dimensions internes : 235 × 121 × 57 cm. Très robuste et quasiment incassable. Grâce à cette cloche à cadavres les mauvaises odeurs relâchées éventuellement resteront assez bien enfermées, et les animaux domestiques et la vermine ne peuvent pas s'approcher des cadavres. Fabriquée dans un matériau lisse, ce qui facilite le nettoyage. » Ainsi la mort devient-elle invisible. Sans odeur, sans saveur, éternellement propre.

Ensuite, le grand jour du départ. La manœuvre consiste à obliger les « gras », les porcs qui deviendront sous peu « charcutiers », à monter sur un quai d'embarquement où les attend un camion à destination de l'abattoir. Ce travail est pénible, qui oblige à se protéger avec une planche en bois contre d'éventuelles morsures. Par ailleurs, un bâton est nécessaire pour taper sur les « gras », qui ne semblent pas pressés d'être éventrés.

Il y a des situations problématiques, quand certains « gras » blessés, handicapés, ne peuvent atteindre le quai sur leurs pattes. Il faut pourtant bien qu'ils embarquent, n'est-ce pas ? Donc, selon les cas, on les bat, on les tire par les pattes, on les encourage du genou. Prévoir une heure trente pour charger une centaine de porcs. Les « gras » sont souvent traités de « cons », car en effet ils ne font jamais correctement ce que leurs bienfaiteurs attendent d'eux. Mais on reparlera plus loin dans ce livre de la manière dont on les tue. Il y a de quoi s'instruire encore.

Dernier point tout provisoire concernant le porc industriel : l'odeur. La bonne odeur d'ammoniaque qui monte au cerveau depuis les fosses à lisier disposées sous le caillebotis de béton où grossissent les animaux. Ces cochons sont de vrais porcs, ils font sous eux, sans se gêner. Les « matières » tombent dans un bassin de rétention qui finit tôt ou tard par être plein. Et dont l'odeur finit par suffoquer les humains débutants, avant que leur sens olfactif ne soit peu à peu détruit. Et celui des bêtes ? Question bête.

Vilenies, vacheries et mauvais coûts

On ne va pas tout recommencer pour les vaches, tout de même. Grossièrement résumé, elles subissent le même entraînement au massacre.

Les veaux des races laitières, par exemple, sont retirés à leur mère au bout d'un jour ou deux. À quoi bon s'attacher ? N'oublions pas tout de même que, sans veau, pas de lactation. Pas de lait, pas d'industrie du lait. Pas de Yoplait, numéro deux mondial des « produits ultra-frais ». Pas de déclaration du président actuel de l'entreprise : « Aujourd'hui, plus de 15 000 produits Yoplait sont consommés par minute dans le monde. Cette réussite, nous la devons à notre savoir-faire et à la recherche d'authenticité et d'innovation que notre marque a toujours tenu à privilégier depuis sa création. » Pas de Danone, « l'un des rares acteurs de l'agroalimentaire totalement recentrés sur la santé ». Cela fait songer.

Les veaux. Donc, au bout d'un jour ou deux, le cachot. La mère peut meugler sans presque s'arrêter pendant quarante-huit heures. Elle cherche le petit qu'elle a porté dans son corps. Faut-il être stupide ! La séparation la stresse gravement. Elle lui fait un mal qu'aucun instrument n'est capable de mesurer. Un veau est passé, simplement. Dans la nature, le sevrage se fait en douceur, sur un temps étonnamment long. Un veau peut téter sa mère jusqu'à l'âge de 8 mois.

Un jour. Deux. Puis le veau – s'il n'est pas épargné en raison de ses « bons gènes » – mènera la même vie que les cochons, dans des boxes individuels. Une directive européenne les a interdits en 2007, exigeant un élevage de groupe à partir de l'âge de 8 semaines. Aucune directive européenne ne prévoit le moindre bilan de ce changement cosmétique. On en reparlera dans vingt-cinq ans. Ou jamais. En attendant la révolution, les veaux sont tenus et contenus de manière à ce qu'ils ne puissent presque pas bouger, ce qui gâcherait la marchandise. Un pas devant ou derrière, comme les amis cochons de la Ferme des animaux. Que ferait un veau à l'air libre ? Il se ferait des muscles et des os, il ferait des bonds de cabri – un exploit – dans les prairies. Il courrait. Il poursuivrait des copains, il apprendrait les choses de la vie auprès de sa mère, riche d'expériences sur la manière de voir le monde bovin, et humain.

Au lieu de quoi, la carence en toutes choses. Ce qui est sûr, c'est qu'il ne faut pas de fer. Jamais de fer ! Le fer rougit la viande du veau qui sera égorgé, et alors la consommation baisse, car l'axiome est que le consommateur « veut » de la viande blanche. Sinon, il passe aux topinambours. Pas de fer, donc pas de foin, qui en contient. Un veau laissé libre, ce qui n'arrive presque jamais, commence à ruminer très tôt. Mais pour cela il lui faut des aliments solides, qu'il mangerait volontiers dès l'âge de 2 semaines, progressivement.

Cela serait insupportable. On lui donne à manger des aliments liquides, dans une poche plastique. Le besoin de téter doit être éradiqué, et l'est. L'idéal, qui n'est pas toujours atteint, c'est d'entraver le veau. De l'attacher de façon à éviter que ses petits mouvements désordonnés dans l'espace concédé ne conduisent au développement des muscles. Si le sang circule dans le corps et les muscles, malheur ! La viande sera forcément rosacée.

Dans le même esprit, on essaiera de supprimer l'accès à l'eau, qui n'est pas un véritable aliment. Et qui prend pourtant de la place dans le système digestif. L'eau concurrence la nourriture. L'eau, tendanciellement, diminue le rythme souhaité de l'engraissement.

Les veaux sont privés d'eau aussi afin d'être incités à avaler davantage de nourriture associée à la boisson, et à grossir plus rapidement. *Ita est* : diminuer les rations d'eau. Si possible, les supprimer. Il y en a bien assez dans les aliments liquides.

Questionnement grave : faut-il donner une litière à des animaux au destin si bref ? Une litière, quoi. De la paille. Des choses qui ne seraient pas de bois ou de béton. En sa grande sagesse, la législation n'impose rien à personne. La paille, il faut la changer, et donc payer de la main-d'œuvre, qui coûte tant en charges sociales. Une litière ? Mais pour quelle raison ? Les veaux de boucherie ne vivront que quatre à cinq mois. Pourquoi diable une litière ?

Ne pas oublier les adultes, cause de tant d'autres difficultés. Nourrir le bestiau est une plaie ouverte pour le « producteur ». Il faut s'équiper comme on ne croirait pas. Dans les lieux les plus modernes, un tracteur propulse une soufflerie. De quoi s'agit-il ? Soit un hangar géant divisé en lots de béton dont chacun est occupé par une douzaine de bovins. Notons l'humanité, qui consiste à ne pas toujours séparer les bêtes. La soufflerie avance donc, au rythme du moteur, et tout s'arrête à la hauteur de chacune des cellules. C'est alors qu'elle déverse une douche comprimée – comme l'air du même nom – de paille. Pas une pluie. Une douche violente qui se déverse sur les bovins et leur fait courber la tête. Certains se cabrent sous le jet, ils donnent l'impression de souffrir. La paille finit par se déverser entre leurs sabots. L'atmosphère se charge d'une poussière dense, mais la machine, qui en a vu d'autres, s'en moque et continue sa ronde habituelle.

Dans un vagin artificiel

Ce n'est pas le cas partout, mais cela se pratique souvent : l'écornage. Pour avoir la paix, il est reposant que les cornes des vaches soient arrachées au moment opportun à l'aide de grandes pinces. Les bêtes pourraient se blesser entre elles.

Il n'est pas indifférent, à ce stade, de savoir d'où provient au fond la prospère industrie bovine. Car, au moment où ce livre est écrit, le sperme est encore nécessaire pour obtenir ce type de viande. Mais pas l'acte sexuel, qui joint deux organes et transporte le fluide d'un point à un autre. Heureusement.

Comment fait-on ? C'est simple, mais délicat. Dans un atelier, dans un hangar, dans un laboratoire de taille raisonnable, vous installez une petite vache de façon à ce qu'elle ne puisse plus bouger un orteil. Elle est attachée, son poitrail est aplati sur une sorte de table qui rigidifie l'ensemble, et bien entendu elle émet des phéromones. Des signaux chimiques annonçant sans détour qu'elle pourrait folâtrer.

C'est le moment d'apporter un bon gros taureau couillu. Pardonnez, le mot est venu comme cela. Le taureau. Un « technicien de surface » en bleu, ou en vert, mais botté en tout cas, conduit l'animal près de la femelle offerte. Un de ses collègues approche pour donner un coup de main. Les deux flattent le taureau, lui font sentir toutes ces bonnes odeurs de sexe, et l'incitent à monter sur la vache.

Non, ce n'est pas une aubaine. Ni pour lui, ni pour elle. Au moment où le taureau commence à y croire, il convient de suivre l'audacieuse manœuvre du premier « technicien de surface ». On pourrait le confondre avec un garagiste à l'ancienne, s'appliquant sur les entrailles d'une vieille Peugeot qui ne veut pas démarrer. À l'instant où le taureau commence à s'installer sur la vache, l'homme surgit sous son ventre et lui applique de la main droite un vagin artificiel dont l'embout est un grand préservatif.

Le taureau est en rut, évidemment. L'application est facilitée par le fait que son sexe est tendu. Un vagin artificiel ! Comme c'est malin ! Le sperme est rapidement récupéré pour des inséminations à venir. Le taureau est aussitôt remplacé par un autre. La vache reste étendue, immobile, à envoyer des messages chimiques pour mieux tromper son monde, et elle-même. Notons qu'on peut aussi utiliser un mannequin en lieu et place de la vache. Mais ne serait-ce pas cruel pour le mâle ?

Le reste ne pose pas de problème particulier. L'insémination artificielle est une technique au point. Il faut immobiliser le col de l'utérus par la voie du rectum, puis injecter de la semence, préalablement décongelée au bain-marie. Ne pas faire bouillir.

Le sperme étant d'une notable qualité, il servira à faire quantité de veaux correspondant aux normes en vigueur. Un excellent géniteur peut aider à la « fabrication » de centaines de milliers de veaux au cours de sa vie. On répète : des centaines de milliers de veaux. Un taureau qui se contenterait de baiser ne parviendrait, dans le meilleur des cas, qu'à faire cinquante rejetons par an. Le progrès est indiscutable.

Le lait. On allait oublier le lait. Il donne l'occasion de créer de magnifiques carrousels de vaches aux mamelles comme gonflées à l'hélium. Il faut avoir vu. Les animaux montent sur une sorte de manège où, bien entendu, ils sont immobilisés. Une femme – ce peut être un homme – passe un jet pressurisé sur la vache, probablement pour la désinfecter, et installe la trayeuse électrique sur l'ensemble des pis. Un petit boîtier électronique, monté sur un panneau en inox, renseigne sur tout ce qu'il est possible de savoir sur cette production de lait individualisée.

Quand les poules auront des dents et un bec

Comme l'on sait, l'Europe a des principes. Dans une proposition effective le 1ᵉʳ janvier 2000, la Commission de l'Union a interdit sur son territoire l'usage d'une hormone qui augmente la lactation des vaches jusqu'à 25 %. Les « producteurs » américains adorent cette hormone, on les comprend. L'Europe ne l'aime pas, pour des raisons où le commerce joue un certain rôle. Officiellement, l'hormone est donc interdite chez nous pour des motifs de « bien-être animal ». Prière de ne pas rire. Les produits importés qui contiennent du lait dopé aux hormones ne sont pas pour autant refusés. Car ce lait n'aurait aucun effet sur la santé des humains. On allait le dire.

Une étude menée au Canada par deux vétérinaires, Luc DesCôteaux et Denis Vaillancourt, établit qu'entre 10 et 15 % des vaches laitières auraient un kyste ovarien. On appréciera à sa juste valeur l'une des conclusions : « Une production laitière élevée ne semble pas être un facteur de développement du kyste ovarien. » La vache est entre de bonnes mains.

Chez les poules, il faut distinguer celles qui pondent des autres, qui seront mangées rapidement. Mais il convient en tout cas de saluer certain exploit. L'humanité n'est pas assez reconnaissante. Il existe des spécialistes incomparables du « sexage » des poussins. Il le faut bien car, si incroyable que cela paraisse, la technologie n'existe pas – encore – qui permettrait de s'assurer dès la coquille, voire avant, du sexe du poussin à venir.

Aussi bien les élevages sont-ils confrontés à un sérieux problème. Comment savoir si l'on fera du petit oiseau naissant une poule ou un coq, ce qui est loin d'être aussi intéressant ? Par bonheur, il existe l'école japonaise. Créée dans l'archipel nippon au début des années 20 du siècle passé, elle a essaimé dans le monde entier. Mais rien ne remplace la grande qualité. Exemple entre mille, cet immense couvoir situé entre Lyon et Genève. En cet été 2003, le « producteur » local de poulets de Bresse présente à un journaliste de l'AFP le miraculeux K. M., 39 ans, formé en deux ans à l'école spécialisée de Nagoya. L'homme japonais – mais n'est-il pas un dieu ? – est revêtu d'une blouse blanche et porte un masque sur la face.

Pour le reste, le matériel est simple : une lampe de 200 watts, deux mains robustes, un œil de faucon, et des milliers de poussins à peine nés. Top, c'est parti ! Le record de monsieur M. est de 100 poussins examinés en quatre minutes, avec un taux de réussite de 100 %. C'est un « sexeur », capable de dire le sexe d'un poussin en une poignée de secondes.

La journée de l'été 2003 n'est pas de compétition, mais permettra néanmoins de faire un tri opportun entre petits mâles et petites femelles. En règle générale, les mâles sont promptement trucidés, car ils n'entrent pas dans les schémas commerciaux en place. Un chiffre invérifiable circule : chaque année, en France, 50 millions de poussins seraient tués à la naissance. À ce niveau, un chiffre n'est de toute façon qu'une statistique.

Revenons-en au « sexage ». Il convient de regarder de près le cloaque de l'animal. Et donc d'éliminer par pression la « fiente de première digestion » qui pourrait masquer l'orifice. Ensuite, l'art prend le dessus. Car le sexe d'un poussin, on s'en doute, n'est encore que promesse. Et quelle promesse !

Ce n'est que le début. Dans les entreprises avicoles dignes de ce nom, c'est-à-dire avancées, on rejoue chaque matin *Les Temps modernes* pour les poussins qui viennent de naître. Les couvoirs ressemblent à des portes de coffre-fort haute sécurité. On les ouvre : ô miracle ! les petits ont cassé leur coquille. Chaque couvoir accueille des milliers de naissances simultanées.

Un plateau géant équipé de roulettes, sur lequel s'empile un nombre invraisemblable de cagettes pleines de poussins de dix minutes d'âge, est mené dans une vaste salle de travail. Là, des femmes – rarement des hommes – en attrapent de pleines poignées qu'elles jettent dans le circuit. Commence le train roulant des remontées mécaniques, des toboggans, des poussées, (dé)placements et expulsions en tout genre. Les poussins sont très jolis, mais on n'a guère le temps de les admirer. Ils sont aspirés et descendent dans des conduits métalliques à côté desquels nos montagnes russes sont de mornes plaines. Pressés par milliers, soumis à une vitesse qui, visiblement, s'intensifie, certains tombent, dont on imagine le sort. Le conduit se resserre. Il est temps d'y aller. Un par un, les poussins se jettent en avant, imitant de manière troublante les manchots qui plongent dans l'océan Antarctique. Tous les dispositifs sont d'acier chromé. Cubes, carrés, entonnoirs, cônes, tubes sont d'une couleur gris satiné, qui ne fatigue pas les yeux.

Finalement, les poussins sont crachés comme des noyaux. Et placés dans d'autres cagettes. La sélection a déjà eu lieu, rassurez-vous. Ceux qui auraient pu devenir des coqs ne sont plus là depuis longtemps. Ils agonisent dans quelque poubelle. Des noyaux, donc. Pas d'intervention humaine. Une machinerie expulse les poussins et une autre, dès que la cagette qui les reçoit est pleine, lui imprime un mouvement de cinquante centimètres environ, libérant la place pour une nouvelle fournée.

Où vont les poussins ? Pas loin. Les cagettes sont prises en charge par des humains bien intentionnés. L'opération suivante est d'une grande importance. Il faut faire entrer la tête de chaque poussin dans une boîte métallique qui pourrait faire penser à un taille-crayon de bonnes dimensions. C'est d'ailleurs un peu cela. Dedans – cela dure deux secondes au plus –, un mécanisme apparemment inusable coupe le bec de l'animal de manière à ce qu'il ne joue pas les gros durs plus tard. Cela se comprend aisément. Au passage, il y a des morts. Mais il y a toujours une poubelle à portée de main.

Les poussins deviendront des poulets de chair – destinés à faire de la viande – dans des cathédrales industrielles. Une seule d'entre elles peut contenir 40 000 poulets au sol, avec une densité de 22 oiseaux par mètre carré.

99,5 % de viande industrielle

Des tuyaux d'eau distribuent à ras de terre quelques gouttes précieuses. Des mangeoires équitablement dispersées, bien protégées de la meute, dispensent une nourriture scientifiquement étudiée. Ambiance spectrale, la lumière que laissent passer les quelques hublots ne parvenant pas jusqu'au milieu. Comme avec les autres prisonniers, il convient de ne pas énerver la foule. Il convient de faire attention au stress, qui gâterait la récolte.

Lorsqu'on entre dans ces bâtiments, il faut une bonne raison. Par exemple ramasser les morts. Les cadavres sont partout. Et il faut bien en débarrasser le monde, n'est-ce pas ? Alors on entre. Avec un vaste seau. Le pas doit être d'une prudence de Sioux, car sinon la folie s'empare des 40 000 animaux. Il faut marcher lentement, écarter progressivement, et partout, les bêtes. De façon à repérer celles qui ne se relèveront plus, et qu'il faut donc jeter avant qu'elles ne soient dévorées.

Dans ces conditions de très grande concentration, les poulets grandissent, mais souvent de travers. La liste de leurs pathologies doit être écourtée. Disons que presque tous ont quelque chose. De simples ampoules. Des ulcères. Des inflammations. Des luxations. Des hémorragies. Par chance, ils partent à l'abattoir au bout de six semaines. Ils n'ont donc pas le temps de longtemps souffrir.

N'oublions pas, dans le tableau, les poules pondeuses. Elles connaissent le plus souvent les cages en batterie. Dans des bâtiments sans fenêtre, on empile sur trois à six étages des cages remplies de poules. On peut rassembler ainsi en un seul lieu 90 000 poules pondeuses. Elles disposent, légalement parlant, d'une surface royale : un peu moins, pour chacune, de l'équivalent d'une feuille de papier A4. Qu'on se rassure, les œufs ne sont pas laissés à la stupidité de leur mère. Par un mécanisme d'une simplicité confondante, ils tombent délicatement sous les cages afin d'être récupérés. Et mis dans les couvoirs d'où partiront les poussins qui, etc.

99,5 % de la viande consommée en France provient de systèmes industriels. Le reste se partage entre la viande bio, laquelle assure d'autres conditions de vie aux animaux, en théorie du moins, et les races locales. Oui, il y a des races locales un peu partout en France, mais elles sont en voie de disparition. Qui irait s'embêter avec trente vaches bazadaises ? Qui perdrait son temps avec des poules courtes-pattes ou gauloises dorées ? Qui mettrait son argent dans des cochons cul noir limousin ou pie noir du Pays basque ? Fort logiquement, toutes ces merveilles se rapprochent peu ou prou de l'extinction. 99,5 %. Demain, 99,8 % ?

Comment en est-on arrivé là ? Oui, comment ce système s'est-il imposé à l'Occident éduqué, moralement certifié ? Pourquoi cette barbarie tranquille est-elle à ce point assumée ? Pour bien se faire comprendre, ce livre va utiliser un vieux truc de cinéma. Le flash-back, ou retour en arrière. Car l'animal n'a pas toujours été une chose indifférente. Vous allez découvrir peu à peu une histoire que personne ne connaît. Oui, sans forfanterie, c'est la première fois que l'histoire de la bidoche est racontée dans le détail. Il y a des surprises.

Note

Les références sont si nombreuses pour ce chapitre qu'elles ne sauraient être toutes citées. Ce qui précède s'appuie sur des témoignages directs recueillis auprès d'ouvriers d'abattoirs ou de divers responsables. La plupart ne souhaitaient pas que leur nom soit mentionné. Les descriptions reposent également sur des images « militantes » disponibles auprès d'un grand nombre de groupes en France et à l'étranger. Un remerciement spécial à l'association française Protection mondiale des animaux de ferme (PMAF), qui documente soigneusement ses précieux films vidéo. Parmi les films que j'ai visionnés, je dois signaler l'incroyable *Earthlings*, qui a reçu de nombreux prix aux États-Unis malgré l'extraordinaire violence de ses images, tournées en caméra cachée. Le film de Frederick Wiseman, *Meat*, qui date de 1976, reste une référence. Plus récemment, deux documentaires s'imposent par leur force implacable. Le premier s'appelle *We Feed the World*, d'Erwin Wagenhofer. Le second, en tout point saisissant, *Notre pain quotidien*, est signé Nikolaus Geyrhalter. Et il ne faut évidemment pas oublier le précurseur : *Le Sang des bêtes*, tourné en 1949 par Georges Franju. Enfin je ne peux oublier de citer le très remarquable travail de fond mené par Jocelyne Porcher. Parmi les livres de cette chercheuse, citons : *Eleveurs et animaux, réinventer le lien* (PUF, 2002), *La mort n'est pas notre métier* (Éditions de l'Aube, 2002), *Être bête* (Actes-Sud, 2007), *Une vie de cochon* (La Découverte, 2008). Impossible de même d'ignorer la philosophe Florence Burgat dont ses livres : *Animal, mon prochain* (Odile Jacob, 1997), *Liberté et inquiétude de la vie animale* (Kimé, 2006), *L'animal dans les pratiques de consommation* (PUF, 1998).

CHAPITRE 2

« Sauver le bœuf »,
un grand délire télévisé

C'est une pièce unique de 1970. Un chef-d'œuvre involontaire. Une émission de la défunte ORTF où l'un des principaux responsables de l'industrialisation de la viande dit tout. Tout. À ce moment de l'histoire, techniciens et « scientifiques » se croient tout permis. Et ils ont raison, car en effet tout est devenu possible.

Comment cela a-t-il été rendu possible ? Patience. On ne va pas tout vous raconter en une fois. Appelons cela ménager le suspense. Mais voilà déjà un plat de résistance, une butte témoin indiscutable qui date de 1970. Cette date est charnière. Il y a eu l'avant, dont on reparlera. Il y aura l'après. Le document dont il va être question est un film, qu'on se propose de décortiquer pour vous. On ne dispose pas d'une pièce pareille tous les jours. Un chef-d'œuvre ne se décrète pas. Il s'admire, si l'on ose écrire. Or l'émission *Eurêka*, diffusée sur cette télé qu'on appelait ORTF le 2 décembre 1970, en est un. Dans son genre. On ne peut qu'applaudir la mise en scène, les propos, les images, les personnages. Tout est parfait. On peut aussi vomir.

Titre : *Sauver le bœuf*. Premiers mots de la voix off : « Dans nos campagnes, on produit parfois trop de blé, trop de lait ou trop d'artichauts. Mais des bœufs comme celui-là, il n'y en a pas assez. Notre planète manque de protéines. » Et pour bien se faire comprendre, gros plan sur ce que les connaisseurs nomment un « culard », autrement dit un bœuf tout rebondi de muscles et de chair bien placée. Un autre zoom nous introduit dans une cuisine qui serait ordinaire si l'on n'y trouvait, près d'une gazinière, un homme en blouse blanche qui s'empresse de faire cuire dans une poêle un juteux morceau de viande de bœuf. On entend alors, et l'on se pince pour ne pas éclater de rire, le meuglement d'une vache. Difficile de savoir ce que cela veut dire, mais le réalisateur d'*Eurêka* va se servir de ce morceau de bravoure comme d'un gimmick pendant les vingt-cinq minutes que dure cette émission d'anthologie.

La suite ? Raymond Février est ici en majesté. Ponte de l'Institut national de la recherche agronomique (Inra), il affiche sans complexe son titre d'inspecteur général. Février est l'un des trois ou quatre acteurs publics majeurs de l'industrialisation de la viande, qui commence à « porter ses fruits ».

Il est le principal invité de l'émission, et la caméra le saisit derrière son bureau. Il semble content d'être là. Mais que dit-il ? Eh bien, des choses qui paraissent relever de la science-fiction la plus bêtasse qui soit. Fier comme Artaban, Février confie au journaliste conquis d'avance que la viande artificielle est en marche, et ce pour une raison très simple. « La chimie, explique Février, a fait des progrès considérables, et nous pouvons savoir ce qui, dans la viande, les fromages, le beurre, donne leur goût à ces produits. Par conséquent, on peut extraire ces substances chimiques et les remettre dans, par exemple, des viandes artificielles. On fait du jambon, on fait du bifteck, on fait ce qu'on veut, avec ces produits-là. »

L'expression la plus importante de ce propos liminaire pourrait bien être « on fait ce qu'on veut ». Car, en effet, en cette année 1970 où aucun critique ne leur casse encore les pieds, les ingénieurs du vivant qui tiennent les rênes à l'Inra ou ailleurs font rigoureusement ce qu'ils veulent. Et le montrent sans aucun scrupule.

Le bras dans l'estomac de la vache

Une 2CV commerciale entre dans une sorte de hangar géant à moitié empli de foin. Un homme en blouse blanche s'en extrait, non sans mal. Une voix off annonce que « les animaux sont tout à fait à la merci du savant, qui peut à tout instant décider du menu et en contrôle l'efficacité ». Ne riez pas, bien que... On entend une musique de western, probablement parce que notre homme en blouse est un *cow-boy*. Probablement.

On pénètre dans une étable où des vaches sont parquées dans des stalles faites de tubulures. On connaît. Ce qu'on ignore encore, la voix off va nous l'apprendre : « Cet animal pourtant bien vivant n'est en fait qu'un appareil de mesure, une chaîne de fabrication. [...] Pour juger de ce qui s'est passé dans l'usine vivante, on fait des prélèvements à tous les stades de fabrication. » Un doigt anonyme aide les plus sots des téléspectateurs à suivre le cheminement de fluides divers dans des tuyaux en caoutchouc.

Voici venue l'heure des fistules. Pour être sincère, on ne comprend pas ce qu'on voit, ou plutôt on ne peut pas le croire. Jugez. Un technicien à lunettes, qui semble tout droit sorti de l'univers des Deschiens – personnages imaginés par la troupe de Jérôme Deschamps et Macha Makeïeff –, s'approche d'une vache dont on ne sait pas si elle est vivante ou morte. Voix off : « Les fistules sont ainsi des livres ouverts sur la genèse de nos plats favoris. »

On ne comprend toujours pas. Le technicien a enfilé des gants qui lui montent jusqu'aux épaules. Sur le dos de la vache, dont on voit désormais qu'elle vit bel et bien, un hublot. Oui, un hublot, refermé par une sorte de bouchon. Le technicien enlève le bouchon et révèle un trou dans lequel fermente une bouillie qui – nous sommes en noir et blanc – semble brune. L'homme plonge le bras dans cette goûteuse préparation, en prélève une poignée et la dépose dans un bac émaillé qui se met à fumer. Car la bouillie fume. Mais d'où vient-elle ? Gimmick. La poêle, la viande, le meuglement.

Nul n'est obligé de croire l'auteur de ce livre, mais, à ce moment précis, impossible d'assembler tous les éléments. Le technicien niais et ses gants, le hublot, la fistule ouverte juste en dessous, la purée sombre et brûlante. Non, impossible. Et pourtant, car il ne peut y avoir d'autre explication, on a percé le cuir d'une vache en vie et dégagé un orifice de manière à pouvoir passer un avant-bras humain jusqu'à l'intérieur du rumen, c'est-à-dire la panse de l'animal. Lequel animal mange ce que le « savant » lui a alloué tandis qu'un valet de ferme technicisé lui ausculte les entrailles. Le plat émaillé qui fume est empli de matières en cours de digestion !

Voix off : « Dans cette écuelle, il y a déjà la promesse des biftecks de demain. » La vache est priée de se bien tenir tandis que des mains étrangères parcourent son estomac. Voix off : « Pour ce technicien, la panse d'un bœuf est une source de savoir dans laquelle il puise abondamment. » Est-ce concevable ? C'est.

Et la fête est loin d'être terminée. D'abord, l'incident. Notre technicien se rend compte que le hublot fixé sur la vache est mal installé et menace de glisser. Il se tourne vers la caméra, avec le visage – pour ceux qui connaissent – du fantaisiste Élie Semoun cherchant à tout prix une compagne. L'homme se contente de demander un peu de compassion, et que la suite ne soit pas filmée. Elle l'est néanmoins, et le hublot glisse, soulignant le trou dans la chair vivante d'un être vivant.

On n'est plus tout à fait sûr de rire. Pendant que le technicien retrouve sa dignité et s'empare d'une pompe à vélo qui permet, semble-t-il, de remettre en place tout le système, l'inaltérable voix off annonce sur un ton définitif : « Grâce à ces incursions dans les entrailles de la bête, on sait maintenant que, pour améliorer le rendement des bovins, il faut abandonner les fourrages d'antan. » Tout est dit, cette fois. Abandonner. Oublier ces funestes fourrages qui donnent si peu de viande, quand tant de merveilles se profilent à l'horizon. Sans vouloir tomber dans l'anachronisme, ne serions-nous pas en plein prodrome de la funeste affaire de la vache folle, nourrie à la viande corrompue ?

On pourrait sans doute arrêter là le film, s'il n'était conçu en fait comme une succession de coups de théâtre, avec bouquet final. Rappelons, au risque de radoter, que nous sommes en 1970, et que l'invité principal, si visiblement heureux de passer à la télé et d'informer en profondeur ses concitoyens, est un des principaux responsables français du dossier de la viande. Disons que Raymond Février a l'oreille des pouvoirs politiques et qu'il incarne mieux que quiconque la puissance tutélaire, c'est-à-dire l'État.

Contrôler tout le système nerveux

Gimmick à nouveau. La poêle, la viande qui grésille. Le meuglement. Et retour à Raymond Février, à qui le journaliste, qu'on voit de dos, pose une redoutable question. Peut-on, pourra-t-on, pourrait-on stimuler l'appétit d'animaux un peu fainéants, qui ne donnent donc pas assez de viande ? Peut-on espérer contrôler leur système nerveux ?

Pour Raymond Février, qui joint les mains d'un air satisfait, la réponse est oui. « L'un de nos chercheurs, dit-il, a étudié la carte du cerveau du porc et de l'oie et découvert chez ces animaux le centre de l'appétit. Et, en détruisant ce centre, on crée des animaux qui mangent sans arrêt. » Attention, monsieur Février n'est pas un idiot. Il a compris que cette invention n'aurait que peu d'intérêt avec le porc. Car à quoi bon « créer » des porcs boulimiques, qui seraient trop gras ?

« Mais chez l'oie, ajoute le grand expert, on peut obtenir des foies gras en créant des oies qui mangent deux, trois, quatre fois plus que leurs congénères normaux. » Et pour la vache, qu'est-il prévu au programme ? Ceci : « Il n'y a pas de raison qu'on ne puisse pas. Il suffit qu'on nous donne des moyens et qu'on fasse une carte du cerveau de la vache. Et que le centre de satiété existe chez elle, ce que je suppose. »

Encore ? Encore. Dans un centre de l'Inra qui semble se vouloir futuriste, la caméra s'attarde sur des paillettes congelées dans un bac et portant, curieusement, un nom. Chacune. À gauche se trouve D'Artagnan. À droite, Chéri Bibi. Voix off, précédée du gimmick qu'on n'ose plus présenter : « Ces deux pastilles de quelques millimètres représentent deux taureaux parmi les meilleurs du monde. Ces quelques gouttes de sperme représentent le meilleur d'eux et leur garantissent une belle descendance de 100 000 veaux. Chéri Bibi est mort depuis six ans, mais grâce à l'azote liquide il restera quelques années encore un père exceptionnel. » En cette année de tous les records, l'insémination artificielle a déjà conquis l'immense majorité des fermes. Près de 80 % du cheptel français naît grâce à des vagins artificiels dans lesquels on recueille le sperme des mâles avant de l'administrer par seringue aux femelles. Voix off : « Les scientifiques voient dans cette technique un bon moyen d'augmenter le rendement. »

Et l'on comprend mieux pourquoi l'Inra tente, à ce moment de sa noble histoire, de faire passer les 100 000 descendants possibles d'un taureau à un demi-million. En Israël, figurez-vous, six taureaux « suffisent à assurer le développement de tout le troupeau national ». Arrivé à ce point, il semble difficile d'aller plus avant. Mais si, car la science n'a pas de limites. Un petit meuglement pour accompagner la tranche de viande qui grésille dans la poêle, et nous nous retrouvons, par la magie de la télévision, dans d'autres labos de l'Inra, à Tours. Là où l'on prépare la « seconde domestication ».

Ce n'est tout de même pas rien. La « seconde domestication », en effet, vise à offrir à l'humanité la complète « maîtrise » de l'organisme animal, de sa physiologie. Voix off : « Tous les actes de leur vie biologique [celle des animaux] devront correspondre à nos besoins et à nos heures. » Bizarre ? Le mot est faible pour qualifier le plan que détaille devant la caméra un autre responsable de l'Inra, Charles Thibault. L'objectif est désormais, grâce à la pilule que découvrent à la même époque les femmes, de décider du moment où les vaches seront fécondées. Puis, à l'aide d'autres mixtures, du moment exact où elles mettront bas. La naissance des veaux, Charles Thibault en est convaincu, ne se produira plus, bientôt, « pendant la soirée, pendant les week-ends, pendant les vacances, pendant les ponts ». Voix off en apothéose : « Le bovin devient ce qu'on espérait. Un produit industriel. »

Injecter des enzymes dans la viande

Et poursuivons. Par cette question, elle aussi off, mais cardinale : « L'art de l'éleveur a-t-il encore sa place à côté des commandos en blouse blanche ? » Raymond Février semble disposer d'une réponse complète. Comme on lui fait voir une machine à « exprimer la tendreté de la viande » qui détruit une à une les fibres récalcitrantes, comme on lui fait valoir qu'une autre méthode – la chimie des enzymes – pourrait s'attaquer aux viandes résistantes avant que nous ne les portions à la bouche, il a un mot éblouissant que l'on conseille de relire plusieurs fois.

Que dit-il ? Ceci, très exactement : « Au lieu de laisser les enzymes agir dans nos estomacs, eh bien on peut injecter les enzymes dans la carcasse de l'animal et leur laisser faire le travail d'attendrissement avant consommation. [...] On pourrait, si on le désirait, prédigérer l'animal, en quelque sorte, et rendre les morceaux plus tendres dans l'assiette. Ceci n'est pas encore appliqué. Cela ne dépend que de nous de le faire. »

Suit un reportage glaçant de bout en bout sur ce qui est présenté comme une école d'élite pour bovins, à Toulouse. L'on y parle sélection des meilleurs, « candidats à la survie », l'on y raconte comment, sur un millier de tout jeunes tau-reaux sélectionnés dans les fermes alentour, on n'en retien-dra à l'arrivée que trois. Trois sur mille. Voix off : « Seuls ceux qui sont admis à la classe supérieure conservent pour un temps le droit à la vie. Les autres sont abattus. »

On en élimine deux cents. Puis d'autres. À l'âge de 8 mois, il ne reste que quatre-vingt-dix animaux, puis soixante, et trente enfin, pour lesquels on fabrique des vagins artificiels sur mesure de sorte qu'ils puissent montrer aux techniciens la vigueur de leur éjaculat. Chacun des trois « vainqueurs » aura 300 000 « enfants ». Là-dessus, gimmick, poêle, viande et meuglement.

Et si Hitler avait vécu ?

Nous approchons de la fin, restez à votre place, il reste une (grosse) surprise. Le journaliste pose en effet une vraie ques-tion, sur un ton certes gentillet. Il n'empêche : « En regardant ces images, on a parfois l'impression d'une société concentra-tionnaire, non ? » À cet instant, on guette un haut-le-cœur chez Raymond Février, qui appartient, avec toute sa famille, depuis des lustres, à la gauche humaniste. Mais pas du tout. Février : « C'est exact, exact. Nous avons un pouvoir très grand sur la société des bovins, car avec un père nous aurons 100 000 fils. » Retenez à jamais ce commentaire d'un des grands de l'élevage français en 1970 : il est exact que le traitement des bovins est concentrationnaire. Dont acte, n'est-ce pas ?

Fini ? Pas tout à fait. Question : « Mais ce pouvoir, ne pourrait-on envisager que quelqu'un l'extrapole à la société des hommes ? » Février, avec une moue dubitative : « Rien n'est impossible, mais il y a des obstacles. [...] Il faudrait une continuité extraordinaire dans une politique pour modifier la société des hommes comme on modifie aujourd'hui la société des poulets, des porcs et des bovins. [...] Il faudrait compter je pense un siècle au moins pour parvenir à un tel résultat. »

Ultime question : « C'est-à-dire que le régime hitlérien, s'il avait vécu un siècle, aurait pu réaliser en quelque sorte, grâce à vos travaux, ce qu'il n'a pas pu faire ? » Dernière réponse de Février : « Des gens comme Hitler auraient pu faire ceci, mais l'expérience prouve qu'ils ne vivent pas assez longtemps pour faire tout ce mal. » On ne fera pas de commentaire, car le livre tout entier n'y suffirait pas. En l'occurrence, cette folie a bel et bien été pensée, si l'on ose ce mot ici audacieux, par nos plus hautes autorités.

Car cette émission n'aurait jamais vu le jour sans la grande loi sur l'élevage votée en grande pompe en 1966. De Gaulle règne sur la France. Dès 1960, le rapport Rueff-Armand, bible des technocrates, a insisté sur les retards de l'agriculture, l'« archaïsme des structures parcellaires » et le manque de productivité de ce qu'on n'appelle déjà plus des fermes. Ce texte décisif et limpide « ne peut se dissimuler [...] que le progrès des rendements tendra à accentuer la contraction des effectifs de main-d'œuvre ». Tout est dit en peu de mots. Il faudra remembrer, c'est-à-dire augmenter les surfaces moyennes par la loi, et chasser de leurs terres les paysans « surnuméraires ».

Après deux lois d'orientation agricole – 1960 et 1962 –, après une loi de modernisation du marché de la viande – 1965 –, qui consacre la victoire des abattoirs modernes, l'année 1966 sera celle d'une révolution par la loi. Depuis sa création en 1946, l'Inra de Raymond Février est passé de 257 employés à 4 866, devenant une force centrale de l'appareil politique d'État. Jacques Poly, l'un de ses cadres très supérieurs, a gagné le cabinet du nouveau ministre de l'Agriculture, Edgar Faure, dès son arrivée, en janvier 1966. La grande loi sera leur œuvre commune, même si son architecture doit beaucoup à Edgard Pisani, qu'on retrouvera chemin faisant.

Tout le pouvoir aux technocrates !

De quoi s'agit-il ? L'article premier est limpide : « La présente loi a pour objet l'amélioration de la qualité et des conditions d'exploitation du cheptel bovin, porcin, ovin et caprin. » Comme l'écrira le chercheur François Grosclaude : « Ces dispositions de la loi sur l'élevage donneront aux chercheurs du département de génétique animale de l'Inra une place et des responsabilités peut-être sans équivalent dans le monde[1]. » En sélectionnant les races, en les « améliorant », on lance officiellement le processus de ce qu'on appellera par la suite le productivisme. Ce premier système d'identification des animaux annonce la si moderne traçabilité.

Jusque-là, dans les grandes lignes du moins, la sélection des animaux d'élevage se faisait à l'œil. Il y avait eu des essais, et même des réussites. Le mouton mérinos, par exemple, « sélectionné » pour la première fois en Espagne

---

1. Cité par Jean CRANNEY in *Inra. 50 ans d'un organisme de recherche*, Inra, 1996.

dès le xvie siècle. Le mouton New Leicester, « inventé », fixé par le génial Robert Bakewell au milieu du xviiie siècle.

Mais, pour l'essentiel, on regardait encore et surtout l'apparence des animaux, c'est-à-dire leur conformation. Un seul domaine avait réellement « explosé », celui de l'insémination artificielle. Il était, il est toujours plus facile de faire éjaculer un animal dans un vagin artificiel, puis de transférer le sperme recueilli dans un vagin « authentique » à l'aide d'un instrument.

La loi de 1966 écrase tous ces contradicteurs de l'ancien monde de l'élevage des animaux. Écoutons donc celui qui reste l'une des grandes voix de l'Inra, Jean-Claude Flamant, directeur de recherche recruté en 1963 par Jacques Poly. C'est un peu long, mais chaque phrase ouvre une porte. « En 1965, Edgar Faure, devenu ministre de l'Agriculture, introduit dans son cabinet un autre Jurassien, Jacques Poly, fondateur et directeur du département de génétique animale de l'Inra. C'est lui qui concevra et fera voter la "loi sur l'élevage", destinée à moderniser l'amélioration génétique des animaux de rente. Jacques Poly partait du principe que les performances du cheptel français, tout particulièrement celles des vaches laitières, étaient insuffisantes pour affronter la concurrence européenne qui allait s'engager, notamment par rapport aux élevages hollandais. [...] Il devenait possible d'obtenir un progrès génétique de l'ordre de 2 % par an. Combiné à l'amélioration du régime alimentaire et des conditions sanitaires, cela permettait d'assurer une progression de la production de l'ordre de 4 à 6 % l'an. En dix ou vingt ans, le progrès génétique obtenu pouvait devenir considérable, et ceci sans "manipulation génétique", rien qu'en sachant détecter dans une race donnée les reproducteurs ayant la plus grande probabilité de transmettre leur supériorité génétique à leur descendance[2] […]. »

Vers la société eugéniste des animaux

Une question ne sera pas posée, qui mérite pourtant de l'être, comme l'atteste l'hallucinante leçon de choses offerte par Raymond Février au début de ce chapitre. Ne sommes-nous pas au cœur d'une idéologie eugéniste ? Ne s'agit-il pas de courir après des notions de race pure qui ont fait les ravages que l'on sait ? Ce n'est pas l'auteur de ces lignes qui pose la question, mais trois augustes personnages : Roland Jussiau, inspecteur principal de l'enseignement agricole, médaille d'argent de l'Académie d'agriculture ; Louis Montméas, inspecteur de l'enseignement agricole en zootechnie ; Jean-Claude Parot, inspecteur honoraire de l'enseignement agricole.

Bien qu'il s'agisse d'un point de vue général qui ne porte pas spécifiquement sur la loi de 1966, le moins que l'on puisse dire est qu'il décoiffe : « La génétique est la science de l'hérédité […], elle a forgé ses concepts, ses mots que les zootechniciens connaissent bien. Mais si l'on n'y prend pas garde, [ces concepts et ces mots] peuvent se révéler de redoutables pièges et servir de caution aux idées les plus fausses, voire les plus néfastes. N'est-il pas tentant en effet de les appliquer sans mesure à la fois aux hommes et aux animaux domestiques, en oubliant que "les hommes naissent et demeurent libres et

---

2. Jean-Claude FLAMANT, « Histoire de races animales, histoires de sociétés humaines », Mission Agrobiosciences, 2002.

égaux en droit"[3] ? » Autre citation des mêmes : « [Si] l'on n'y prend pas garde, un problème survient immédiatement avec la zootechnie qui, justement, cherche à tirer parti de la variabilité biologique pour classer les individus animaux en vue de les "améliorer" : l'amélioration génétique, branche de la zootechnie, interprète les différences en introduisant un classement, et donc de l'inégalité. Le vocabulaire zootechnique, comme les notions qu'il recouvre, le traduit bien ; mais pour des utilisateurs peu vigilants de ce vocabulaire [...] il y a grand risque d'une véritable "pollution" de l'esprit en matière d'hérédité[4]. »

Autre considération qui sera balayée, malgré les interrogations de nombreux éleveurs : la sélection ne conduira-t-elle pas à la disparition de certaines races locales et des petites fermes qui leur sont intimement liées ? Les « producteurs » ne vont-ils pas dépendre de plus en plus des fabricants d'aliments industriels, devenus obligatoires pour satisfaire les besoins nutritionnels des vaches laitières les plus rentables ?

Il n'y aura simplement pas de débat. Le « progrès » unit étroitement toutes les composantes politiques de la France de 1966. Plus tard, une certaine Édith Cresson, devenue ministre de l'Agriculture de la gauche en 1981, s'étonnera de cette « loi de gauche votée par un parlement de droite ». À quoi Jacques Poly aurait rétorqué : « Le sperme n'est ni de droite ni de gauche, il est bon ou mauvais[5]. »

3. Roland Jussiau, Louis Montméas et Jean-Claude Parot, *L'Élevage en France. 10 000 ans d'histoire*, Educagri, 1999.

4. *Ibid.*

5. Cité par Bertrand Vissac in *Les Vaches de la République. Saisons et raisons d'un chercheur citoyen*, Inra, 2002.

CHAPITRE 3

Pendant l'avalanche,
les affaires continuent

Quarante ans ont passé depuis le passage à la télé de Raymond Février, évoqué au chapitre précédent. Quarante ans qui ont marqué pour de bon la naissance de l'élevage industriel hors-sol. Place aux rendements ! Place aux éprouvettes ! Place à l'entassement et aux chiffres d'affaires. En quarante ans, l'élevage, soudé à l'Inra et aux services de l'État, a échappé à tout contrôle.

Derrière Raymond Février et ses divagations télévisées, l'avalanche. Rappelons qu'une avalanche est un incident aléatoire. D'abord parce que l'on ne peut prévoir son déploiement final. Ensuite parce que, répété – théoriquement – dans des conditions identiques, il ne donnerait pas les mêmes résultats. Mais voici ce qui s'est passé.

Avant de plonger dans le grand océan, rien ne vaut cette piqûre de rappel. En 1966, Jean-Baptiste Chombart de Lauwe écrit dans la *Revue politique et parlementaire* un article frappant, sous le titre limpide : « L'Agriculture à l'âge industriel ». Ce spécialiste de l'agriculture note froidement : « L'agriculture ne doit-elle pas, à l'instar de l'industrie, augmenter la dimension de ses entreprises pour obtenir, conformément à la demande du consommateur, une production de masse de produits agricoles, régularisée, normalisée, de bonne qualité et à bas coûts ? […] L'agriculture, cette poussière d'exploitations paysannes, ne passera-t-elle pas du stade artisanal au stade industriel ? […] Le terme de cette évolution est une agriculture de "macro-entreprises" caractérisées par leur gros chiffre d'affaires, employant de faibles effectifs de main-d'œuvre spécialisée, nécessitant de gros capitaux, utilisant moins de terre et parfois point, moins dépendantes du milieu et par conséquent plus mobiles que les visqueuses exploitations paysannes[6]. »

À bas l'herbe des champs !

Le résumé est remarquable autant que visionnaire. Tout ce qui est écrit se produira, jusqu'à nos jours heureux. Le regard du sociologue « moderne » de 1966 est un rien glaçant. La campagne est poussière. Les fermes sont visqueuses. Heureusement, il n'est peut-être *point* besoin de terre.

Mais comment faire pour commencer ? En 1970, l'universitaire Jean Boichard livre, dans la revue *Géocarrefour,* l'une des clés d'un possible décollage de la « production » : l'alimentation. Selon lui, un jeune bovin doit pouvoir « prendre, en moyenne, 1 200 grammes par jour pendant quinze mois, de telle manière qu'il atteigne à cet âge le poids vif de 580 kilos ». Seulement, il faut rompre radicalement avec l'herbe, cet éternel aliment de l'animal. Il ne faut pas « encombrer son esto-

---

6. Cité par Jean-Paul Diry in *L'Industrialisation de l'élevage en France,* Ophrys, 1985.

mac avec des aliments grossiers et aqueux[7] », pardi ! Or l'herbe est grossière. Or elle est absurdement aqueuse. Songez que, traduits en unités fourragères (UF) de base, 7 kilos de céréales – dont ce beau maïs qui a méthodiquement détruit la moitié de la France – équivalent à 60 kilos d'herbe !

L'élevage bovin est néanmoins un cas à part, car un lien sera maintenu avec le sol. Pas partout, loin de là ! On y verra comme ailleurs l'intensification, avec la dramatique apparition d'une industrie du veau fondée sur des injections d'hormones, ainsi que des changements de fond dans la conduite des vaches laitières. En 1980, 80 % des veaux sont ainsi élevés de manière intensive[8].

Les mêmes « agents économiques », salariés de coopératives ou de chambres d'agriculture, vantent comme pour les autres animaux les bienfaits de la « stabulation », c'est-à-dire la prison des étables, associée à la distribution automatique d'aliments industriels. L'élevage intensif des bovins entraîne à sa suite la disparition relative des races locales. Edmond Quittet, inspecteur général de l'agriculture et grand inspirateur de cette politique, a résumé son propos dans un livre aujourd'hui oublié[9]. Selon lui – et il fut suivi par tous les responsables publics –, une ou deux races de bovins laitiers et deux ou trois races de bovins à viande suffisent amplement au bonheur national.

Ce programme d'anéantissement sera poursuivi jusqu'à son terme. Aujourd'hui, les six races les plus nombreuses –

---

7. Jean BOICHARD, « La Viande bovine, sa production et ses problèmes en France », *Géocarrefour*, vol. 45, n° 4, 1970.

8. Laetitia PIET, « La Construction socio-juridique de la traçabilité des viandes bovines, entre politique sanitaire et organisation du marché (1960-2002) », *Cahiers d'économie et sociologie rurales*, n° 74, 2005.

9. Edmond QUITTET, *Races bovines françaises*, La Maison rustique, 1963.

Holstein, Charolaise, Limousine, Montbéliarde, Blonde d'Aquitaine, Normande – représentent à elles seules 94 % du cheptel français, contre 40 % en 1892. La véritable accélération a eu lieu dans les années 1960, quand les amis de Quittet étaient au pouvoir. Sachez que la vache Holstein était inconnue en France en 1960. Inconnue ! Elle représente aujourd'hui, sur fond d'insémination artificielle massive, 30 % de tous nos bovins.

Trente-neuf races de bovins seraient élevées en France, parmi lesquelles douze comptent moins de 1 000 représentants, ce qui est dérisoire. Des programmes de conservation ont été lancés *in extremis* pour l'Armoricaine, la Villard de Lans, la Froment du Léon, la Casta, la Ferrandaise, la Lourdaise, la Maraîchine, la Saosnoise, la Bretonne pie noir, dont les seuls noms font rêver.

Dans le même temps, en 2007, la FAO, agence de l'Onu pour l'alimentation et l'agriculture, alertait sur le risque de disparition de 20 % des races bovines, caprines, porcines, équines et avicoles du monde. Son sous-directeur général, Alexander Müller, précisait même : « La gestion avisée des ressources zoogénétiques n'a jamais été aussi cruciale. Le changement climatique et l'émergence de maladies du bétail virulentes soulignent la nécessité de préserver la capacité d'adapter nos systèmes de production agricole. [...] Le changement climatique signifie que nous entamons une phase d'incertitude et de crise sans précédent qui touchera tous les pays[10]. »

Rappelons-le, cette diversité génétique n'est pas là – seulement – pour faire joli. « Qui peut dire avec certitude de quoi nous aurons besoin demain ? » demandait il y a plus de

---

10. www.fao.org/newsroom/fr/news/2007/1000650/index.html

vingt ans Raymond Laurans, fondateur de la Société d'eth-nozootechnie[11]. La sempiternelle crise du pétrole, le dérè-glement climatique, la raréfaction de l'eau, l'émergence de nouvelles maladies du bétail nous laissent en compagnie de millions de vaches Holstein et Charolaises. Encore merci aux sélectionneurs officiels.

La grande innovation du hors-sol

Sur un autre plan, ajoutons qu'aucun végétal ne peut à lui seul suffire à nourrir le bétail. Car il faut fournir à la fois de l'énergie, des protéines, qui forment la structure des orga-nes, des vitamines et des minéraux. Au long des siècles de l'histoire paysanne, les animaux se sont débrouillés tout seuls. Ce qui veut dire aussi – ne poussons pas trop loin le paradoxe – que beaucoup souffraient d'anémie et de carences, parfois de famine.

Tel n'est plus le cas. Dès la fin des années 1960, on n'ouvre que des « fermes » hors-sol. Il n'y a plus de contact avec la terre. Les éleveurs imitent ainsi l'exemple américain, parfois britannique : des assemblages de cages dans lesquel-les six ou sept poules attendent le couperet en pondant. Les industriels fournissent un aliment composé, savamment tra-vaillé dans leurs laboratoires[12]. Les porcs prennent le relais

---

11. Cité par Corinne Denis dans *L'Express*, 18 mai 1988.

12. À titre indicatif, en 1977, un industriel de l'aliment du bétail, cité par Jean-Paul Diry dans un article des *Annales de géographie*, utilise encore comme ingrédients du maïs roux, du blé et d'autres céréales, de la farine de viande, de la farine de poisson, divers tourteaux, des vitamines, des oligo-éléments, de la graisse et des déchets.

et, en 1970, pour la première fois, le volume de leur alimentation passe avant les rations destinées à la volaille.

Cette même année 1970, le gouvernement de Jacques Chaban-Delmas, dans le droit fil de celui de Michel Debré, lance un « Plan de rationalisation porcine ». Qui passe par de généreuses subventions accordées aux éleveurs de porcs acceptant le passage au hors-sol. En quelques années, la paille disparaît des « ateliers porcins ». C'est un détail, mais qui dit tout. Les porcs doivent apprendre à mener leur vie sur un caillebotis de béton ou de métal.

Au début des années 1970, les éleveurs adaptent une méthode anglo-saxonne qui consiste à élever les truies par bandes d'âge : elles seront saillies au même âge et auront le maximum de portées ensemble, toujours au même âge. L'espace s'organise très précisément en fonction de la productivité. Dans l'architecture type de ces bâtiments, jamais vus en France, la « pensée » est pragmatique. Après l'entrée, le bureau, puis un long couloir qui distribue une série de salles. La « verraterie », où les mâles doivent impérativement donner leur sperme. La salle des jeunes, les « cochettes ». Les maternités, les salles de gestation, de post-sevrage, une pièce où l'on prépare la « soupe » – expression consacrée –, et bien entendu les salles d'engraissement. Ne pas oublier, dehors, les silos de stockage pour l'alimentation, ainsi que la fosse à lisier, qu'il faut sans cesse vider.

Les résultats sont vite impressionnants. En 1950, il faut 110 jours pour « faire » un poulet fermier, qui ne pèse que de 1,3 à 1,5 kilo en moyenne. En 1978, un poulet standardisé est tué entre 50 et 56 jours et pèse, toujours en moyenne, 1,8 kilo. Mieux, le taux de mortalité passe de 20 % à 3 ou 4 %, et l'indice de consommation – le nombre de kilos d'alimentation par kilo vif – est divisé par deux. En effet, en 1950, il faut donner à peu près 4,5 kilos de nourriture, sans compter la cueillette libre du volatile, pour obtenir un kilo de poulet. En 1978, il suffit de 2,05 à 2,1 kilos. Moins de la moitié !

Et c'est aussi spectaculaire chez les porcs. En 1960, en moyenne, une truie « produit » de 12 à 13 porcelets sevrés par an, mais plus de 20 en 1981. En 1960 toujours, les porcs passent de 170 à 180 jours à l'engraissement, avec un indice de consommation qui dépasse 5. En 1980, les mêmes ne séjournent que 123 jours à l'engraissement, avec un indice de consommation descendu à 3,47. Sans appel.

Studler, aventurier franco-américain

Il faut oser comprendre la portée de l'événement. Pendant des siècles, les innovations ont été, dans l'élevage, essentiellement locales, empiriques, diffusant avec peine d'une région à l'autre. Brusquement, tout le pays s'enflamme au même moment. Effet psychologique garanti : si tout le monde s'y met, au nom de quelle singularité imbécile s'opposer ? Le mouvement de chacun entraîne le mouvement de tous les autres.

En une décennie, de rupture en rupture, les restes de l'élevage ancien disparaissent. En 1982, un tout nouveau système est en place, qui ne cessera de se « moderniser » jusqu'à nos jours. Un exemple permet de comprendre la logique de ces évolutions : le cas Studler.

André Studler est un Breton de Quintin. Pendant la Seconde Guerre mondiale, il combat avec l'armée américaine, puis il rentre dans ce qu'on appelle encore les Côtes-du-Nord, où il décide, avec son épouse Annick, de se lancer dans l'accouvage, cette technique permettant d'obtenir des poussins sélectionnés qu'il s'agit ensuite de vendre à des éleveurs.

Au lendemain de la guerre, la France de l'accouvage en est encore au stade préhistorique. D'un bout à l'autre des campagnes, des centaines, peut-être des milliers de « sélectionneurs » au doigt mouillé sillonnent les fermes et vendent des poussins venus d'œufs sans aucune qualité certaine. La déception est souvent au rendez-vous. Aux États-Unis, la sélection des poules est déjà une industrie qui compte des souches très productives, comme le coq Cornish ou la poule Leghorn. La sélection ne frappe pas que les poulets : en 1962, l'Association des éleveurs nord-américains ne compte déjà plus que 29 membres !

Et ces géants débarquent un à un en Europe, où Studler a décidé de faire de la résistance. Il importe pour commencer 700 poussins, qui lui donneront des œufs roux, préférés par les Français aux œufs blancs. L'intuition se révèle payante. Avec le matériel accompagnant les poussins, dont un incubateur et un concasseur, Studler monte sa petite entreprise, qui deviendra géante. En 1972, malgré la concurrence, la SA Studler est présente dans 60 pays, compte un million de reproducteurs – mâles et femelles – et emploie 1 037 personnes.

Comment a-t-il fait ? Il a été plus malin, tout simplement. Au début des années 1960, Studler passe un accord avec le sélectionneur américain Warren, qui a « créé » une poule très productive appelée, comme de juste, la poule Warren. Jusqu'en 1964, Studler et ses quatre associés se contentent de vendre la poule partout en France. Le Breton modifie ensuite son contrat avec Warren, et commence sa propre sélection à partir des poussins américains. En somme, il innove, se privant peu à peu de tout apport de gènes venus d'Amérique.

S'agit-il encore de poules Warren? En une poignée d'années, non, à l'évidence. Mais Studler est un commerçant dans l'âme, qui sait la puissance des noms. Il rachète la marque Warren pour l'Europe et l'Afrique francophone. La Warren-Studler, poule rousse et solide, devient une référence. Studler gagne marché sur marché. En Allemagne, en Italie, en Angleterre, aux Pays-Bas, en Afrique.

Est-ce fini? Ce n'est qu'un début. Parallèlement, en 1968, l'Institut national de la recherche agronomique (Inra) a créé une petite merveille nommée la poule Vedette. Cette oiselle est naine, ce qui diminue grandement les frais, notamment d'alimentation (voir le chapitre 9, page 171).

L'Inra et Studler décident de conclure une alliance stratégique. En combinant les gènes de la Warren-Studler à ceux de la Vedette première manière, les sélectionneurs obtiennent un animal en or massif, sorte de super Vedette, qui va leur permettre de conquérir de vastes marchés. Autour de 1970, la Vedette 1 tient environ le quart du marché français du poulet de chair. C'est énorme! Mais ce n'est rien à côté de la suite. La Vedette 2 représente, en 1985, 58 % du marché national. Et son expansion mondiale est stupéfiante. De 1977 à 1985, les ventes sont multipliées par 5. L'Europe, le bassin méditerranéen, le Venezuela, le Brésil, puis l'Indonésie et l'Inde sont tour à tour atteints. Même les États-Unis, grands maîtres de la sélection avicole, sont contraints d'ouvrir leur marché. Aujourd'hui encore, cette poule miraculeuse compte pour environ 8 % du marché mondial du poulet de chair.

Et Studler ? Nous l'avions laissé riche en 1972, employant plus de mille salariés. La vérité commande d'écrire qu'il a disparu. Cet homme est un archétype, le symbole même de l'industrialisation du marché de la viande en France. Au point de départ, rien d'autre qu'une volonté farouche et un courage sans égal. Avec peu de moyens matériels, un homme entreprenant de l'immédiat après-guerre crée peu à peu un empire florissant en surfant sur la formidable vague de la consommation organisée de viande industrielle. Studler est le héros de la première saison de cette grande aventure. Comme quelques autres, qui s'appellent Glon ou Guyomarc'h – encore des pionniers bretons –, il va monter très haut, avant de devoir rétrocéder, puis céder tout court.

Au tournant des années 70 du siècle écoulé, un phéno-mène très éclairant se propage : l'industrie pharmaceutique transnationale entre en jeu. Elle a très vite compris l'intérêt stratégique de ce marché porteur. Dès 1971, le laboratoire Pfizer achète le sélectionneur de poules Heisdorf & Nelson. En 1973, Merck Sharp & Dohme prend le contrôle de Hubbard. En 1974, Upjohn, qui sera absorbé par Monsanto en 1999, achète Cobb. Hendrix, qui n'est pas encore Hendrix Genetics, devient propriétaire de la société Euribrid.

En France, l'État observe cette irruption avec la plus vive inquiétude. Cet État-là, héritier direct du colbertisme gaulliste, ne peut accepter qu'un secteur de cette importance échappe aux intérêts nationaux. Sa riposte prendra une forme qui nous stupéfierait aujourd'hui : l'Institut de sélection animale ou ISA. Cette structure sent bon une époque défunte. Jacques Chirac, alors Premier ministre, mais surtout ancien ministre de l'Agriculture, est aux manettes. Entrent au capital de l'ISA le groupe pharmaceutique Mérieux, filiale de l'entreprise Rhône-Poulenc, certes privée, mais aussi la coopérative Limagrain, alors très proche de l'État, et, indirectement, le Crédit Agricole. L'ISA est sans discussion possible notre champion national dans le domaine clé de la sélection. Et, à cet instant de l'histoire, Studler n'a plus sa place dans le tableau.

Tuer 100 000 poulets en un jour ? Un « traitement »

Studler disparaît donc, mais ses installations, nombreuses, serviront à démultiplier les naissances de poules Vedette. *Sic transit gloria mundi.* Pour ne pas imposer un suspense intenable, passons de suite par la case mondialisation. En 2006, l'aventure s'achève, car le groupe néerlandais Hendrix Genetics BV décide de s'emparer de la belle proie. L'ISA devient alors un quelconque département de la transnationale, qui se met à faire des œufs… blancs pour le marché mondial.

Pour mieux comprendre encore, rien de tel qu'une courte analyse du *Courrier avicole*, journal de l'industrie. Ouvrons le numéro 731, daté du 3 mars 1979. Il s'agit du magazine qui représente toute la filière au Salon de l'agriculture, lequel se tient chaque année en mars. En 1979, l'intensification a une quinzaine d'années et les marchands sont en pleine euphorie. L'aviculture française a si bien exporté que son solde commercial de 1978 est positif de 484 millions de francs de l'époque, contre 467 millions en 1967. Nos poussins vont au Maroc, nos poulets morts partent vers l'Arabie Saoudite ou l'Union soviétique, encore bien vivante. Et les œufs sont acheminés vers l'Italie.

Page 15 du magazine, une sorte de long éditorial entend répondre à cette question : « Pourquoi ce numéro ? » La réponse mériterait d'être rapportée dans sa totalité, mais on se contentera d'extraits, suivis d'une (petite) surprise. Premier extrait : « Autrefois, la consommation des volailles comme des autres produits agricoles non conservés était rythmée par les saisons […]. Ainsi, le marché des villes voyait successivement apparaître les premiers pintadeaux de la Drôme entre Pâques et Pentecôte, l'été correspondait aux poulets du Gâtinais, l'automne aux poulets noirs de Vendée, et la fin de l'année était accompagnée de chapons, poulardes, dindes et oies qui faisaient l'honneur des tables bourgeoises. » Pouah !

Par bonheur, l'industrie s'est mise de la partie. « On a contrôlé l'ambiance des bâtiments pour s'affranchir d'abord des femelles éleveuses, ensuite pour protéger les animaux des intempéries et des maladies, enfin pour contrôler les rythmes lumineux et désaisonnaliser la reproduction. […] L'abattage des animaux a été automatisé, permettant d'organiser dans un même atelier le traitement de près de 100 000 poulets par jour au lieu de quelques centaines que l'on pouvait plumer à la main. Aujourd'hui, cette rationalisation de la production et de la transformation nous situe très loin des images anciennes, souvent embellies par l'imagination. »

N'insistons pas sur le sens épatant de l'euphémisme manifesté par l'auteur de ces lignes. Tuer 100 000 poulets par jour en un seul lieu serait donc un « traitement » ? Passons. Et l'auteur, justement ? Il s'agit de Pierre Delpech, un nom qui ne dira rien à personne. Sauf qu'en cette année 1979, alors qu'il signe l'éditorial d'une revue de l'industrie avicole, Delpech est professeur de zootechnie à l'Institut national agronomique de

Paris-Grignon (InaPG). Un grand institut public. Ce qui signifie, en un résumé parfait de la situation, qu'un haut fonctionnaire de la République félicite chaudement une filière
industrielle dans la revue même de cette dernière.

Mais poursuivons notre lecture. Ce numéro de 1979 est iné-
puisable. De 1963, première année de fonctionnement du
Marché commun, à 1977, la production de volailles des
9 pays de la Communauté européenne a augmenté de 129 %.
La France, quatrième exportateur mondial, fait la course en
tête, et 1978 promet une augmentation des ventes à l'étranger
de 23 %. Ah, un détail qui conserve une certaine importance :
les marchands de 1979 n'ont pas honte de la mort industrielle. Ce numéro 731 du *Courrier avicole* s'offre une couverture qui ferait grand désordre aujourd'hui. On y voit deux
chariots métalliques antédiluviens, rouillés et dégoûtants, qui
ont dû faire toutes les guerres du siècle passé. Et, dessus, des
dizaines de cadavres plumés de poulets.

Les si belles « *Journées de la recherche porcine* »

Le Courrier avicole de février 1980, juste un an plus tard, est
aussi beau. La production de poulettes pondeuses a encore
augmenté. De 16,1 % entre 1978 et 1979. Il s'agit d'une livraison
spéciale du magazine, consacrée à l'œuf. Et Pierre Delpech est
toujours là, qui signe un éditorial intitulé : « L'Œuf à un tournant ». De l'humour ? En résumé, on peut encore faire mieux,
mais ce sera difficile. « Le développement de la production
d'œufs de consommation, note Delpech, résulte de toute une
série de découvertes et de mises au point techniques. Elles
concernent tous les domaines, de l'amélioration génétique au

contrôle de l'environnement, en passant par l'alimentation et la mécanisation. Progressivement, on est passé d'une production annuelle de 100 œufs à plus de 250. Certains chercheurs espèrent même atteindre 300. » Rassurons les éventuels inquiets, le chiffre de 300 a été atteint depuis.

On trouve dans le même numéro une véritable ode à la sélection génétique des poules, qui s'achève ainsi : « Cet accroissement spectaculaire et récent de la productivité des pondeuses, constaté sur des lignées commerciales actuellement utilisées, démontre avec éloquence l'efficacité de l'amélioration génétique poursuivie. » L'auteur de cet article s'appelle Paul Stevens, chercheur à la station de recherches avicoles de Nouzilly, fonctionnaire de l'Inra. Ce n'est pas même de la polémique, mais un pur constat. Il n'existe aucune frontière entre intérêt privé et service public.

C'est tout un pour les volailles et les bovins. Tout un pour les cochons. Depuis quarante ans se tiennent chaque année les Journées de la recherche porcine. Ces journées techniques sont au cœur de l'industrialisation, comme on va le voir, mais le plus important, en l'occurrence, est qu'elles sont organisées conjointement par deux institutions. D'un côté l'Inra, que l'on ne présente plus. Et de l'autre l'Institut technique du porc – ITP, devenu IFIP. Ne cherchez pas : l'IFIP, c'est l'industrie du porc. Son président n'est autre que le patron de la Fédération nationale porcine (FNP). Main dans la main, fonctionnaires de l'Inra et industriels se retrouvent donc pour ces fameuses Journées de la recherche porcine. Selon un texte officiel, elles « permettent la diffusion rapide auprès des partenaires de la filière des résultats de la recherche pouvant avoir des applications directes, afin de contribuer à la compétitivité de cette filière ».

Qui les soutient financièrement ? Il vaudrait mieux se demander qui ne soutient pas. Parmi les généreux sponsors, Adisseo, l'entreprise à l'origine de cancers du rein chez ses ouvriers (voir le chapitre suivant, page 89). Mais aussi les transnationales de la chimie Bayer et BASF, entre autres.

Jugez par vous-même ce qui suit, un florilège de titres de quelques travaux présentés au cours de ces nobles Journées. On n'y ajoutera aucun commentaire. 1969, la première année : « Action d'un progestagène (FGA) administré par voie vaginale sur les chaleurs et la fertilité de la truie en fin de lactation ». 1970, au chapitre « Technologie » : « Reconstitution du glycogène musculaire et hépatique à l'issue d'une déplétion provoquée par une injection intraveineuse d'adrénaline ». 1971 : « Corrélation entre les performances d'engraissement et de carcasse et les performances d'élevage chez le porc ». 1972 : « Synchronisation des chaleurs des truies nullipares par un traitement méthallibure ». 1973 : « Fertilité et prolificité des truies inséminées avec du sperme congelé de verrat. Comparaison de deux dilueurs ». 1974 : « Les Œsophagostomes du porc en France. Étude épidémiologique par autopsie complète de 26 truies ou verrats de réforme ». 1975 : « Production de carcasses lourdes de jeunes femelles ayant ou non reproduit ».

Passons aux années 1980-1990. 1985 : « Incidence de l'âge et de l'épaisseur de lard dorsal à 100 kilos sur la carrière reproductive des truies Large White ». 1986 : « Perspectives d'application du génie génétique en sélection porcine ». 1987 : « Incidence du type génétique et de quelques facteurs d'élevage et d'abattage sur le rendement de carcasse et les pertes de ressuyage chez le porc ». 1988 : « Bilan lésionnel de l'appareil respiratoire des porcs à l'engrais ». 1989 : « Augmentation de la fertilité et de la prolificité après synchronisation des œstrus par un progestagène ». 1990 : « Régulation de la croissance du porc par somatotropine et les autres hormones de l'axe somatotrope : sécrétion, mécanismes d'action et effets sur les performances ».

Un petit passage en revue des dernières années. 2003 : « Effets de la région du gène IFG2 et du gène halothane sur la composition corporelle et la qualité de la viande dans une population F2 Piétrain x Large White ». 2004 : « La supplémentation de l'aliment de sevrage en colostrum bovin améliore l'ingestion et les performances zootechniques chez les porcelets au sevrage ». 2005 : « Nettoyage-désinfection des porcheries d'attente à l'abattoir : maillon dans la lutte contre la contamination des porcs par les salmonelles ». 2006 : « Anesthésie gazeuse des porcs : variations physiologiques et comportementales et qualités des viandes ». 2009, enfin : « Estimation, par utilisation de semence congelée, des évolutions génétiques réalisées entre 1977 et 1998-2000 dans les races Large White et Landrace pour les systèmes neuroendocriniens de réponse au stress ».

C'est un peu long, mais vous aurez compris qu'il ne s'agit que d'un pauvre échantillon. Depuis quarante ans, sans qu'aucune voix ne vienne troubler les repas de l'industrie ni de l'Inra, des chercheurs mettent leur savoir au service de l'économie de la viande industrielle.

Des crises comme s'il en pleuvait

Jusqu'où ira l'industrie de la viande ? L'apparition d'un marché commun européen dès 1963, accompagné d'une politique agricole commune – la célèbre PAC –, a changé les paysans d'antan en managers grands et petits, de gré ou de force. Soumis à la concurrence, voués à d'éternelles bagarres commerciales, pestant chaque année ou presque contre l'augmentation des prix du fuel ou de l'alimentation animale, la baisse des cours ou la crise de confiance des consommateurs.

Entre juin 1997 et novembre 1998, le prix moyen du kilo de porc passe de 13,05 à 6,35 francs. Qui tiendrait ? La faute semble être alors à l'Europe, qui aurait « trop » augmenté sa production porcine. Près de dix années plus tard, en novembre 2007, le président de la Fédération nationale porcine, Jean-Michel Serres, déclare : « Nous connaissons une crise sans précédent par son niveau et sa brutalité. » Confrontée à une concurrence exacerbée qui lui a beaucoup profité, soumise à la volatilité des cours des matières premières, la filière porcine française est plongée dans une crise historique. Au moment où ces lignes sont écrites, une énième crise ravage tout le secteur.

Idem pour l'élevage bovin, en à peine moins cruel. En 2001 – pour s'en tenir aux dernières années –, un milliard de francs d'aides directes est accordé et versé « dans des délais exceptionnellement courts ».

En novembre 2008, sept ans plus tard, rien n'est réglé, d'autant que la consommation de viande de bœuf a baissé de 8 % depuis l'été. Et 2009 pourrait se révéler catastrophique, car les coûts de production grimpent tandis que la demande, sur fond de crise économique, chute. Au mieux, selon l'Office de l'élevage, 2009 sera morose.

Exporter ? Impossible ou presque. Depuis la vache folle, les marchés disponibles se sont « renationalisés », restreignant du même coup les possibilités. En revanche, des pays comme l'Allemagne pourraient venir nous narguer dans les magasins *hard discount*.

Et les volailles ? Pas mieux, même si le poulet congelé a trouvé de nouveaux débouchés dans les pays « émergents ». Un mot sur l'invraisemblable scandale des poulets nourris à la dioxine, l'un des poisons les plus concentrés de tout l'univers chimique. L'affaire commence en Belgique, en janvier 1999 : on découvre que 1 500 tonnes d'aliments destinés à 3 000 élevages de poulets contiennent de la dioxine. Celle-ci proviendrait d'huiles industrielles de transformateurs électriques.

Étonnez-vous. En 1999, les ventes chutent pour la première fois depuis quinze ans. Mais, par chance pour la volaille industrielle, les développements de l'affaire de la vache folle font remonter les ventes de poulets dès 2000. Avant que ne débute, en 2005, le funeste épisode de la grippe aviaire, qui fait plonger la consommation. Entre 2001 et 2006, notre production de volailles aura baissé au total de 21 %…

CHAPITRE 4

Monsieur X
raconte une belle histoire

Les principaux groupes de l'alimentation animale se battent comme des chiffonniers. Dernière trouvaille : raconter des histoires. Cela s'appelle le storytelling. InVivo, un très grand groupe français, veut se faire passer pour un héritier de Charles Fourier, le génial utopiste. Pendant ce temps, les animaux d'élevage mangent. Pas n'importe quoi. Surtout pas n'importe comment.

C'est un matin d'été, avenue de la Grande-Armée, Paris, France. Les beaux quartiers. Les beaux quartiers d'été et d'hiver de la société InVivo, prodigieuse coopérative agricole qui vient de racheter Evialis, géant multinational de l'alimentation animale.

Devant le hall d'entrée d'InVivo, les gens fument. Et, dedans, se reposent dans des fauteuils rouges posés sur une moquette violine. Les nombreuses plantes – fausses – et une décoration disons discutable donnent une impression nette de kitsch.

La surprise est au rendez-vous, car l'on croyait naïvement à un entretien ouvert avec l'un des grands directeurs, que l'on aurait cité avec plaisir. Au lieu de quoi ledit responsable annonce qu'il n'est pas question de le nommer. Qu'il ne s'agit sûrement pas d'une interview. Et qu'il ne répondra pas aux questions.

Quelles questions, au fait ? Mais celles de ce livre, pardi ! Le modèle alimentaire fondé sur la viande est-il viable ? Généralisable ? Est-il bon pour la santé des humains ? Pour les équilibres fragiles de la planète ? Comment expliquer une telle révolution dans le repas quotidien des Français ? Entre autres.

On dépose le tout en vrac devant l'un des directeurs d'InVivo, sans susciter aucun commentaire. Pas de réponse. *No comment*. Mais il est dit qu'on ne sera pas venu pour rien : en échange, notre interlocuteur délivre un message d'une grande pénétration. L'industrie de l'agriculture, ce n'est pas ce qu'on croit. Mais pas du tout. Et le mieux, pour ne pas se perdre dans les méandres de l'histoire, c'est de suivre le guide. C'est de l'écouter faire en direct un cours accéléré de *storytelling*. Pour le cas où vous ne connaîtriez pas, un bref éclairage. Le mot – sinon la chose – est apparu dans les années 1990 aux États-Unis. L'industrie et ses communicants se sont alors rendu compte, avec plus de clarté que jamais, qu'il fallait absolument raconter des histoires aux humains, en espérant qu'ils finiraient par les croire[13]. Disons, sans vouloir faire le méchant, qu'il s'agit de la bonne vieille propagande revue par le cinéma et les images de synthèse, Walt Disney, le Net, les *spin doctors* et les armes de destruction massive notoirement invisibles d'Irak et d'ailleurs.

La réalité dérange ? Mais où est la réalité ? Le *storytelling* est l'art de transformer ce qu'on ne peut pas changer en une belle narration qui laissera l'auditeur assommé.

---

13. Voir l'excellent livre de Christian SALMON, *Storytelling*, La Découverte, 2007.

Charles Fourier au service de la cause

Revenons à notre directeur. Nous ne l'accuserons pas même de vouloir tromper. Ce n'est pas utile, ce serait desservir la cause de l'entreprise. Non, il vaut mieux croire, au moins en partie, à ce qu'on raconte, car c'est simplement bien plus convaincant. Cette fois, c'est parti : comment doit-on parler d'une coopérative dont le chiffre d'affaires atteint 3,6 milliards d'euros par an et qui emploie près de 1 800 salariés ? Eh bien, commencer par dire : 1 800 *collaborateurs*. Voilà qui est déjà mieux.

Comment décrire une entité qui s'occupe tout à la fois de stockage de céréales dans des silos – 1 245 000 tonnes de capacité –, de vente de pesticides – InVivo en est le plus gros vendeur en France –, de conseils avisés à l'agriculture intensive, de distribution, de nutrition animale ?

Monsieur X – appelons-le en toute simplicité monsieur X – est intelligent et sympathique. Réellement. Et le cours qu'il offre sur l'histoire du mouvement coopératif dans l'agroalimentaire est très intéressant, du moins si on ne le prend pas tout à fait au premier degré. Car il est bien curieux d'apprendre que les vastes coopératives d'aujourd'hui descendraient en droite ligne des phalanstères de Charles Fourier. Et pourtant si. Fourier, notre grand « socialiste utopique » du début du xixᵉ siècle, l'auteur d'une vaste *Théorie des quatre mouvements et des destinées générales*. On ne s'en souvient pas forcément, mais il fut un ingénieux penseur, convaincu d'avoir parachevé la théorie de Newton sur la gravitation en découvrant les lois de la gravitation passionnelle. Selon Fourier, le monde était en relation évidente avec les passions humaines les plus élémentaires. Il fallait – et il suffisait de – créer des lieux communautaires, les phalanstères, où pourraient enfin s'accorder les deux. L'homme en ses passions, et l'univers en son apparente complexité.

InVivo serait donc l'héritière de Fourier. Il ne manquerait plus que cela. Remontant plus loin encore, monsieur X rappelle l'aventure des fruitières à comté du Jura et du Doubs, née il y a environ huit siècles. Les petits paysans de la région, accablés par des hivers interminables, eurent l'idée heureuse de rassembler le lait de leurs vaches et de fabriquer ensemble un divin fromage. Il n'y a aucun doute : derrière le comté, l'esprit coopératif. Mais quel rapport avec InVivo, franchement ?

Voilà monsieur X parti dans de vastes développements concernant l'ancienne Mésopotamie, qui, pour avoir marié sur son sol le blé et le pois, a du même coup inventé l'écriture et la ville. Les Chinois n'auraient pas fait autrement avec le soja et le riz. Ni les anciens Américains avec le maïs et le haricot. Céréales et légumineuses, agriculture et protéines auraient donc créé la culture. Soit.

On s'approche tout de même du but. Car les choses se sont gâtées, comme souvent. À l'horizon 2050, quand il faudra peut-être nourrir 9 milliards d'humains, nous n'aurons le choix, selon monsieur X, qu'entre deux modèles. D'un côté, l'*American way of life* et l'hyperconsommation. De l'autre, le génie européen, singulièrement français, dont l'esprit coopératif est le meilleur exemple.

Évidemment, pourquoi pas ? InVivo, prenez garde à la calomnie, n'est pas une entreprise à la recherche du profit maximal. Eh non, quoi ! InVivo repose sur 288 coopératives locales ou régionales qui élisent une assemblée générale.

Laquelle désigne un conseil d'administration, doté d'une direction générale, etc. Et dans cette vaste structure, dont on ne doit dire aucun mal, chaque sociétaire vaut chaque sociétaire. Le paysan du Morbihan qui engraisse ses cochons vaut le directeur général. Mais si.

Le jambon Madrange est à vendre

Pour monsieur X, telle est bien la situation. Les Américains, et à un degré moindre les Brésiliens, sont une sorte de rouleau compresseur. À bien écouter ce preux chevalier, un combat planétaire sans merci opposerait deux visions du monde agricole. D'un côté, l'univers de la coopération familiale, où l'on aura reconnu InVivo en majesté. Et, de l'autre, le monstre américain, représenté notamment par l'Iowa, champion national de la concentration, de l'intégration et de l'intensification. Monsanto, voilà l'ennemi ! Voilà la mortelle concurrence de qui n'a pas d'âme !

Prenez l'exemple du charcutier Madrange, de Limoges, en vente au moment de l'entretien[14]. Madrange ! Le cochon ! Le jambon national risque à cet instant d'être avalé par Smithfield Foods, personnage important de la grippe dite mexicaine du printemps 2009. Et InVivo, n'écoutant évidemment que son grand cœur patriote, essaie de s'en emparer, pour la coquette somme de 1 milliard d'euros.

Comment a-t-on pu en arriver là ? Comment est-on passé des petites coopératives agricoles des années 1930, où l'on se groupait au niveau du canton pour vendre du blé ou

14. Entretien accordé le 27 juin 2008.

acheter des engrais, à ce milliard d'euros qu'on s'apprête à mettre sur la table ? Mystère. En tout cas, monsieur X livre sa vision, qui ne vaut pas explication. Dans l'après-guerre, les coopératives d'antan auraient pu selon lui, grâce à leurs profits, embaucher des agronomes et des techniciens, jusque-là employés exclusifs de l'État. Les rendements auraient augmenté, puis explosé, ouvrant un boulevard semé de pesticides à une nouvelle génération incarnée par Michel Debatisse et ses jeunes amis de la JAC (Jeunesse agricole chrétienne).

Bon, admettons. Et poursuivons. Au printemps 2007, InVivo entame une manœuvre financière géante qui va conduire notre chère coop' à devenir propriétaire d'Evialis, d'abord à hauteur de 38,49 %, puis au-delà de la majorité. Or Evialis est l'un des principaux personnages de ce livre, sans discussion possible. Et son histoire va nous permettre de mieux comprendre ce qui a pu se passer en France après la Seconde Guerre mondiale.

Pour rester dans le goûteux domaine du *storytelling*, applaudissons debout son fondateur, Jean Guyomarc'h. En 1954, ce meunier de la région de Vannes crée sa petite entreprise, spécialisée dans l'alimentation animale. En 1960, l'affaire prend de l'ampleur, car la révolution agricole, industrielle ô combien, dope tout le secteur. Tout s'enchaîne, tout s'emballe, même. Guyomarc'h devient l'un des premiers groupes intégrés de l'industrie de la volaille. Il élève, tue, découpe, cuisine y compris ces poulets aux hormones dont nous ne saurons bientôt plus nous passer. En 1968, il s'implante en Espagne. En 1974, au Brésil. En 1976, en Côte d'Ivoire. En 1982, en Indonésie. En 1995, en Chine.

Pierre Andouard en 1942

Ce n'est plus une réussite, c'est un triomphe. Mais, au fait, sur quoi repose cette étonnante expansion ? Sur l'alimentation animale, bien entendu. À quel moment se situe donc la bascule vers une alimentation différente, produite ailleurs, conditionnée, vendue autant qu'achetée ? La réponse n'a rien d'évident, mais un livre remarquable permet en tout cas de distinguer un moment clé de cette (r)évolution. Il s'agit du livre de Pierre Andouard, *L'Alimentation du bétail*. Paru en 1942 chez Flammarion dans la collection « La Terre », au moment où se prépare le tournant de Stalingrad, il offre une photographie d'exception de ce qu'est alors l'élevage chez nous. La collection « La Terre » a été créée par Jacques Le Roy Ladurie, ministre de l'Agriculture du maréchal Pétain au printemps 1942.

Précisons-le, Andouard est alors ingénieur agronome, professeur à l'École supérieure d'agriculture d'Angers. Autrement dit, c'est un moderniste, en tout cas un modernisateur de l'agriculture. Ce qu'il écrit dans son livre, basé sur des décennies d'expérimentation d'avant-garde, n'a que peu de rapports avec la réalité des campagnes françaises. Il rédige là un manuel, une sorte de condensé de la pensée agronomique de pointe. Et, du même coup, on peut voir son ouvrage comme le résumé du savoir le plus audacieux de l'époque.

C'est d'autant plus intéressant qu'on n'y parle, pour l'essentiel, que de fourrages divers, de choux, de foin, de paille, de navets, de betteraves, de seigle, d'avoine, de glands, de pommes tombées au sol, de lait entier ou écrémé, de pommes de terre, etc. Les Gallo-Romains des premiers siècles de la chrétienté n'auraient guère été dépaysés par le catalogue de 1942. Ainsi donc, et sans conteste, on nourrissait encore le bétail avec des aliments produits sur place.

Il y a certes des exceptions, mais elles aussi sont éclairantes. Andouard note ainsi l'usage – parcimonieux – des tourteaux. De quoi s'agit-il ? De sous-produits de l'industrie oléagineuse, qui fabrique de l'huile. Quand des presses hydrauliques puissantes écrasent des graines d'arachide, de lin, de coprah, elles ne parviennent jamais à en extraire toute l'huile. Ce qui reste du pressage peut aisément être conditionné sous la forme de briquettes concassées, mélange de graines et d'huile, très riches en protéines.

Le miracle n'est pas loin, car les tourteaux sont des agents de croissance idéaux. Des dopants, n'ayons pas peur du mot, qui permettent de produire davantage de viande en moins de temps. Telle est la cause première de ce mouvement désormais irrépressible en faveur des compléments alimentaires. Celui-ci est, faut-il insister, indissociable de l'industrialisation des campagnes, qui aura décidément emporté un monde.

« Tous les tourteaux, note avec justesse Andouard, sont des aliments concentrés [...] de premier ordre pour enrichir les rations, particulièrement en azote. » Tous les tourteaux ? Tous, y compris un nouveau venu dont on va beaucoup parler : le soja. Oui, le soja, dont notre agronome vante rapidement l'extraordinaire pouvoir, car « il est assez riche en azote pour renforcer n'importe quelle ration pauvre en matières azotées ». Vous avez lu, mais il faut le répéter : le soja peut compléter « n'importe quelle ration pauvre ». Seul obstacle de taille, à l'époque en tout cas : son prix, souvent bien trop élevé.

Andouard est à sa façon un pionnier du nouveau monde, plaidant pour le développement de l'« engraissement intensif », notion encore inconnue de la plupart des paysans en cette période de guerre. Il y a mieux à faire, note-t-il, que de nourrir le bétail seulement avec de l'herbe. Écoutez le somptueux message : « Les éleveurs ouverts au progrès l'ont compris depuis que la science a établi les règles de l'alimentation rationnelle. En réalité, vous pouvez engraisser les animaux rapidement en toute saison et sur tous les domaines. »

Les 1 000 têtes de l'hydre Cargill

Pour nourrir les animaux qui nous nourriront, il faut, outre d'indispensables vitamines et minéraux, des lipides, des glucides et des protéines. Banal. Les glucides, qui apportent de l'énergie au bétail, sont largement présents dans les céréales que nous connaissons tous : le blé, le maïs, l'orge, l'avoine. Pas de problème, puisque nous en produisons massivement. Les protéines, présentes dans tous les tissus végétaux, de la racine aux feuilles, apportent elles aussi une énergie, mais surtout agissent sur la croissance de l'animal et de sa chair, notamment par les acides aminés qu'elles contiennent.

Avant le grand tournant, les protéines étaient largement tirées de ce qu'on appelle des protéagineux, plantes cultivées pour la richesse de leurs graines – en France essentiellement le pois, le lupin, la féverole. Mais le xxᵉ siècle technologique et triomphant s'est rendu compte que des protéines végétales concentrées pouvaient être extraites des oléagineux, plantes qui sont, elles, cultivées pour leur richesse en huile. Par exemple le colza ou le tournesol chez nous. Par exemple l'arachide, que notre défunt empire colonial nous a longtemps fournie. Par exemple le soja.

Le moment n'est pas encore venu de parler de ce dernier, dont l'industrie mondiale a fini par changer l'apparence physique de pays entiers. Le lecteur, espérons toujours, attendra les pages suivantes. Reprenons plutôt le cours plus tranquille de ce chapitre. Monsieur X, de la coopérative InVivo, fait du *storytelling* comme monsieur Jourdain aimait tant faire de la prose. On se permettra de lui dire que, sans l'explosion inouïe de l'alimentation industrielle des animaux d'élevage, Jean Guyomarc'h serait resté un meunier parmi des milliers d'autres.

Rappelons-le, ce fondateur d'Evialis, qu'InVivo a fini par racheter, a commencé sa carrière dans l'alimentation animale en 1954. Quand le bétail mangeait encore son foin. Les chiffres, dans ce domaine, sont sidérants. En 1950, la France produit 600 000 tonnes d'aliments composés, lesquels par définition mélangent de nombreuses matières premières, soja compris. En 1982, elle en produira 15 millions de tonnes. Vingt-cinq fois plus ! Ainsi se bâtissent des fortunes. Ainsi se détruisent des pays.

Il est à craindre, décidément, que les rêveries de monsieur X ne se rapprocheront pas de sitôt de la réalité. « Nos » coopératives seraient, à le suivre, l'antithèse des monstres transnationaux *made in America*. Tout au contraire, sur fond de mondialisation, elles se ressemblent tant qu'elles s'achètent et se vendent sans aucune cesse. InVivo a donc racheté Evialis, fondé à la force du poignet et des aides publiques par Jean Guyomarc'h. Et, dans la foulée, Evialis, telle une immense poupée russe, a acheté les activités de Cargill au Brésil.

Cargill ! Ce nom ne vous dit peut-être rien, mais il cache – bien mal, d'ailleurs – ce qu'est devenue l'industrie mondiale de la bidoche. Avant de partir en voyage, au chapitre suivant, sur les traces de Cargill en Amazonie, ce Cargill devenu français – cocorico, monsieur X, cocorico ! –, tentons de vous mettre en condition par des exemples plus proches.

Cargill, présent en France depuis 1964, pèse très lourd. Autant ou presque, dans notre pays, que la coopérative InVivo, avec 2 300 employés et un chiffre d'affaires de 2 milliards d'euros. Ici du raffinage d'huile végétale, là de la fabrication de chocolat ou de la transformation de viande de volaille. Ici une malterie. Là des bureaux d'importation de soja et de maïs, à Saint-Nazaire ou Brest, ou encore des usines de transformation de la viande. Cargill utilise chaque année de 10 à 15 % de la collecte française de céréales et oléagineux, soit entre 8 et 10 millions de tonnes.

Ne pensez pas que Cargill plaise à tout le monde, car ce serait une légère erreur. Le 2 décembre 1999, par exemple, des militants de Greenpeace ont bloqué par des chaînes les grilles des entrepôts Cargill situés sur le port de Brest (Finistère). Pour protester contre les importations de soja transgénique par la transnationale. Extrait d'un communiqué de Greenpeace : « Cargill est le premier importateur mondial de matières premières agricoles en Europe. Plus de 80 % du soja commercialisé dans le monde est utilisé pour l'alimentation animale. Environ 30 millions de tonnes d'équivalent tourteaux de soja pénètrent chaque année en Europe, et plus de la moitié vient des États-Unis, où 55 % du soja est transgénique. Cargill a récemment annoncé de vagues déclarations sur les éventuelles possibilités de séparer les cultures génétiquement modifiées des cultures convention-nelles, si les consommateurs sont prêts à payer le surcoût de la ségrégation. Mais ces déclarations d'intention ne sont pas suffisantes aux yeux des consommateurs, qui réclament tout simplement l'arrêt des importations d'OGM. »

Cela n'a pas dû suffire à convaincre l'industriel car, le 9 mai 2008, rebelote. Une centaine d'opposants aux OGM bloquent les camions qui sortent des entrepôts Cargill du port de Brest. L'opération vise à protester contre « l'aberration de l'importation des protéines végétales pour l'alimentation animale […] qui tend à éliminer la production locale de protéagineux en filières conventionnelles ». Mais nul ne pourra contester que Cargill a fait des progrès : désormais, 85 % du soja importé est transgénique. Le bétail de France, donc la viande qu'on nous oblige à acheter, mange largement et sans conteste des aliments génétiquement modifiés. Dans un pays qui refuse pourtant, et massivement à en croire des sondages concordants, les OGM.

Pourquoi diable évoquer de telles affaires finalement ordinaires ? Pour cette raison évidente que les grands acteurs se tiennent par la barbichette. Dans une économie mondialisée, tout est dans tout, et inversement, pour sûr. Désolé pour monsieur X, mais InVivo n'est pas le descendant de Charles Fourier. InVivo est une vaste entreprise internationale, trans-nationale, et capitaliste, bien sûr. Qui se bat avec toutes les armes disponibles sur le marché libre des armes libres pour s'imposer. Et qui ne s'en sort pas si mal.

Voyez cette citation du journal *La Tribune*, en date du 17 juin 2008 : « Nouvelle opération de croissance externe en vue pour Evialis. Le spécialiste de l'alimentation pour animaux Evialis (ex-Guyomarc'h, dont BNP Paribas a cédé le contrôle au groupe coopératif InVivo en 2007) est entré en négociations avec le groupe brésilien Cargill Nutriçao Animal pour la reprise des activités de nutrition animale du groupe au Brésil, selon le communiqué du groupe. "La transaction devrait être conclue pour la fin du mois, sous réserve des audits en cours et de l'obtention des autorisations réglementaires", ajoute le groupe, sans donner le montant de la transaction. Evialis est déjà présent au Brésil, depuis 67 ans, au travers de la société Socil. »

Le Chinois BlueStar et les cancers du rein

Cela, c'était en juin 2008. Depuis, une eau bien douce, mêlée de fleur d'oranger, a coulé sous les ponts d'InVivo. Quel dommage que monsieur X ne soit plus là pour nous vanter l'excellence du modèle coopératif, alternatif à la barbarie américaine. Quel dommage ! Car que ne lit-on pas sur le site www.terre-net.fr en date du 26 janvier 2009 ? Tout a changé. C'est bien simple : tout. Et c'est le boss d'InVivo, Michel Fosseprez, qui l'annonce placidement. « "InVivo" n'est plus une union de coopératives. "InVivo" est dorénavant un grand groupe industriel avec "quatre métiers au cœur du vivant". » L'année 2008 a été extraordinaire, car le chiffre d'affaires a augmenté, tenez-vous bien, de 45 % par rapport à 2007. Les effectifs mondiaux sont passés de 1 766 salariés à 6 457. Vous entendez, monsieur X ? « Nous » ne sommes plus 1 800, comme vous le disiez à l'été 2008, mais quatre fois plus !

Certes, nous sommes cette fois bien loin de Charles Fourier et de ses phalanstères. Que voulez-vous ? Le « progrès » aura frappé sans prévenir. Encore une dernière histoire et cette fois, juré, nous traverserons l'Atlantique, poussés par les alizés. Avez-vous entendu parler de l'entreprise Adisseo de Commentry (Allier) ? Peut-être pas. Et c'est bien dommage.

Cette entreprise d'alimentation animale a d'abord été la propriété de Rhône-Poulenc, jadis grande firme nationale, qui l'a refilée à Aventis, qui l'a vendue à un fonds de pension britannique doté d'une modeste boîte postale en Belgique, CVC Capital Partners. En janvier 2006, alors qu'elle a entre-temps été rebaptisée Adisseo, elle tombe finalement entre les mains du groupe chinois BlueStar, filiale du groupe ChemChina (China National Chemical Corp.). La mondialisation n'est pas une invention.

Adisseo est l'un des leaders mondiaux de la « nutrition animale », en particulier pour la volaille industrielle. Dans ses quatre usines, dont celle de Commentry, Adisseo fabrique des choses appétissantes pour éviter aux poulets de mourir trop tôt, y compris des vitamines et un additif alimentaire appelé méthionine.

Le problème, c'est que les ouvriers de Commentry goûtent moins la chose – mais qui sait ? – que les animaux. En 2003, la CGT d'Adisseo-Commentry – 730 salariés – annonce l'existence de dix cas d'un cancer rare, le cancer du rein, parmi les ouvriers d'un seul atelier, celui de la vitamine A, qui utilise du chloracétal C5. Un hasard ? Difficile à croire : cette molécule est connue pour ses pouvoirs toxiques et mutagènes, en particulier sur les reins. Au début de 2007, malgré la grande difficulté à recueillir des données fiables, 28 ou 29 cas auraient été recensés, dont dix mortels. Une horreur.

Alertée dès les années 1980, quand Rhône-Poulenc était encore maître des lieux, la direction ne croit pas devoir changer le process de fabrication. Traînée devant le tribunal des affaires sociales en 2007, Adisseo est finalement condamnée en avril de cette année-là pour faute inexcusable – une première dans le vaste et ténébreux domaine de la chimie. Elle aurait dû agir, elle ne l'a pas fait. Encore l'affaire est-elle « sortie » grâce à un syndicat CGT combatif et à la forte personnalité de son responsable local, Christian Micaud. Car combien d'Adisseo en France et dans le monde ?

En septembre 2008 éclate en Chine un interminable scandale, celui de la mélamine. Cette résine, jadis utilisée dans la fabrication de Formica, sert aujourd'hui à faire des colles et des retardateurs de flammes. Ô merveille, quand on en ajoute au lait ou à l'alimentation animale, on obtient des analyses dopées aux (fausses) protéines, ce qui permet de vendre les produits plus cher. Les nourrissons chinois, tombés malades par dizaines de milliers après avoir bu du lait maternisé à la mélamine, ont été les victimes les plus connues de ce scandale.

Mais sont-ils bien les seuls ? Le quotidien *The New York Times*, dès le 30 avril 2007, révélait dans un très long article un secret de Polichinelle. En Chine, rapportaient les auteurs – David Barboza, Alexei Barrionuevo et Rujun Shen –, tous les producteurs d'alimentation animale fourraient de la mélamine dans leurs produits, car elle était moins chère que les vraies protéines.

Mais, bien entendu, China National Bluestar, société d'État chinoise leader dans la chimie et donc fabricante de mélamine, n'a rien à voir dans de telles opérations. C'est bien simple, ce ne serait pas éthique. En tout cas, la France n'a pas été épargnée. Près de 1 200 tonnes d'aliments pour volailles – bio, un comble ! – destinées à une coopérative d'Ancenis (Loire-Atlantique) ont dû être détruites en novembre 2008. Les tourteaux de soja venus de Chine contenaient jusqu'à 50 fois plus de mélamine que le seuil toléré. Cent vingt-sept éleveurs avaient déjà été livrés.

Est-ce tout ? Presque. Il nous faut signaler le décès brutal, en novembre 2008, à la suite d'une crise cardiaque, de Ferenc Semptey, un ingénieur agronome très connu dans les milieux de la nutrition animale. Il fut notamment l'infatigable organisateur de l'Association française des techniciens de l'alimentation et des productions animales (AFTAA). Cette association est le fer de lance de l'industrie de l'alimentation. La vache folle ? Les farines animales ? Peuh ! On trouve des perles étonnantes dans le bulletin d'actualités de l'association. Ainsi ces quelques mots sur le soja, dans le n° 30 : « L'évolution mondiale des surfaces de soja, d'environ + 7,8 % par an depuis trois ans, […] ne suffit pas à satisfaire la demande mondiale […]. La Chine est particulièrement demandeuse : si elle importait 2 Mt [millions de tonnes] de graines et 3 Mt de tourteaux de soja en 1996, elle importe désormais plus de 30 Mt. Certaines estimations vont jusqu'à envisager qu'elle en importe 36 Mt l'an prochain ! […] En 2017, la production brésilienne pourrait atteindre 92 Mt (33 Mha [millions d'hectares]) pour 56 Mt cette année (20,8 Mha). »

L'AFTAA compte une telle flopée de « partenaires » qu'en faire la liste serait trop long. Les industriels du secteur, petits et grands, sont là. L'Inra, bien sûr. L'Institut de l'élevage – public – aussi. Arvalis. La Direction générale de l'alimentation (DGAL). Etc. Quant à Ferenc Semptey, il reste à préciser qu'il travaillait pour Adisseo depuis 1992. Mais oui, Adisseo, cette entreprise modèle du secteur où certains ouvriers tombent mystérieusement malades.

Dans un rapport sur papier glacé intitulé « Hygiène, sécurité, environnement » et daté de 2007, le patron en titre d'Adisseo, Gérard Deman, déclare : « Depuis de nombreuses années, Adisseo est engagé dans le développement durable au travers des politiques de progrès en matière de qualité, de sécurité, de *product stewardship* et d'environnement. Nos plans d'action sont basés sur les principes fondamentaux de prévention, de responsabilisation, d'élimination permanente des risques. » Comme on dirait chez le Winston Smith d'Orwell, « la guerre, c'est la paix », « la liberté, c'est l'esclavage », « l'ignorance, c'est la force ». Le mot de cancer n'est pas prononcé une seule fois dans ce texte écrit en pure novlangue. Ainsi va la vie dans l'univers impitoyable de l'alimentation animale.

Et maintenant, tournez la page, et rendez-vous à Bahia. Enfin, façon de parler. Rendez-vous plutôt dans cette Amazonie dont personne ne parle. Dans cette Amazonie digne du film *Le Salaire de la peur*. La balade continue. Pour nourrir les bêtes, on l'aura assez dit, il faut en effet du soja. Beaucoup de soja.

CHAPITRE 5

Et si le roi soja était détrôné ?

Le mot de tragédie est faible. Pour faire pousser plus vite nos veaux, vaches et cochons, l'industrie de l'élevage importe 80 % des protéines qui leur sont destinées. Essentiellement du soja venu d'Amérique latine. Lequel détruit à la racine l'Argentine, le Paraguay, le Brésil. Par chance, InVivo, l'entreprise de monsieur X, vient de racheter Cargill Brésil. Cargill, roi du soja, empereur de l'Amazonie dévastée.

Essayons ensemble de créer un espace. Ici même, dans ce chapitre. Tentons d'oublier pour quelques minutes qui nous sommes. Qu'il existe deux humanités qui n'ont plus de vrai rapport entre elles. Celle du Nord et des biens matériels s'éloigne à vive allure de celle du Sud, qui s'enfonce inexorablement. Il y a le monde de la voiture et des vacances à la neige. Et celui de l'effroi du matin, quand on se lève sans savoir ce que contiendra tout à l'heure l'estomac des enfants.

Sans démagogie, en vous faisant une entière confiance, considérons ensemble qu'un homme vaut un homme. Devrait valoir un homme. Car les quelques faits qui suivent sont certains.

Le 28 juillet 2008 au matin, un groupe d'Indiens Guarani du nord de l'Argentine, dans la province de Jujuy, se réveillent comme chaque jour dans le campement appelé Jasy Endy Guasu – en français, « Lumière de la grande lune ». Plutôt, ils sont réveillés par un peloton de 50 soldats armés qui accompagnent les employés d'un des rois locaux du soja, un certain Roberto Strisich. Les bulldozers amenés sur place détruisent les cabanes en bois. Les animaux des Indiens sont tués. Ce qui résiste encore est brûlé. Les soldats sont porteurs d'un ordre d'expulsion signé et contresigné par un juge de la ville. Des lois fédérales protègent en théorie les Guarani, qui sont tout de même l'un des peuples autochtones de l'Argentine. Mais ce sont des chiffons de papier. La commu-nauté Jasy Endy Guasu doit faire place nette au soja transgénique et à ses fabuleux profits.

Encore ne s'agit-il que d'un épisode ordinaire. Il y a pire chaque jour, du Brésil au Paraguay, de la Colombie à l'Argentine, justement. Des *pistoleros* à l'ancienne, comme dans les mauvais westerns d'antan, tirent, tuent et violent celles et ceux qui ne veulent pas céder la place au nouvel empereur d'Amazonie. Le soja.

Les morts de San Vicente

Autre lieu. *« San Vicente es un importante centro agrícola en el Departamento de San Pedro, en el norte de la Región Oriental de Paraguay. »* Il n'est pas nécessaire de traduire, et résumons le reste : cette région, jadis d'élevage extensif, est envahie jour après jour par le soja, souvent transgénique. On déforeste, on ruine pour des décennies, sinon des siècles, le fragile équilibre écologique d'une zone longtemps tranquille. Les habitants de San Vicente ont perdu la forêt, les animaux qu'ils y chassaient, les poissons qu'ils pêchaient dans les rivières. Ils ont en échange des fumigations massives de ce que les Latinos appellent *agrotóxicos*, les pesticides. Beaucoup de malades, qui n'iront pas à l'hôpital.

Bref. Le 18 août 2007, quatre paysans partent chasser là où, de tout temps, ils l'ont fait. Une petite montagne désormais encerclée par le soja, à l'intérieur d'une grande propriété qui était hier une forêt de 93 000 hectares. Le propriétaire brésilien, qu'on appelle là-bas un « absentéiste », vit à Sao Paulo, dans une maison qu'on imagine cossue. La forêt a disparu, mais il reste au milieu des champs une butte boisée où les petits paysans viennent chasser quelques animaux survivants. Ce 18 août, au moment où les quatre hommes, dont deux adolescents, redescendent, ils sont tirés comme des lapins. Les gardes du propriétaire leur ont tendu une embuscade. Pedro Antonio Vázquez, 39 ans, meurt. Cristino González, 48 ans, meurt. Les plus jeunes, blessés, se traînent jusqu'au village.

Une autre histoire, rapportée par un témoin direct qui a déposé devant des juges. L'affaire a fait grand bruit au Paraguay, où elle s'est déroulée, et a donné naissance à une force politique qui a aidé à la victoire électorale de l'ancien évêque Fernando Lugo, au printemps 2008.

Un mot d'abord sur ce pays, qu'on dirait d'opérette. En 1954, le satrape Alfredo Stroessner s'empare par la force de la contrée, avant d'être chassé par un autre coup d'État en 1989. Le pays devient la plate-forme de tous les trafics possibles, des armes à la drogue, en passant par le recyclage de l'argent sale. Le soja transgénique n'en aura fait qu'une bouchée. Et voici donc l'histoire de Tekojoja, telle que rapportée par l'anthropologue canadien Kregg Hetherington[15].

Nous sommes le 24 juin 2005, il est cinq heures du matin, la communauté paysanne de Tekojoja dort encore. Entre 100 et 120 policiers armés débarquent et jettent les paysans hors de leur lit, malgré une loi explicite qui interdit toute action avant l'aube. Environ 130 paysans, dont des femmes et des enfants, sont emmenés dans des camions vers la prison. Pendant que les soudards œuvrent, deux bandes de malandrins au service de propriétaires brésiliens – le Brésil est proche – détruisent les maisons avec de gros tracteurs, volent ce qui les intéresse, et brûlent ce qui peut brûler.

Plus tard dans l'après-midi, les spadassins se mettent à tirer sur les paysans, évidemment désarmés, ce qui est à la fois plus drôle et plus facile. Il y a des blessés. Et deux morts : Angel Cristaldo et Leoncio Torres. Mais le soja est passé, ce qui est bien l'essentiel.

Autre péripétie d'une tragédie que personne ne veut considérer en Europe, où les supermarchés débordent de viande « nourrie » avec le soja transgénique débarqué à Brest, Lorient, Anvers ou Rotterdam : le cas Agripina. Le journaliste Philippe Chevalier raconte, dans le quotidien suisse *Le Courrier* (19 avril 2008), comment cette mère de famille s'est retrouvée encerclée par le soja.

Agripina Britez vit avec ses onze enfants et ses deux nièces sur une propriété agricole de dix hectares, dans le département paraguayen de San Pedro. Elle y cultive, à la manière ancienne, sésame et maïs. Au milieu de 3 000 hec-

---

15. http://www.activistmagazine.com/index.php?option=com_-content&task=view&id=392&ltemid=143

tares de soja transgénique. Chaque mois, à quatre reprises, un avion largue des fumigations chimiques dont nul ne sait rien précisément. Agripina, en tout cas, rapporte qu'elle a le côté droit à moitié paralysé. Deux de ses gosses, Carolina (18 ans) et Carmén (6 ans), se plaignent depuis deux ans de nausées et de maux de tête. Ce doit être psychologique.

C'est sans doute psychologique, mais Agripina n'en peut plus et a décidé de vendre cette terre empoisonnée. À qui ? Mais au propriétaire des 3 000 hectares, voyons ! Qui est… ? Qui est un certain Luis Fernandez – sorte de Jean Dupont –, domicilié à Asunción, la capitale. Certains imaginent aussitôt que la transnationale Cargill serait le véritable acquéreur. Cargill, ce Cargill que nos preux coopérateurs français d'InVivo viennent, pour partie, de racheter. Cargill, qui contrôlerait au Paraguay 75 % des ports fluviaux d'où part le soja, cet assassin universel.

Une destruction par les racines

Le Paraguay a connu une révolution de ses paysages et de sa structure physique comme il en existe peu d'exemples en si peu de temps. Même, même et surtout s'il est difficile de s'emparer de telles informations, faisons l'effort. Tentons, au moins.

Le Paraguay, à l'échelle géante de l'Amérique latine, est un nain de 406 750 km². Ce n'est pas rien, mais le pays est enclavé, sans accès à la mer. Au début des années 70 du siècle passé, le soja y était inconnu. En 1991, il occupait (selon des chiffres de 1994 du Ministerio de Agricultura y

Ganadería) 552 456 hectares. En 2000, 1 175 000 hectares. En 2006, 2 429 800 hectares. Plus du tiers de la surface cultivable du pays est désormais dévolu à sa culture – le soja transgénique –, sous le contrôle d'entreprises étrangères pour lesquelles le Paraguay est à peine un point sur le planisphère.

Encore faut-il préciser que l'on trouve l'essentiel du soja dans les régions de l'est du pays proches du Brésil – l'Alto Paraná, l'Itapúa et le Canindeyú –, où il occupe aujourd'hui la plus grande partie des zones cultivées. Car le voisin brésilien, comme nous allons le voir, est le grand inspirateur de ce bouleversement. Dans cette partie du Paraguay, le soja s'est attaqué directement à des forêts primaires dont la richesse biologique est pourtant essentielle à l'avenir des hommes. On a transformé un pays de paysans en une entité d'un ensemble mondialisé dans laquelle il suffit de deux personnes pour « gérer » 1 000 hectares de soja. Un autre monde est possible : la preuve.

Dans l'Argentine voisine, c'est pire. Ce pays est plus vaste et pèse d'un poids plus lourd sur le plan symbolique, et surtout géostratégique. La journaliste Marie-Monique Robin rappelle, dans son livre sur l'entreprise Monsanto[16], le rôle d'un histrion oublié de la politique locale, Carlos Menem, président du pays de 1989 à 1999. Après avoir cajolé les généraux responsables de la dictature militaire (1976-1983), il se lance dans les affaires. L'Argentine est offerte aux grandes entreprises internationales, et Menem finira, ou plutôt ne finira pas, sous le coup d'une multitude de poursuites judiciaires, dont la moindre est peut-être celle qui concerne une vente

---

16. Marie-Monique ROBIN, *Le Monde selon Monsanto*, La Découverte, 2008.

d'armes illégale à la Croatie alors que l'ancienne Yougo-slavie se suicidait en direct télévisé.

Le moment était donc excellent pour Monsanto, qui travaillait déjà sur de fabuleuses chimères transgéniques, dont ce qui allait devenir le soja RR. Le RR, ou Roundup Ready, est plaisant, car il est modifié par un gène introduit qui le rend résistant à l'herbicide Roundup. Bien entendu, celui-ci est la propriété de Monsanto, qui gagne ainsi en vendant à la fois les semences OGM et le pesticide qui l'accompagne.

La politique commerciale de Monsanto en Argentine, notamment sous le règne de Menem, aura été en tout point admirable. Ce qui n'exclut pas de nombreux litiges avec le gouvernement de Buenos Aires, litiges qui ne sont pas tous réglés, il s'en faut.

Que faut-il retenir ? Dès le début des années 1990, Monsanto, qui connaît les manières, devient l'interlocuteur central de l'administration argentine, en l'occurrence la Conabia (Comisión Nacional Asesora de Biotecnología Agropecuaria). Laquelle Conabia est chargée – comme cela tombe bien – de préparer la première législation argentine en matière d'OGM.

En 1994, Monsanto commence à vendre des licences à des semenciers argentins. En 1996 – Menem est alors au sommet de sa forme –, la magie devient feu d'artifice. Monsanto introduit enfin son soja RR, par la grâce d'une autorisation du ministère de l'Agriculture. Mais d'une étrange manière, telle que rapportée par le responsable du Groupe de réflexion rurale (GRR), Jorge Rulli : « Dès le départ, l'Argentine a été choisie par Monsanto pour expérimenter massivement la production de ses semences transgéniques. La multinationale n'a pas fait breveter ses semences dans notre pays. De cette façon, les gens se sont passé les graines les uns aux autres, et le périmètre du soja transgénique s'est étendu rapidement. »

Bien joué, non ? Et ce n'est pas tout car, ajoute Rulli, Monsanto « a vendu ici son herbicide au tiers de la valeur pratiquée dans les autres pays. Les associations d'agriculteurs américains ont alors dit que Monsanto subventionnait les Argentins. C'était la vérité : nous étions subventionnés[17] ».

Alors, tout commence pour de bon. Au début des années 1970, le soja couvre moins de 100 000 hectares dans cette immensité qu'est l'Argentine. Un chiffre circule pour 1971 : 37 000 hectares, réellement une misère. En 2000, juste après le départ précipité du bon ami Menem, plus de 10 millions d'hectares. Et 14 millions en 2003. Et 16 millions en 2007, ce qui représente environ 60 % des surfaces cultivées de ce pays géant.

Le Brésil de M. Maggi à Paris

Et au Brésil ? De par son étendue et sa puissance économique mondiale, le Brésil est un cas à part. Quatre exemples l'illustrent aisément. Le premier concerne le nouveau plan de défense brésilien. On n'en connaît pas tous les détails, mais la France de Sarkozy a effectué au Brésil des transactions pour des montants inespérés. Le marché pourrait dépasser les 10 milliards d'euros. Un pays du Sud, inflexible avec ses paysans sans terre, s'apprête à engraisser nos industries de la mort.

---

17. Cité par Pierre-Ludovic VIOLLAT in « Argentine, un cas d'école », *Le Monde diplomatique*, avril 2006.

Deuxième exemple : les biocarburants. Les exportations de biocarburants tirés de la canne à sucre et du soja transgénique sont devenues au Brésil une cause nationale sacrée.

Troisième exemple : le Brésil veut bâtir 60 centrales nucléaires au cours des cinquante prochaines années. Où iront les montagnes de déchets nucléaires inévitablement produits ?

Le dernier exemple concerne le pétrole. À la fin de 2007, le Brésil a annoncé la découverte de somptueux gisements au large de ses côtes, sous une couche de sel. Il est désormais possible que le pays devienne à terme un grand producteur, et l'Iran vient d'ailleurs de lui proposer d'entrer dans l'OPEP, qui réunit les principaux exportateurs.

Ce préambule était nécessaire pour comprendre que le soja transgénique destiné à notre bétail n'est qu'un élément dans une stratégie plus vaste, qui se moque éperdument des conséquences sociales ou écologiques des décisions prises à Brasilia.

Et maintenant, place au reportage. Place à un étonnant reportage paru dans le journal *Le Monde* daté du 18 septembre 2007. Ses auteurs, Hubert Prolongeau et Béatrice Marie, rapportent des scènes d'apocalypse dont le personnage principal est le soja. Quelques extraits s'imposent. Le premier : « Le petit avion a pris son envol. La forêt s'étend à perte de vue [...]. D'un coup, la déchirure. La forêt s'ouvre. Blessée. Rasée. [...] Le paysage est soudain désolé. Des troncs abattus jonchent le sol, les plus résistants n'exhibant plus qu'un moignon noir de fumée. [...] L'État du Pará sera-t-il bientôt aussi dépouillé que son voisin, le Mato Grosso ? Depuis janvier 2003, date d'arrivée de Lula au pouvoir,

70 000 km² ont été sacrifiés au soja, l'un des plus féroces ennemis de la forêt brésilienne. Au début des années 1980, il poussait essentiellement aux États-Unis, qui assuraient 90 % de sa diffusion. En 2003, les exportations combinées du Brésil et de l'Argentine sont passées devant. L'immense pays de Lula est devenu la patrie du nouvel or vert. »

Voilà une digne mise en condition. La suite : « Trois grosses sociétés américaines ont vu venir la manne : ADM, Bunge et Cargill. Cargill a même installé à Santarém, troisième ville amazonienne, un port. Complètement illégal. Tous les mois, deux cargos en partent en direction de l'Europe, emportant chacun 90 000 tonnes […]. Au Mato Grosso, le gouverneur de l'État, Blairo Maggi, propriétaire de l'usine Amaggi, est l'un des plus gros producteurs de soja au monde. Il a construit une ville entière, Sapezal, pour loger sa main-d'œuvre […]. Quand on lui parle déforestation, Blairo Maggi ironise sur la taille de l'Amazonie et affirme que la culture du soja est bénéfique. »

Les choses sont compliquées. Les choses sont toujours compliquées. Le gouverneur Maggi est un allié politique de poids du président Lula et de son parti dit « des travailleurs ». De là à penser qu'il pourrait faire ce qu'il veut pour « développer » le Mato Grosso et augmenter grâce au soja le produit intérieur brut du Brésil, si cher au cœur du président, il n'y a qu'un pas.

Donc, le soja avance inexorablement, détruisant tout sur son passage. Mais ne pas croire que Maggi est seul au monde avec son ami Lula. Maggi est un sacré petit malin. À la suite de la publication de l'article susmentionné dans *Le Monde*, il s'est passé à Paris une série d'événements troublants.

Premier acte, quinze jours après cette parution. Une rumeur évoque des tensions autour de l'article. L'ambassade du Brésil à Paris, très attentive, comme il se doit, à l'image du pays, s'est plainte auprès du journal. On commencerait à regarder le reportage d'un tout autre œil.

Deuxième acte : le gouverneur brésilien du Mato Grosso, Blairo Borges Maggi, débarque à Paris à la mi-octobre pour une opération de communication de grande ampleur. L'Institut du développement durable et des relations internationales (Iddri), créé en 2001 par Laurence Tubiana, alors conseillère du Premier ministre Lionel Jospin, l'a invité pour une conférence le 19 octobre. À l'Iddri, on ne trouve que du beau monde, des gens tout épatés par les progrès de la mondialisation. Dans le désordre de son conseil d'administration : EDF, Suez-Environnement, Veolia, Coca-Cola, Nestlé, Bolloré, Sanofi-Aventis, Total, Renault, etc.

Le 19 octobre, donc, conférence au titre inimitable : « Production agricole, commerce et environnement : le cas de l'État du Mato Grosso ». Pour que les choses soient encore plus limpides, cet extrait d'un texte publié par Survival International au printemps 2006, qui vous donnera une idée du monsieur réel qu'est Maggi : « Le territoire des Enawene Nawe dans l'État du Mato Grosso est massivement défriché pour faire place aux plantations de soja et aux activités d'élevage. Le gouverneur de l'État et "baron du soja" Blairo Maggi, l'un des plus importants producteurs du soja au monde, envisage de construire des barrages hydroélectriques sur le territoire des Indiens afin de fournir en énergie l'industrie du soja. Maggi fait pression sur le gouvernement fédéral pour que les territoires indiens ne soient pas reconnus dans son État. »

Troisième acte, qui ne saurait avoir le moindre rapport avec ce qui précède : le 24 octobre, soit cinq jours après la conférence de Maggi, *Le Monde* publie une lettre de la transnationale Cargill, vivement mise en cause, il est vrai, dans le reportage de Prolongeau et Marie. Le service de com' de Cargill conteste toutes les accusations portées contre l'entreprise. C'est de bonne guerre, assurément, mais pourquoi diable *Le Monde* ne répond-il pas à ce courrier, comme il devrait le faire ? N'y aurait-il rien à rétorquer ? Les auteurs de l'article seraient-ils à ce point incompétents qu'ils aient pu tout inventer ? Cargill s'exprime comme pour rétablir une vérité tronquée.

Le 30 octobre 2007, enfin, un peu plus d'un mois après la publication du papier de Prolongeau et Marie, en page 20 du même journal, un court reportage, probablement – mais ce n'est pas précisé – réalisé dans la foulée d'un voyage de presse. Il s'agit d'un article consacré à une entreprise agricole unique, entièrement dédiée au soja. Un « établissement modèle », comme indiqué dans le texte. Peut-être bien l'équivalent des villages Potemkine de la tsarine Catherine II.

Un tel article, sans vouloir offenser, mérite un coin de page. Mais tel n'est pas le choix final. Bien au contraire, la décision est prise de gonfler le tout sur une page entière. Avec un titre inouï, garanti 100 % idéologique : « Argentine, le salut par le soja ». On ajoute en outre de grands tableaux infographiques, une interview qui n'a rien à voir, un encadré lui aussi hors sujet. Il s'agit d'affirmer que le déferlement du soja est une chance véritable pour l'Argentine, qui lui permet de relancer spectaculairement son agriculture.

Étrange, pour le moins, mais restons calme. La BR-163 est une route de 1 700 km qui traverse la forêt tropicale entre

Cuiabá (Mato Grosso) et Santarém (Pará). Santarém est un port fluvial sur la rivière Tapajós – au confluent avec l'Amazone – qui se révèle bien pratique. Des files continues de camions chargés de soja, montent du Mato Grosso ; celui-ci est embarqué à bord de cargos qui partent vers l'Europe, éventuellement la Chine. Mais la route n'est pas asphaltée partout, et Maggi a proposé de payer lui-même l'achèvement des travaux.

La destruction de la grande forêt

On comprend aisément pourquoi. Le soja est une manne comme il en existe peu. Au Brésil, au cours des soixante dernières années, les surfaces de terres cultivées se sont étendues de 0 à plus de 21 millions d'hectares. Le Brésil est le deuxième exportateur mondial, et, avant que l'encre de ce livre ait séché, il sera sûrement le premier, devant les États-Unis. Il pourrait même exporter deux fois plus que le géant du Nord en 2015 ! Car sa progression est fulgurante, inouïe : il représente déjà, avec environ 62 millions de tonnes par an, le quart de la production mondiale. Et ce n'est qu'un début.

Car à l'autre bout de la chaîne, il y a nous, tout simplement. Une étude du WWF[18] rappelle opportunément cette réalité qu'il ne faut surtout, surtout pas voir : « Un Français mange en moyenne 92 kilos de viande, 250 œufs et une centaine de kilos de produits laitiers chaque année, ce qui nécessite une surface cultivée en soja de 458 m² par habitant pour répondre

---

18. http://www.protegelaforet.com/soja.php

aux besoins en alimentation animale. La France fait partie des principaux responsables de cette tragédie. Elle est en effet le premier consommateur européen de soja, principalement originaire du Brésil (22 % du soja exporté du Brésil arrive en France). » Arrêtons de lire une seconde. N'oubliez pas le pacte conclu à l'entrée de ce chapitre. Pour quelques minutes, faisons semblant de croire qu'il existe sur la planète une seule et même humanité. Une seule. Eh bien, une partie – nous – utilise sans s'en soucier 458 m² d'une terre fabuleuse à tout point de vue pour parachever l'alimentation du bétail industriel qu'elle ingurgite. Question stupide, qui nous fait aussitôt redescendre sur terre : que fait, ou plutôt que ne fait pas le mouvement des consommateurs français ?

Aujourd'hui, 22 millions d'hectares des terres du Brésil – le chiffre pourrait être sous-estimé – sont plantés en soja. Mais demain ? La culture a commencé dans les États du Sud et s'étend aujourd'hui aux zones du Centre et de l'Ouest, envahissant aussi bien la savane – le cerrado – que la forêt tropicale. L'affaire a des aspects pervers. Car le drame se joue en deux temps. Le premier s'appelle élevage : de 1990 à 2009, le nombre de têtes de bétail bovin est passé de 26 millions à probablement 175 millions – nous en reparlerons plus loin. Le second se nomme déforestation. Philip Fearnside, coauteur d'une lettre publiée dans le magazine *Science* (21 mai 2004) et membre de l'Institut national de recherche sur l'Amazonie, explique le tout avec une grande clarté : « Les producteurs de soja provoquent directement un certain degré de déboisement. Mais leur impact sur la déforestation est beaucoup plus grand dans l'utilisation des terres, des savanes et des forêts de transition, qui obligent les éleveurs de bétail et les agriculteurs "nomades" à pénétrer encore plus dans la forêt. La production de soja promeut aussi politiquement et économiquement la construction de projets d'infrastructures qui accélèrent la déforestation provoquée par d'autres acteurs. »

Et voilà le travail, si l'on peut dire. Et voilà le travail du soja, en tout cas. L'entreprise Cargill – reprenons notre affaire en main – est au cœur de la destruction de ce trésor de l'humanité. Dans un rapport remarquable[19] – qui n'existe qu'en anglais, hélas –, Greenpeace met en cause avec gravité les trois transnationales qui tiennent le commerce du soja : ADM, Bunge et Cargill. Cette dernière est la plus grosse, de loin.

Que retenir parmi tout ce qui justifierait les révoltes les plus extrêmes ? L'utilisation d'une main-d'œuvre dans des conditions proches de l'esclavage pour la déforestation ? La perte d'une biodiversité unique qui jamais ne reviendra ? Ces phrases du gouverneur Maggi, qui résument si bien la situation : « Je n'éprouve pas la moindre culpabilité pour ce que nous faisons ici. [...] Ce n'est pas un secret que je veux construire des routes et étendre la production agricole » ?

Voyons de plus près le cas du port de Santarém, au débouché de la route BR-163. Cargill y a créé de toutes pièces un terminal qui permet de charger de soja des cargos à destination du monde entier. En toute illégalité ? C'est certain. Car la loi brésilienne impose une étude d'impact avant que ne soient construites des installations aussi vastes au bord d'un fleuve. Cargill s'est assis dessus. Poursuivi par le ministère public brésilien une première fois en 1999, il a préféré jouer la montre et s'appuyer sur

_____

19. http://www.greenpeace.org/international/press/reports/eating-up-the-amazon

ses avocats, voire peut-être sur d'autres méthodes, parfois plus efficaces.

McDo adore le soja transgénique

En novembre 2003, premier procès. Le tribunal se prononce à l'unanimité contre Cargill. Mais l'entreprise a déjà réalisé tous les travaux du terminal, détruisant au passage une plage utilisée par les pêcheurs locaux ainsi que vingt-cinq petites entreprises familiales. En décembre de la même année, le procureur fédéral exige la démolition du terminal. Et réclame l'arrêt des activités de Cargill en attendant une décision définitive. En janvier 2004, un juge impose une astreinte de 47 000 dollars américains par jour d'activité « illégale ». Un autre juge l'annule aussitôt. On passe la suite, car on n'en finirait plus. Dernier épisode du feuilleton : le 27 mars 2007, l'agence de l'environnement brésilienne (IBAMA) ordonne la fermeture du terminal fluvial du géant du soja américain. Ce ne sera probablement qu'une péripétie de plus.

Au fait, à quels animaux servent donc ces millions de tonnes de soja ? Aux bovins, bien sûr. Aux cochons, certainement. Mais surtout aux braves poulets qui s'entassent par millions dans nos hangars. Des entreprises comme Cargill Sun Valley, à Orléans, fournissent en priorité les chaînes de fast-food McDo. En 2004, par exemple, le chiffre d'affaires de Cargill Foods France – 90 millions d'euros – aura été assuré à 98 % par McDo. Ainsi donc, quand un client grignote ses nuggets ou ses poulets panés, il y a de fortes chances pour qu'il consomme du même coup du soja venu tout droit du Brésil dans les excellentes conditions décrites.

Le comble de cette sombre histoire s'appelle Philippe Desbrosses, pionnier bien connu de l'agriculture biologique en France. Il est l'auteur d'une thèse universitaire sur le lupin, terminée en 1987. Desbrosses résume, dans un entretien accordé à *Terre sauvage* en février 2008, ses prodigieuses découvertes : « [Le lupin] est ce qu'on appelle un précédent cultural. Idéal. Il fixe l'azote de l'air, qu'il restitue au sol, en laissant jusqu'à 250 unités par hectare et par an, ce qui est énorme. Quand on cultive du blé ou du maïs après du lupin, par exemple, c'est extraordinaire. J'ai vu en Hongrie, il y a plus de vingt ans, des rendements de 80 quintaux de maïs à l'hectare sans mettre d'engrais. [...] Et en plus, c'est un phytosanitaire naturel car l'amertume est un répulsif contre les insectes prédateurs. Tout cela est démontré, validé par des travaux financés par la Commission européenne. Le lupin est en outre une plante protéagineuse, un des principaux concurrents du soja. Sauf que le lobby du soja est si puissant qu'il ne laisse aucune place, aucune chance au lupin. J'ai découvert qu'il ne suffit pas de découvrir les propriétés d'une plante pour que cela marche. Non, il faut que tous les opérateurs de la filière se lancent en même temps. On peut trouver quelque chose de fantastique, mais cela ne marchera pas tant que l'ensemble du système d'une filière économique ne s'en emparera pas [...]. »

Et encore, mais ailleurs : « Le lobby soja est suffisamment implanté à Bruxelles pour être en mesure de freiner, voire bloquer, les dossiers protéines et décourager les utilisateurs du lupin. Anecdote : ce même lobby avait fait circuler en 1984 une rumeur dans les campagnes laissant croire que 9 truies avaient péri empoisonnées par du lupin. Lorsque l'information a été démentie, elle avait déjà trouvé écho auprès de nombreux fermiers, et court encore. L'exploitation des farines animales aura été un plan pour essayer d'échapper à l'étau du soja. Contrairement à ce qu'on nous raconte, il existe de nombreuses ressources de protéines inexplorées, inexploitées, pour ne pas dire "torpillées". C'est ainsi que la plupart des acteurs de l'aventure "lupin" commencée il y a 20 ans ont été ruinés ou ont, tout simplement, disparu. [...] Ce n'est pas la première fois qu'une plante est promue ou délaissée en fonction d'intérêts politiques et commerciaux[20]. »

Vous avez bien lu. Le soja n'est pas une fatalité, même si les consommateurs français continuent de manger de la viande. Mais, pour l'heure, c'est une calamité. L'Union européenne importe près de 80 % de ses protéines destinées à l'élevage, soit 37,2 millions de tonnes, dont 23,2 sous la forme de tourteaux. Ce soja vient du Brésil pour 56 % et de l'Argentine pour 38 %. Quant à la France, elle est le plus gros importateur et consommateur européen de tourteaux de soja. Elle ne produit sur place que 2 à 3 % de sa consommation[21].

Rappelons sans y insister, en dehors de toute considération écologique ou morale, que la dépendance par rapport au soja pose aussi de redoutables problèmes d'indépendance politique. Que deviendrait l'agriculture européenne si la route commerciale du soja était un jour interrompue ? En attendant, InVivo, belle et noble entreprise française, a racheté les activités « nutrition animale » de Cargill au Brésil. Cargill, grande et noble entreprise américaine.

20. http://www.greentrade.net/es/Articles519.html
21. www.wwf.fr/pdf/RAPPORT %20SOJA %20BD_1.pdf

CHAPITRE 6

Le grand ébranlement

Un nouveau mot naît en 1830 : zootechnie. C'est explicitement la manière de « gagner de l'argent avec les animaux domestiques ». Juste derrière ces nouveaux scientifiques s'avance l'industrie de la viande. La chaîne des abattoirs de Chicago – la Disassembly Line – va directement inspirer Ford pour la mise au point de sa fameuse chaîne d'assemblage de la Ford T. Nouveau mot, nouveau monde.

Cette première véritable incursion dans l'histoire est nécessaire, car elle touche aux mots. Qui nomme contrôle. L'élevage d'antan avait sa part de cruauté et d'indifférence. De vraie brutalité, d'intolérable inhumanité. Mais il était aussi une activité pensée et réalisée. Dans le cadre de relations avec des animaux authentiques, liés de manière réelle à des hommes existants. La sensibilité, le bon sens, la compassion pouvaient à tout instant surgir au beau milieu du pire massacre.

Tel n'est plus le cas. Pour comprendre comment les choses se sont passées, il faut mettre le nez dans les éprouvettes. En 1834, le physicien André-Marie Ampère publie le premier tome d'un essai remarqué, *Exposition analytique d'une classification naturelle de toutes les connaissances humaines.*

Sans se douter le moins du monde de ce qu'il vient de nommer, il y distingue quatre sciences de premier rang : l'agriculture, la botanique, la zoologie et la zootechnie. Ce dernier terme est probablement défini ici pour la première fois.

Comment ? À l'aide de mots qui marqueront l'histoire : « La première chose, en effet, pour la conservation de la vie, c'est la nourriture et le vêtement, et l'on peut dire que l'agriculture n'enseigne à cultiver la terre, la zootechnie à se procurer les substances animales nécessaires à nos besoins, que pour nous procurer l'une et l'autre. » Il s'agit donc déjà de « besoins » humains satisfaits par des « substances » animales.

Il n'est pas indifférent que cette définition soit celle d'un homme obsédé par les applications de la science dans le domaine industriel. On le sait, Ampère mit au point notamment le solénoïde, l'aiguille astatique, le galvanomètre, le télégraphe électrique et l'électroaimant. Il était indiscutablement de son temps. C'est-à-dire en avance sur lui.

La zootechnie fait donc son apparition en pleine lumière vers 1830, au moment où l'industrialisation du monde s'affirme. Il s'agit bien de trouver des techniques capables de mieux utiliser ce que les animaux ont à apporter à l'aventure humaine. Les textes de cette époque sont parfois prodigieux de clarté, et en voici la preuve.

L'« ingénieur des machines vivantes »

Commençons avec le cas d'Émile Baudement. Né en 1816, ce naturaliste occupe la première chaire de zootechnie jamais ouverte en France, en 1849, à l'Institut agronomique, qui vient d'être créé à Versailles. Baudement a une vision claire de sa tâche : « Les animaux sont des machines vivantes, non pas dans l'acception figurée du mot, mais dans son acception la plus rigoureuse telle que l'admettent la mécanique et l'industrie. [...] Ils donnent du lait, de la viande, de la force : ce sont des machines produisant un rendement pour une certaine dépense[22]. »

Il sera difficile d'être plus net et plus brutal. Mais enfin, les premiers zootechniciens ne s'embarrassent pas trop de circonlocutions. Petit florilège[23]. André Sanson, né en 1826 : « La zootechnie est la science de la production et de l'exploitation des machines vivantes. » Pour Raoul Baron, né en 1852, le zootechnicien est « l'ingénieur des machines vivantes, dont il doit surveiller la production et le fonctionnement ». Paul Diffloth, né en 1873 : « Les animaux de la ferme créent directement des valeurs par la transformation des matières végétales en produits facilement échangeables ; ce sont des machines à transformation obéissant aux règles de la mécanique générale, de la physique, de la chimie, et soumises aux lois économiques. » Martial Laplaud, né en 1883, résume le tout magnifiquement : « La zootechnie a pour but d'enseigner la théorie et la pratique des moyens de gagner de l'argent avec les animaux domestiques. »

Malgré toutes ces excellentes dispositions d'esprit, l'élevage français ne changera pas cette fois-là. En tout cas, pas en profondeur. Les paysans font de la résistance, l'État n'a

---

22. Cité in Roland JUSSIAU, Louis MONTMÉAS et Jean-Claude PAROT, *L'Élevage en France. 10 000 ans d'histoire, op. cit.*

23. Pour toutes les citations qui suivent : *ibid.*

pas la puissance qu'il aura plus tard, et la zootechnie finit par verser dans l'académisme. Les professeurs répètent en boucle, du haut des tribunes officielles, des poncifs de plus en plus détachés de la réalité. En fait, la plupart ne mettent jamais les pieds dans la moindre campagne, et se contentent de plagier ceux qui les ont précédés.

Paul Bourget à Chicago

Dans le genre pontifiant, on ne saurait mieux trouver que Paul Bourget, aujourd'hui oublié. Académicien de la fin du XIXe siècle, auteur de plusieurs romans, bourgeois violemment antidreyfusard, il a tout pour déplaire.

S'il est oublié, son passage aux abattoirs de Chicago, en 1893, vaut pourtant le détour. Bourget en tire en effet quelques pages saisissantes, au milieu d'un récit intitulé *Outremer*, qu'il faut relire aujourd'hui avec des yeux différents. Mais d'abord, voyez cette introduction : « Un des énormes commerces de cette ville est celui de la viande. Les gens de Chicago en rougissent un peu. Autrefois, ils vous parlaient de leurs abattoirs avec cette bonhomie dans l'orgueil qui est un des charmes du grand parvenu. C'est la naïveté naturelle d'une force très simple et qui aime à se déployer ingénument. Ils sont lassés de s'entendre appeler par leurs détracteurs les habitants de Porcopolis. Ils se plaignent que leur ville soit toujours identifiée, comme on dit ici, avec cette brutale boucherie. »

Or donc, une vaste boucherie, qui fait de Chicago la capitale de la tuerie. En cette année 1893, aucun lieu de la planète ne voit couler autant de sang, de fort loin. Cinquante pour cent environ de toutes les bêtes mangées aux États-Unis passent alors par la ville, venues de tout le Midwest et même du lointain Texas[24].

D'un côté, les animaux arrivent en train avec leurs propriétaires. De l'autre, ils repartent en morceaux dans des wagons réfrigérés – grande innovation technique. Tout est neuf, décidément. La glace, généreusement utilisée – l'industriel Swift en consomme 450 000 tonnes par an pour la gestion de ses abattoirs –, permet enfin de tuer toute l'année, été compris. Même les sous-produits de l'industrie, qui polluaient gravement Chicago, sont désormais récupérés. On fait des engrais avec les os, des brosses avec les poils, de la ficelle avec le boyau, de la margarine avec les graisses, du bouillon cube, même. C'est moderne.

Bourget entre dans l'une des cathédrales de la mort certain jour de septembre 1893, et voici ce qu'il voit : « Nous entrons dans une salle immense où flotte une vapeur d'étuve, mêlée d'une âcre et fade senteur qui nous prend à la gorge. Nous sommes dans le département réservé au dépeçage des porcs. Des centaines d'hommes y besognent que nous n'avons même pas le temps de regarder. Notre guide nous crie de nous effacer et nous voyons passer devant nous des files de porcs qui glissent, les ventres ouverts, leurs pattes de derrière pendues à une tringle le long de laquelle ils roulent du côté d'une voûte où d'autres bêtes attendent par d'innombrables files. Nous avançons, évitant de notre mieux ces étranges rencontres, pour arriver, les pieds englués dans une boue sanguinolente, jusqu'à la

---

24. Ces renseignements sont tirés de l'excellent travail du professeur Jean-Louis Peaucelle, de l'université de la Réunion.

plate-forme d'où nous verrons le point de départ de tout ce travail qui paraît encore si confus, qui va nous devenir si simple, si facilement intelligible. »

Pour le lecteur d'aujourd'hui, ce paysage de mort et de tripes est assez insupportable. Mais pour le spectateur ordinaire de cette époque enfuie, cette vision-là est prodigieuse. Car la Disassembly Line incarne plus que tout ce qu'on n'appelle pas encore la modernité. Cette « chaîne de désassemblage » que décrit Bourget est la pointe avancée du progrès industriel, ni plus ni moins. Les abattoirs de Chicago ont perfectionné de manière géniale l'art du découpage. Dans le droit fil de Descartes, qui tenait les animaux pour des machines (mais pas seulement), les bouchers de la métropole américaine confirment qu'on peut, qu'on doit les voir comme des assemblages de morceaux. Toujours les mêmes, commandant perpétuellement les mêmes gestes.

D'où cette adaptation d'une idée aussi simple que formidable : un rail suspendant des carcasses d'animaux et les conduisant par pente douce à des postes de travail fixes. Avec cette organisation impeccable, l'abattoir d'Armour que visite Paul Bourget en 1893 parvient à tuer chaque année 1 750 000 porcs, 1 080 000 bovins, 625 000 moutons. Soit 1 porc toutes les 5 secondes, soit 1 bœuf toutes les 8 secondes !

Il faut maintenant parler des imitateurs. Parmi eux, le héros, le héraut de l'industrie capitaliste, autrement dit Henry Ford. Lequel, même s'il est difficile de s'en souvenir, fut tout d'abord un artisan cherchant avec ardeur les moyens de la production de masse.

Beaucoup prétendent avoir été les inspirateurs de la révolution menée par Ford après 1908. Il semble qu'un homme joua le rôle premier, sinon le premier rôle : William Klann. Cet employé, visitant en 1906 les abattoirs de Chicago, treize années après Bourget, se serait exclamé devant un autre responsable de Ford, P.E. Martin : « *If they can kill pigs and cows that way, we can build cars that way, we can build motors that way*[25]. » Eurêka ! Si les bouchers parviennent à tuer les bêtes de la sorte, pourquoi un Ford ne réussirait-il pas à assembler des voitures de la même façon, mais à l'envers ?

La chaîne d'assemblage – Assembly Line – est née ainsi, plus ou moins. Dans une vision fulgurante, Klann a compris que ce qui était découpé en morceaux pouvait être réuni pièce par pièce. La suite peut être racontée dans les grandes lignes. En juillet 1908, l'ingénieur de Ford Charles Sorensen tente un essai devant le grand patron. Le châssis d'un modèle N est bel et bien monté à l'aide d'un treuil, mais sans résultat probant. Ford n'est pas convaincu, l'idée semble abandonnée.

Mais le 1er avril 1913, c'est enfin le triomphe. Sorensen, qui n'a pas renoncé au grand rêve, met en place une chaîne de montage pour les rotors de dynamo. Après quelques déconvenues – les ouvriers se plaignent de douleurs au dos –, il apparaît que la productivité a bel et bien augmenté de 50 %. Et, à peine plus tard, de 300 %.

C'est le début de tout, qui est aussi la fin d'un monde. La découpe de la viande dans les installations ultramodernes

---

25. Cité in Vincent Curcio, *Chrysler: The Life and Times of an Automotive Genius*, New York, Oxford University Press, 2000.

des abattoirs de Chicago a servi de modèle à la véritable industrialisation de la planète. Un homme l'a compris en temps réel, ce qui est rare. Et il n'est guère étonnant qu'il s'agisse d'un romancier, cette fois encore. Pour (bien) écrire, il faut en effet (bien) sentir. Ainsi le Zola du formidable *Au bonheur des dames* montre-t-il le moment où la ville bascule au service du grand commerce. Ainsi Upton Sinclair annonce-t-il que la discipline industrielle ressemblera fort au découpage des animaux de boucherie.

Qui est Sinclair ? On ne cachera pas ici une vive sympathie. Sinclair, né en 1878, mort en 1968, est un grand socialiste. D'avant la tuerie de 1914, d'avant le stalinisme. Ce qui le meut, c'est l'indignation, le refus radical de l'injustice, la foi incandescente dans l'égalité des êtres. Par une coïncidence qu'on ne trouve en général que dans le rêve, Sinclair publie en 1906 un livre explosif sur les abattoirs de Chicago, *La Jungle*. 1906 ! L'année même où l'employé de Ford, William Klann, découvre ce lieu. Mais Sinclair n'y aura pas vu les mêmes choses. *La Jungle* est un roman, sérieusement documenté, qui va bouleverser l'Amérique entière. Un grand et beau roman naturaliste qu'il est possible et même souhaitable de lire aujourd'hui.

Dans la jungle d'Upton Sinclair

La Jungle raconte la vie affreusement héroïque d'un jeune immigré lituanien, Jurgis, arrivé dans l'Amérique d'Ellis Island au tournant du siècle, juste après 1900. On ne racontera pas l'intrigue, mais il faut dire deux mots des abattoirs de Chicago, probablement le personnage principal du roman. Jurgis, lorsqu'il embauche dans l'une de ces immenses tueries, ne craint ni dieu ni diable. Il n'est pas de ces *silpnas*, ces gringalets qui tombent malades ou s'enfuient au premier bobo. Jurgis est un géant, qui va apprendre pour son malheur ce qu'est une bête de somme en terre industrielle.

Le roman de Sinclair est d'autant plus frappant que, insensiblement, le sort des animaux détruits se met à ressembler de plus en plus à celui des hommes défaits par le travail. Mais lisez plutôt ces deux extraits inouïs. D'abord, les cochons : « Ce processus était si méthodique qu'il en était fascinant. On assistait à la fabrication mécanique, mathématique de la viande de porc. Pourtant, les personnes les plus terre à terre ne pouvaient s'empêcher d'avoir une pensée pour ces cochons, qui venaient là en toute innocence, en toute confiance. Leurs protestations avaient un côté si humain ! Elles étaient tellement justifiées ! Ces bêtes n'avaient rien fait pour mériter ce sort. C'était leur infliger une blessure non seulement physique mais morale que de les traiter de cette façon, de les pendre ainsi, avec ce froid détachement, sans même un semblant d'excuse, sans la moindre larme en guise d'hommage. […] C'était comme un crime atroce perpétré dans le secret d'un cachot, à l'insu de tous et dans l'oubli général. »

Second morceau, si l'on ose employer ici ce mot : « À l'abattage, les ouvriers étaient le plus souvent couverts de sang et celui-ci, sous l'effet du froid, se figeait sur eux. Pour peu que l'un d'eux s'adossât à un pilier, il y restait collé ; s'il touchait la lame de son couteau, il y laissait des lambeaux de peau. Les hommes s'enveloppaient les pieds dans des journaux et des vieux sacs, qui s'imbibaient de

sang et se solidifiaient en glace ; puis une nouvelle couche s'ajoutait à la précédente, si bien qu'à la fin de la
journée, ils marchaient sur des blocs de la taille d'une
patte d'éléphant[26]. »

Exagération de romancier engagé ? Mais non ! *La Jungle*,
c'est *Germinal* ! Sinclair, c'est Zola ! Tout a été vu. Tout est
vrai. En 1906, au moment de la sortie du livre, le scandale
est phénoménal. Sinclair est un journaliste si connu qu'il est
difficile de le bâillonner. Traqué par les trusts de la viande,
qui alternent menaces et promesses, l'écrivain finit par être
reçu à la Maison-Blanche. Le président de l'époque,
Theodore Roosevelt, décide de créer une commission
d'enquête. Et l'inconcevable se produit : elle établit la véra-
cité des conditions de vie et de mort dans les abattoirs de
Chicago. Le livre sera vite traduit en dix-sept langues, et
poussera le gouvernement américain à réformer en profondeur le marché de la viande. Une première fois, qui ne sera
évidemment pas la dernière.

Le système industriel de la viande, en ce début de siècle,
est déjà une puissance indéracinable. Car elle repose depuis
des décennies sur une alliance entre la géographie, l'économie et la richesse. Résumons. Pendant tout le XIXe siècle,
l'aristocratie et la bourgeoisie britanniques, friandes de
viande de bœuf, recherchent des terres où pourraient paître
les troupeaux qui sont à l'étroit en Angleterre. L'Irlande permet de gagner du temps, mais ne suffit bientôt plus.

Or il y a l'Amérique. Une Amérique où, dès 1830, dans
l'Ohio, les fermiers parviennent à acclimater une plante
venue du sud du continent, le maïs. Miracle ! Jusqu'alors, le

---

26. Upton Sinclair, *La Jungle*, Mémoire du livre, 2003.

blé était de loin la plante reine des tout jeunes États-Unis. Dans la seconde partie du siècle, le maïs connaît une expansion foudroyante, car les agriculteurs ne voient en lui que des avantages. Un, la plante permet une rotation des cultures très profitable. Deux, elle apparaît comme une nourriture extraordinaire pour les bovins.

C'est la ruée. Des investisseurs anglais et écossais achètent des millions d'hectares dans deux vastes régions qui se complètent à merveille. À peu près au centre du pays, jusqu'au Texas, ce qu'on appellera les Grandes Plaines. Les bœufs y trouvent des herbages d'une qualité rare, en quantité illimitée. Plus à l'est, jouxtant cet éden, la Corn Belt, la « ceinture de maïs ».

Un système d'une redoutable efficacité voit le jour. Après avoir profité des bonnes herbes des plaines, le bétail est envoyé par chemin de fer dans la Corn Belt pour y être engraissé, avant de partir vers les abattoirs de Cincinnati et de Chicago. Cette viande apparemment sans égale devient un mets de prédilection à la cour royale d'Angleterre, qui donne le ton à la « bonne société ». La demande explose. Le maïs s'impose. C'est une révolution, comme le sera plus tard le soja. L'homme vient de rompre un nouveau lien qui unissait depuis des millénaires l'herbe des prés et la diète des animaux domestiques. Personne ne perdra du temps à le signaler.

Les méthodes du Parrain

Le *business* de la bidoche, pionnier comme on sait l'être aux États-Unis, a donc commencé sa route à la sortie de la guerre civile, dans la seconde partie du xixᵉ siècle. La grande prairie des Indiens et des bisons est devenue une gigantesque entreprise destinée à fournir de la viande au monde entier. À la veille de la Première Guerre mondiale, alors que la France se vêt de bandes molletières et entonne ses chants patriotiques, la messe est dite. Cinq compagnies géantes – ce qu'on appellera le « trust du bœuf » – contrôlent la moitié de toute la viande rouge produite aux États-Unis.

Leurs méthodes ne dépareraient guère dans le film de Coppola *Le Parrain*. À tout instant, leurs responsables se concertent pour se partager les marchés et fixer des prix intéressants pour les actionnaires. Une enquête officielle menée par le gouvernement en 1893 établit que les patrons du Club des cinq se réunissent régulièrement et clandestinement, en violation ouverte du Sherman Antitrust Act. Dans des suites d'hôtels luxueux. « Lors de ces réunions, le territoire était divisé et le volume d'affaires destiné à chaque participant réparti en fonction de diverses statistiques compilées[27]. »

En 1903, la Cour suprême publie un ordre – une injonction – qui suspend ces pratiques, mais trois des grands groupes – Armour, Morris et Swift – passent outre et créent une nouvelle structure appelée la National Packing Company. La presse populaire américaine l'appellera en 1911 « le plus grand trust au monde ». Dissous de force en 1913, il renaît encore plus fort en s'alliant avec des compagnies sud-africaines et britanniques. Les cinq grands de 1893 ont désormais des usines à viande au Brésil, en

---

27. US Federal Trade Commission, *Report on the Meatpacking Industry*, 1919.

Argentine, en Uruguay. Déjà ? Déjà. À la fin de la Première Guerre mondiale, l'industrie de la viande contrôle une part majeure de l'économie américaine[28]. Des enquêtes fédérales montrent que ses intérêts se chiffrent en milliards de dollars, répartis dans des centaines de secteurs différents. Dont des banques.

La suite, que l'on ne peut que survoler, est pleine de bruit et de fureur, ainsi qu'on l'imagine. Pour le plaisir, un passage par l'histoire de l'énorme entreprise Purina peut être utile. Le site Internet de cette dernière[29] raconte un récit auquel on n'est pas obligé de croire, et heureusement. Sous un portrait noir et blanc du fondateur, William H. Danforth, qui fonda la société en 1894, cette devise : « Aspirer à la noblesse, s'aventurer avec audace, servir humblement ». L'honnêteté commande de préciser que Purina ne semble pas avoir participé aux jeux du Club des cinq. Il est vrai qu'elle venait de naître.

Autre magnifique champion, qui porte d'ailleurs le nom d'un terrible boxeur : Tyson[30]. L'histoire telle qu'interprétée par ce géant mondial du poulet en batterie relève du conte de fées, autrement dit du *storytelling*, entreprise lucrative aux États-Unis et ailleurs (voir le chapitre 4, page 73). Premier acte : le fondateur, de nouveau en noir et blanc. Il est formidable. John Tyson pose devant sa camionnette avec un chapeau aux bords larges, tenant dans ses mains deux cagettes remplies de poulets. Ambiance *Raisins de la colère*. Nous sommes dans les années 1930, et, nous dit le commen-

---

28. In Jeremy RIFKIN, *Beyond Beef*, Dutton, 1992.

29. www.purinamills.com

30. www.tyson.com

taire, Tyson vient d'apporter au marché de Chicago 500 poulets de l'Arkansas. Mais il s'est endetté, et son bénéfice de
235 dollars sert surtout à rembourser ce qu'il doit. Comme il
est valeureux, il repart au combat.

Défilent les années et les décennies. Dès avant la guerre,
Tyson achète des incubateurs pour soutenir son effort de production de poulets. Il crée même son moulin, de manière à
pouvoir fabriquer lui-même l'alimentation des poules grâce
aux céréales de la ferme. Un brave. Dans les années 1940, il
achète de petites sociétés. En 1950, il traite 96 000 poulets par
semaine, et dès 1952 son fils Don Tyson, frais émoulu de l'université, vient le rejoindre et devient directeur.

Parallèlement, les savants se joignent au chœur et lui donnent les moyens d'une expansion sans fin. En 1937, un professeur un peu plus inspiré qu'un autre commet une
synthèse de ses travaux – et de quelques autres – qui se
révélera royale. Dans *Animal Breeding Plans*, Jay Laurence
Lush délivre en effet la première théorie générale sur
l'« amélioration » des animaux d'élevage par la génétique et
la sélection. Ce livre révolutionnaire sera un bréviaire, tôt
appliqué aux États-Unis, puis copié en France.

Comment changer les Japonais en Américains ?

Ainsi se sera développé un monde neuf comme jamais
l'histoire humaine n'en avait imaginé. Un rapport de la Fondation Rockefeller, dont le rôle de soutien financier à l'aventure fut décisif, résume le tout en une formule simple,
pragmatique, américaine en diable : les surplus de maïs produits aux États-Unis « ont rendu possible un système d'éle-

vage fondé sur les céréales, qui fournit encore une viande relativement bon marché au consommateur américain ».

Ce ne sera qu'un début, mais nous nous arrêterons ici. Et nous ne parlerons donc pas de cette suite cauchemardesque qui mêle les élevages concentrationnaires de l'Iowa – et d'ailleurs –, la « découverte » du soja et sa combinaison avec le maïs dans l'alimentation animale. Nous ne parlerons pas davantage du boom des biocarburants, tirés eux aussi du maïs et qui affament encore plus les pays du Sud.

Un dernier mot sur cette grandiloquente folie. Une étude publiée en novembre 2008 dans un journal scientifique de grande valeur[31] révèle que presque tout ce qui est consommé dans les fast-foods des États-Unis – soit la moitié des restaurants du pays – provient... du maïs. Une analyse chimique réalisée dans les trois principales chaînes américaines – McDonald's, Burger King et Wendy's – montre que le bœuf, le poulet, les huiles des frites sont obtenus à partir du maïs. Encore a-t-on laissé de côté les sodas, dont le sucre vient, lui aussi, du maïs.

On s'étonnera moins, dans ces conditions, de la déclaration qui suit, faite en 1971 par le créateur de la chaîne McDo au Japon, Den Fujita. Dans le genre, un vrai chef-d'œuvre : « La raison pour laquelle les Japonais sont si petits et ont la peau jaune, c'est qu'ils ne mangent rien d'autre que du riz et du poisson depuis 2 000 ans. » Ajoutant probablement pour le *fun*, quoique : « Si nous man-

---

31. A. Hope Jahren et Rebecca A. Kraft, « Carbon and nitrogen stable isotopes in fastfood: Signatures of corn and confinement », *PNAS Early Online Edition*, 10-14 novembre 2008.

geons des hamburgers McDo et des pommes de terre pendant un millier d'années, alors nous deviendrons plus grands, notre peau deviendra blanche, et nos cheveux seront blonds[32]. »

Faut-il seulement en rire ? C'est ce pays du maïs, en tout cas, que nos jeunes talents français vont découvrir après 1945. Et qu'ils vont tenter vaille que vaille d'imiter. Le détour n'aura donc pas été inutile. Car les États-Unis – inutile d'entretenir un faux suspense – serviront bel et bien de modèle à la France, qui sort à genoux de la Seconde Guerre mondiale. Tout y est neuf, tout y est en ordre, la moindre ferme – en apparence en tout cas – crache des céréales et de la viande, au point de connaître, déjà, des crises de surproduction. Dans le face-à-face entre un pays mécanisé, qui vient de triompher sur le champ de bataille, et un autre totalement ruiné, la partie ne pouvait être égale. Les habitants du premier étaient grands, riches, bien portants. Ceux du second se sentaient pauvres, chétifs et souffreteux. Et l'étaient. Les premiers s'apprêtaient à déverser sur l'Europe en ruine les milliards de dollars du plan de reconstruction dit Marshall, qui diffuserait non seulement des films et une manière de vivre, mais aussi un mode de production, industriel comme agricole. Les seconds avaient déjà la sébile en main. Les jeux étaient faits avant que d'avoir commencé.

---

32. Cité in John F. Love, *McDonald's. Behind the Arches*, Bantam, 1995.

CHAPITRE 7

Médicastres, poisons et couillons

Pour que les animaux poussent aussi bien et aussi vite qu'un mur de parpaings, il faut les doper un peu, beaucoup, énormément. L'industrie pharmaceutique adore les piqûres d'antibiotiques et d'hormones dans la chair des bestioles. Mais c'est pour notre bien, n'est-ce pas ?

Pour bien comprendre le chapitre qui va suivre, il faudra passer par une introduction. Vous verrez qu'elle est nécessaire. En France, on se doute que tout va bien. Notre médecine vétérinaire n'est-elle pas exemplaire ? Il le faut bien, pour juguler les épidémies qui déferlent sur le bétail industriel. Comment « soigner » 30 000 volailles parquées à 25 par mètre carré ? Comment éviter qu'une fièvre porcine ne détruise un élevage en quelques jours ? Que faire pour ces lapins si fragiles qu'ils absorbent 7,5 % des antibiotiques destinés à l'élevage alors qu'ils ne représentent que 1 % de ses effectifs, et dont 63 % des aliments contiennent des médicaments[33] ? Qui ferait mieux ?

---

33. Chiffres Itavi, programme Cunimieux, campagne 2005-2006.

On ne brossera pas ici de tableau général. Sachez que l'on fait un usage aussi massif qu'inconsidéré de molécules médicamenteuses dont le but ultime, en vérité unique, est d'augmenter la productivité, et donc les résultats économiques. Le reste est fariboles.

Officiellement, l'industrie « fabrique une vaste gamme de médicaments qui concourent à améliorer la santé, la production et le bien-être des animaux[34] ». Les médicaments destinés à l'élevage atteignent 60 % du marché total du médicament vétérinaire. En France, une manne de près de 650 millions d'euros (en 2006), qui se transforment en piqûres de vitamines, de vaccins, de certaines hormones, d'antiparasites, de produits topiques – d'action locale –, d'insecticides, d'ectoparasiticides, d'endectocides et bien entendu d'antibiotiques. À la vérité, il est très difficile de connaître la liste exhaustive – mais existe-t-elle ? – des médicaments de toutes sortes administrés au bétail.

Une chose est claire : l'Europe de l'Ouest fait presque jeu égal avec le continent nord-américain, ce qui relève de l'exploit. Il faut dire que les membres du lobby européen de la médecine animale[35] ne sont pas des poussins sortis de l'œuf. Qui trouve-t-on au bureau de l'association International Federation for Animal Health (IFAH), qui gère les intérêts de l'industrie depuis Bruxelles ? Des poids (très) lourds, comme Bayer Animal Health, Novartis Animal Health, Pfizer, et bien sûr Monsanto l'incomparable.

---

34. Citation et chiffres du Syndicat de l'industrie du médicament vétérinaire et réactif (SIMV).

35. http://www.ifahsec.org/membership/Members-Corporate.htm

Interdire, dès 1969

Restons-en, pour les besoins de la démonstration, au cas emblématique des antibiotiques, qui sera également développé au prochain chapitre. Dans ce domaine, tout a été dit, écrit, rabâché, puis oublié. Les antibiotiques ne servent pas qu'à combattre les infections, loin de là. Dès les années 1950, aux États-Unis, les éleveurs industriels ont compris qu'en gavant leurs animaux de ces molécules ils obtenaient une croissance bien plus rapide de leur chair. En France, un arrêté interministériel les a autorisées au début des années 1960.

Mais très vite on a compris – il ne fallait pas être devin pour cela – que cette dispersion sans contrôle de produits aussi singuliers aurait aussi des effets sur la santé des humains, notamment à cause de phénomènes de résistance de bactéries soumises à un matraquage antibiotique.

Dès 1969, en Grande-Bretagne, le comité Swann demandait l'interdiction des antibiotiques comme facteurs de croissance des animaux d'élevage, au nom de la santé humaine. La suite est une longue série de répétitions sans fin. L'Organisation mondiale de la santé (OMS), en 1973, a elle aussi proposé d'interdire certains antibiotiques. D'innombrables mises en garde ont suivi, mais qui fait la loi, au bout du compte ?

Le tout premier suivi des ventes de médicaments vétérinaires contenant des antibiotiques en France date de… 1999. Avant, aucun contrôle n'était possible. Depuis ? Hum… Essayons de ne pas moquer les fonctionnaires chargés du travail, mais ce sera difficile. Selon un rapport officiel[36], 1 167 tonnes d'antibiotiques destinés aux animaux d'élevage ont été vendues en France en 2006. Soit une baisse ridicule par rapport aux premiers contrôles de 1999. Encore faut-il se montrer fort prudent, car une augmentation significative a eu lieu en 2005, et surtout en 2007. Cette année-là, 1 261 tonnes d'antibios ont été utilisées – officielle-ment – dans les élevages ! Et puis il y a les trafics, art on ne peut plus traditionnel en ce domaine. *Le Nouvel Observa-teur* (15 janvier 2004) rapporte un cas banal portant sur 100 000 veaux. Pour la seule année 1999. Disons-le sans pré-cautions : la situation est immobile, car elle est au cœur du système de la viande industrielle.

Après des années et même des décennies d'atermoie-ments, l'Union européenne a décidé d'interdire l'usage d'antibiotiques comme facteurs de croissance à partir de 2006. Faisons remarquer, pour être gentil, qu'il faut attendre pour juger. Car bien des questions restent ouvertes. Si tout notre cheptel a été traité aux hormones, aux antibiotiques, aux médicaments de choc pendant cinquante ans, c'est parce qu'un système le voulait bien. Avec des laboratoires pharmaceutiques vendant des doses que des vétérinaires consciencieux acceptaient de prescrire. Tous ces valeureux se seraient faits hara-kiris ? On ne le jurera pas sur l'honneur.

En Europe toujours, selon une étude datant de 2006[37], justement, les animaux d'élevage de l'Union auraient consommé en 1999 la bagatelle de 4 700 tonnes d'antibio-tiques, soit 35 % de la consommation totale de ces précieux

---

36. *Suivi des ventes de médicaments vétérinaires contenant des antibioti-ques en France en 2006*, rapport Afssa, 2006.

37. Rapport de la Fédération européenne pour la santé animale.

médicaments. En France, à la même époque, la quasi-totalité des porcelets et des dindons ainsi qu'une très grosse majorité des poulets de chair étaient dopés aux antibiotiques. L'élevage industriel, dans ces conditions, n'a pas dû apprécier immodérément les décisions de Bruxelles. Les preuves ne manquent pas d'une véritable levée de boucliers. Ce qui suit figure dans une étude de l'Institut technique du porc (Ifip) publiée en 2001. L'Ifip, organisme parapublic créé par l'industrie porcine en 1960, n'y va pas par quatre chemins : « Le présent travail a montré qu'aucun additif non antibiotique connu, considéré seul, ne procurait les mêmes avantages zootechniques ni surtout économiques que les antibiotiques (à performances égales, le coût de ces additifs non antibiotiques est plus élevé). Or, dans le contexte actuel d'internationalisation des marchés, les produits agricoles sont l'enjeu d'une concurrence croissante ; les coûts doivent donc être contenus à un niveau minimum et compétitif. »

Que faut-il comprendre ? Peut-être, tout simplement, qu'il va falloir trouver une solution « compétitive ». Mais laquelle ? Au moment où ces lignes sont écrites, seule l'Union européenne a banni les antibiotiques utilisés comme facteurs de croissance des animaux. Aux États-Unis, au Canada, en Russie, en Chine, au Vietnam, en Australie, au Brésil, bien qu'à des degrés divers, on peut continuer comme avant. Pour des marchands ordinaires, et Dieu sait que les éleveurs porcins le sont, il s'agit d'une distorsion de concurrence insupportable.

Le système est fait de la sorte. Toutes ces trouvailles médicamenteuses représentent une révolution, mais d'abord pour les animaux eux-mêmes. Personne n'a réfléchi aux conséquences physiologiques inévitables d'une telle accélération des rythmes biologiques. Dès 1979, pourtant, les chercheurs de l'Inra Robert Dantzer et Pierre Mormède (*Le stress en élevage intensif*, Masson, 1979) écrivaient l'essentiel : « Il est apparu que les conditions de vie et les manipulations auxquelles sont soumis les animaux peuvent solliciter de façon exagérée leurs capacités d'ajustement physiologique et comportemental, c'est-à-dire provoquer un véritable état de *stress*, avec des manifestations aussi diverses qu'une augmentation de la sensibilité aux maladies infectieuses, des ulcérations gastro-intestinales, l'apparition de comportements anormaux ou des interférences non négligeables avec les capacités de production. »

Bizet contre les assassins

Il est temps de faire la connaissance d'Émile Bizet, injustement oublié. Émile n'aimait pas les assassins. Ni les avortements, ce qui, à ses yeux, était un peu la même chose. Député gaulliste de la Manche, Bizet, en ce jour singulier où la France s'apprête à bannir la peine de mort, est un homme contre. Nous sommes le 18 septembre 1981 et Bizet monte à la tribune de l'Assemblée défendre son point de vue. Admirons ensemble : « Monsieur le Garde des Sceaux, mes chers collègues, c'est parce que je suis respectueux de la vie que je n'ai pas voté la loi autorisant l'avortement. Au nom du même principe, je devrais approuver aujourd'hui le projet de loi portant abolition de la peine de mort qui nous est soumis. Cependant, je ne le ferai pas. »

Eh non! Ne pas compter sur Émile Bizet, dont le propos peut se résumer ainsi : abolir la mort légale, c'est donner aux assassins un sentiment de toute-puissance dont ils profiteraient aussitôt. « Mon cœur, ajoute Bizet, va vers les victimes et leurs familles. » Ce que c'est que l'humanisme, tout de même.

L'année précédente, l'excellent Émile Bizet, qui fut vétérinaire avant d'être député, avait également des idées sur le veau. C'est qu'il savait tout sur l'animal, pensez. Or une détestable loi de novembre 1976, présentée pourtant par un autre gaulliste, Charles Ceyrac, avait absurdement interdit les hormones œstrogènes dans l'élevage. Certes, une bataille d'amendements avait limité les dégâts pour l'agro-industrie. L'article 1 de la loi prohibait ces hormones, mais le décret d'application de l'article 2 prévoyait de ne retirer de la vente que les viandes dont le niveau de contamination serait jugé trop élevé.

Admirable. Les trafiquants, comme les drogués du cyclisme d'aujourd'hui, sont ainsi mis au défi de trouver une combine permettant d'échapper au couperet. Pas d'arrêter de tricher, non, seulement de ne pas se faire prendre. Et comme cela ne paraît pas suffisant aux marchands, dans le courant de l'année 1980, sans doute conseillé par des gens bien placés dans l'admirable univers de l'élevage, Bizet peaufine un nouveau projet. Qui autoriserait franchement les injections d'hormones dites « naturelles ».

Et là, croyez-le ou non, une vraie révolte commence. Les consommateurs, brusquement, craquent. Avant de détailler l'étonnante histoire du boycott du veau aux hormones, un mot sur les œstrogènes. Vous vous en doutez probablement, l'invention est américaine. Dès 1939, de grands chimistes de là-bas font de ravissantes découvertes : Zondek et Marx montrent l'intérêt du benzoate d'œstradiol dans la production d'œufs. En 1943, Fritz Wilhelm Lorenz montre l'extraordinaire capacité du diéthylstilbestrol (DES) à accroître la matière grasse chez le coq. Retenez ce sigle, DES, car il n'est qu'au début de sa sinistre carrière.

Une invention géniale : les anabolisants

Et, disons-le dès maintenant, cette invention est géniale. En réalité, grâce à l'usage bien pensé des hormones, qu'elles soient naturelles ou synthétiques, on peut obtenir des animaux de boucherie différents. Un simple ajout « donne » des animaux plus gros, plus lourds, donc mieux « conformés » pour la vente, et le tout très rapidement. Ce qu'on appelle couramment une culbute.

Aux États-Unis, prière d'applaudir Charles Durbin, qui a tout compris dès 1960. Cette année-là, ce responsable vétérinaire de la puissante agence Food and Drug Administration (FDA) déclare devant une assemblée d'éleveurs de poulets : « Les médicaments et la chimie ont révolutionné l'agriculture au cours des quinze dernières années. [...] Davantage d'hormones trouveront un usage dans l'alimentation animale de demain. » Et, s'enflammant, il promet à son auditoire un avenir plus sublime encore, où les enzymes nouvelles, mêlées aux tranquillisants et aux stimulateurs d'appétit, envahiront le moindre élevage. Grâce à la FDA, comme il le souligne obligeamment[38]. Oui, grâce à l'administration qui, comme chez nous, marche main dans la main avec les scientifiques et l'industrie.

---

38. www.yale.edu/agrarianstudies/papers/05langston.pdf

Ces hormones œstrogènes, qui ont un fabuleux pouvoir anabolisant, augmentent donc la masse musculaire des bestiaux. Lisez ce panégyrique, car c'en est un, que l'on trouve dans une étude canadienne favorable à la chose : « On peut améliorer le rendement des productions animales en augmentant la vitesse de croissance des animaux au moyen d'hormones (naturelles ou synthétiques) qui se lient à des récepteurs spécifiques dans les tissus ciblés ou par l'ajout à la ration de composés antimicrobiens qui modifient la microflore intestinale des animaux en bonne santé, ce qui améliore leur performance. » On en mangerait, non ?

Non. Car l'œstradiol, la progestérone et la testostérone, entre autres babioles, ont des effets embarrassants. Il ne faut certes pas prétendre qu'en 1980 les connaissances étaient les mêmes qu'aujourd'hui, car ce serait faux. Mais enfin, on savait que certaines hormones sont cancérigènes. Ou tératogènes, c'est-à-dire « aidant » à fabriquer des monstres.

Un exemple suffira à la démonstration : en 1980, au moins 15 % du bétail consommé en France est « chargé » au diéthylstilbestrol, ou DES, que nous venons de rencontrer dans les labos américains. Cette hormone de synthèse a une histoire, glaçante de bout en bout. En 1938, un brave monsieur Dodds la met au point dans son laboratoire des lointaines Amériques. Et comme l'industrie du médicament y trouve un bel intérêt, le DES est presque aussitôt prescrit à des femmes qui ont tendance à avorter de manière spontanée.

Mauvaise pioche, pour les femmes du moins : ce traitement, vite adopté par les obstétriciens américains grâce à la magie de la publicité, ne sert à rien pour lutter contre les fausses couches, comme le montre une étude parue en 1953 dans l'*American Journal of Obstetrics and Gynecology*. Et alors ?

Alors, il y a bien plus grave. En 1970 et 1971, deux travaux montrent que le DES multiplie les cancers du vagin chez les filles des mères traitées. L'hormone est interdite dans le domaine de l'obstétrique. Par la suite, on découvre que cette saloperie augmente les malformations utérines, l'infertilité, les avortements spontanés tardifs, etc. La liste est plus longue.

Soit. Et puis ? Presque rien. Aux États-Unis, 4 millions de femmes ont pris du distilbène. En France, elles seraient 200 000, dont certaines enfanteront jusqu'en 2015… Le distilbène n'a été interdit chez nous qu'en 1977, mais pour les humains seulement.

On comprend mieux, dans ces conditions, le grand mouvement connu sous le nom de « boycott du veau aux hormones ». Pendant des années, le refus de ces additifs si charmants s'est fait à bas bruit. À partir de 1971 au moins, l'UFC-Que Choisir, grande association de consommateurs, a réclamé leur interdiction dans l'élevage des veaux, sans que nul s'en soucie.

Ne plus manger le moindre veau

En ces temps d'industrialisation lourde, 70 à 80 % des veaux étaient traités en permanence. Le numéro 78 de *Que Choisir* (juillet-août 1973) évoque sans fard la *mafia* de la viande : « De tous les élevages, c'est le veau qui est le plus trafiqué. C'est celui qui livre aux consommateurs les produits les plus dangereux. […] L'utilisation généralisée – bien qu'interdite – d'hormones est bien plus grave encore. On peut dire que la quasi-totalité des veaux en élevage intensif en reçoivent sous la forme d'injections ou d'implants. […] Cela permet d'accroître la prise de poids, qui est normalement de 1 kilo par jour et passe ainsi à 2 et même 2,5 kilos par jour. […] Comment expliquer autrement que ces jeunes bêtes présentent déjà des pis ou des organes génitaux particulièrement développés ou même des caractéristiques du sexe opposé (une mamelle chez un taurillon, par exemple) ? »

La conclusion raisonnable est déjà écrite en toutes lettres dans ce numéro de 1973 : il ne faut plus manger de veau. Du tout. Car « le veau est l'objet de pratiques tellement douteuses qu'il vaut mieux s'en abstenir totalement, à moins de connaître personnellement l'éleveur et de savoir qu'il produit une viande saine ».

Il y a là, semble-t-il, de quoi couper l'appétit. Tout est connu, tout est sur la place publique, mais le spectacle ne fait que commencer. Dans les années qui suivent, les scandales succèdent aux scandales sans émouvoir aucun responsable. Au fait, qui est alors ministre de l'Agriculture ? Jacques Chirac. Un homme qui aime la tête de veau, comme on le saura plus tard.

En décembre 1974, *50 millions de consommateurs*, magazine de l'Institut national de la consommation (INC), publie un retentissant dossier au titre explicite : « Viande de veau : faut-il renoncer ? » Un mois plus tard, en janvier 1975, Europe 1 organise un débat houleux entre représentants de l'INC et éleveurs « aux hormones ». En février, TF1 propose une émission choc autour d'une seule question : « Faut-il encore manger du veau ? »

Et la tragicomédie se poursuit. En 1979, un énorme trafic est mis au jour à Périgueux. Chacun sait, nul ne bouge. Et à Épinal. Et en Bretagne. Et dans la région Rhône-Alpes. Les marchands de bidoche, pris dans leur folie financière, se montrent incapables de réformer un système fondé sur le mensonge et le trafic. Il y a donc une certaine logique, un brin bizarre, à voir le député Bizet voler au secours de ces pauvres gens. En 1980, nous l'avons vu, il tente de légaliser les hormones « naturelles ». Mais, sans jeu de mots, Bizet tombe sur un os : en septembre de cette année-là, l'UFC décide de lancer un boycott sans précédent contre la viande de veau.

Et ce sera un triomphe. En quinze jours, les ventes de veau baissent de 60 à 70 %. Le bel ouvrage industriel menace ruine. Quel ouvrage, au juste ? On en aura une idée exacte en lisant cet extrait d'un document historique. Le juge qui instruit le grand trafic découvert près de Périgueux en 1979 interroge un éleveur qui « traite » ses veaux aux hormones. Voilà ce que notre paysan lui déclare :

« Je possède effectivement un élevage de veaux "en batterie" de 90 bêtes dans une écurie à proximité de mon domicile. J'exploite cet élevage depuis le mois de novembre 1978. Les premiers veaux sont rentrés le 20 novembre 1978.

« En réalité, je ne suis pas exactement propriétaire de cet élevage, je travaille pour le compte des établissements Laiteries E. Bridel. Je suis payé à la commission, je perçois un salaire fixe de 130 francs par veau livré à l'abattoir. Mon rôle se limite à soigner le bétail en question et administrer quelques traitements antibiotiques contre diarrhées ou autres…

« Cet élevage est suivi régulièrement, pratiquement une fois par semaine, par un technicien commercial qui travaille pour le compte des établissements Bridel. Cette personne est chargée de la surveillance de l'élevage et de l'administration des activateurs par piqûres. Il m'est arrivé de le voir pratiquer les injections du "Progesterone". Il pratique cela par injections intramusculaires au niveau du garrot des animaux.

« Il n'a jamais laissé sur place ni flacon ni emballage quelconque de ces produits. Je ne me souviens pas avoir remarqué une étiquette sur ces produits, je crois pouvoir dire qu'il n'y en avait pas […].

« Pour une raison que j'ignore exactement, les établissements Bridel m'ont demandé de prendre à mon compte toutes les facturations. C'est la raison pour laquelle les diverses factures me sont adressées personnellement. La comptabilité réelle est tenue par monsieur X, qui s'occupe en outre des commandes de lait, de l'achat des petits veaux, des produits vétérinaires nécessaires et de la revente des veaux finis. »

Tant de révélations en si peu de mots ! En quelques années, la relation millénaire entre l'homme et le veau s'est transformée en une opération industrielle surveillée de près par un donneur d'ordres. L'animal est un produit commercial dans lequel un technicien injecte quelque chose, non sans effacer derrière lui toutes les traces. Le paysan est devenu un ouvrier salarié, qui a grand intérêt à rendre service à son patron en certifiant des factures qui ne sont pas les siennes. C'est bien simple : on se croirait dans *Le Meilleur des mondes* d'Huxley. Ce qui n'a rien d'étonnant, puisque c'est le cas. Rappelons que, dans l'État mondial créé par le romancier, chacun prend sa dose de soma pour oublier le reste. Remplacer soma par billets de banque, et faire passer avec un verre d'hormones.

Pour l'histoire, une fois encore, il faut revenir aux Bizet, père et fils. Car Émile a eu un fils, Jean, qui a lui aussi été vétérinaire avant de devenir élu gaulliste – UMP – au Sénat.

Et Jean est lui aussi – quelle famille ! – un exceptionnel connaisseur du veau. Et des hormones, bien entendu.

Bizet fils mange le morceau

Quand commence le boycott de l'UFC, en septembre 1980, le sang de Jean Bizet, déjà vétérinaire mais pas encore sénateur, ne fait qu'un tour. Voyons, c'est intolérable ! Il faut rétablir la vérité. Ce sera une lettre adressée au journal *Le Monde* et, heureusement pour nous, publiée. Il faut parler d'anthologie, car Bizet fils écrit sans trembler : « La situation est donc parfaitement claire. Les substances hormonales doivent être considérées comme des adjuvants indispensables de l'élevage du veau de boucherie. Leur utilisation conduit à un gain de production variant entre 150 et 200 francs par animal. »

Ah, comme la sincérité est belle ! Cela rapporte, c'est donc excellent. À l'heure où ces lignes sont écrites, Jean Bizet est sénateur de la Manche, région de papa, et défend vaillamment, par différents projets de loi, le point de vue de l'industrie des biotechnologies et des OGM. Il parvient même à dénoncer le supposé « terrorisme intellectuel » des associations écologistes sur le sujet. À l'en croire, il n'aurait jamais connu de telles méthodes. Fin de la parenthèse.

Pour revenir à 1980 et aux premières envolées de Jean Bizet, ce détail qui agrémente notre goûteux plat de veau : en 1980, le ministre de l'Agriculture n'est plus Jacques Chirac, mais Pierre Méhaignerie, ponte des droites gouvernementales pendant un quart de siècle. Et lui aussi est pleinement d'accord pour poursuivre dans la même voie fatale.

À l'automne, pourtant, l'espoir luit soudain comme un brin de paille au fond de l'étable. L'élevage industriel du veau aux hormones – et aux antibiotiques – est au tapis, la gauche va bientôt arriver au pouvoir, le printemps de la viande est à l'horizon. Et pourtant non. Rien ne viendra, rien ne changera.

Il est impossible de tout écrire ici, mais il convient de donner quelques repères. Édith Cresson – première ministre de l'Agriculture de la gauche au pouvoir –, comme derrière elle tous les autres, de Rocard à Nallet, laisse faire. Elle accepte dès son entrée en fonctions, le 21 juillet 1981, un bien mauvais compromis européen sur les hormones destinées au bétail.

Et tout suit. En mars 1982, *Que Choisir* (n° 171) titre : « Élevage, ça continue, attention ». En novembre 1983 (n° 189) : « La Viande est-elle enfin meilleure ? Vous n'avez rien remarqué de tel ? Nous non plus ». En février 1984, l'Europe fait machine arrière sur l'interdiction promise des hormones. En mai de la même année, notre gouvernement dépose un projet de loi visant à autoriser toutes les hormones sauf le DES. En avril 1985, de nouveaux trafics de DES sont découverts en France : « Veau aux hormones, le trafic continue », dénonce l'UFC dans un communiqué. En juin, le 25 précisément, une perquisition a lieu dans les locaux parisiens d'Intsel Marsing France, qui se révèle être au centre d'importations d'hormones. Or il s'agit d'une filiale de Pechiney Ugine Kuhlmann, multinationale de la place et premier groupe industriel français des années 1970. L'enquête mettra en évidence de multiples ramifications. Une autre société fait d'ailleurs de même, hollandaise, elle, et contrôlant la bagatelle de 17 % de la production française de veaux de boucherie. En novembre 1986, la police découvre près d'Agen un stock d'œstrogènes capables de « traiter » 20 % de tout notre cheptel.

Bref, oui, il faut avoir le courage d'écourter. En juin 1990, dans *Que Choisir* (n° 262), l'un des principaux papiers est titré : « Veau ou bœuf, les hormones sont toujours là ». En Belgique, 70 % des bêtes seraient trafiquées. En France, comment savoir ? La moitié, davantage encore ? Comme dans le dopage sportif, les analyses sont complexes, incertaines et… coûteuses. Propos affolé et affolant d'un professionnel dans ce même numéro du magazine : « La filière bovine est actuellement si fragile qu'un boycott aujourd'hui serait catastrophique. »

C'était il y a vingt ans. On songe à l'adage : que tout bouge pour que rien ne change ! Tout de même : la vitesse du monde a nettement augmenté. Les échanges mondialisés de marchandises, d'arnaques, de krachs, de virus, de maladies explosent d'un bout à l'autre d'une planète qui rétrécit à vue d'œil. On va très vite le comprendre : l'utilisation sans frein de médicaments destinés à droguer les bêtes en les exténuant peut avoir, comme on dit au moment des guerres, des effets collatéraux.

CHAPITRE 8

Qui arrêtera les virus et les bactéries ?

Imaginez une course poursuite dans un film américain. Angoissante. Devant, notre santé commune. Derrière, des maladies qui se moquent des barrières entre les espèces. Vache folle, grippe aviaire, MRSA, et demain ? La catastrophe médicale et les épidémies mondiales menacent tout l'édifice.

Le pire reste à venir. À commencer par l'infernale histoire de la vache folle. Comme c'est intéressant ! En cette année 1990 qui démontre sans conteste que l'industrie de la viande bovine se moque du public qui la fait vivre, la Communauté économique européenne – cette CEE qui n'est pas encore l'UE – prend une décision qui fait mal outre-Manche.

Le 9 avril, en effet, les exportations d'abats bovins d'origine britannique sont interdites vers d'autres pays membres. Et, le 8 juin, notre France exige enfin la déclaration obligatoire de tout cas d'ESB, ou encéphalopathie spongiforme bovine. Appelons-la, en toute simplicité, maladie de la vache folle, car c'est bien d'elle qu'il est question. Détectée en 1986 en Grande-Bretagne, cette terrifiante affection fait claquer des dents toute l'Europe. Dès 1989, Paris a interdit l'importation des farines animales britanniques, sauf celles non destinées aux ruminants.

Mais le mal n'est-il pas fait ? Des millions de bovins infectés par ce maudit prion ont pu contaminer l'espèce humaine. Et jusqu'où ? En 1995, l'impensable est prouvé : l'ESB peut franchir la barrière des espèces et menacer les hommes, parfois des dizaines d'années après la première contamination alimentaire. Une étude de 2000 parlera de 136 000 morts possibles chez l'homme[39], et certains scientifiques de plusieurs millions même.

Fausse alerte, visiblement, et par bonheur. Mais nul ne pouvait savoir ce qui adviendrait. Et le gravissime, c'est bien que l'élevage industriel a provoqué une terrible maladie chez l'un de nos commensaux les plus proches. Au risque – qui s'est éloigné, certes – de provoquer une hécatombe humaine digne des pestes du passé.

L'affaire de la vache folle est exemplaire de ce qu'est devenu l'élevage en une poignée d'années. Il fallait des hormones pour augmenter les comptes des industriels ? Il était utile et rentable de donner à des herbivores des farines animales bon marché, susceptibles de doper leur croissance ? Il n'y avait donc aucun problème.

Comme nous vivons dans une vertueuse République, l'invraisemblable chaos de la vache folle a fait l'objet d'une commission d'enquête parlementaire. Le drôle, si l'on veut, c'est que Jean Bizet, fameux sénateur, en a été le rapporteur. Vous vous souvenez ? Oui, le fils du père. Le vétérinaire. L'ami sincère des hormones et des éleveurs en détresse.

---

39. *Le Matin*, 30 octobre 2000.

Le Petit Livre rouge des farines animales

Qui diable, demandent les sénateurs, a pu recommander l'usage de farines animales dans l'alimentation du bétail ? Quel sot ? Quel grand criminel a pu décider de donner à manger de la viande à de paisibles herbivores ? La réponse est sublime. Un M. Guy Girard, vétérinaire de son état, comme M. Bizet, et par ailleurs conseiller technique de l'industrie de l'élevage, le prend de haut (page 48 du rapport) : « Elles mangent bien leurs délivrances ! » Eh oui, quoi, si ces femelles mangent le placenta de leurs petits après accouchement, pourquoi ne leur donnerait-on pas de la farine de cadavre plus tard ?

C'est beau, mais insuffisant. Un M. Yves Montécot, président du puissant Syndicat national des industriels de la nutrition animale (Snia), tente une audacieuse manœuvre. À l'en croire, dès 1913, une revue suggérait d'utiliser des farines animales pour nourrir les poulets. Ah ! Et pour les bovins ? Eh bien, sur cette question essentielle – car nous parlons de vache folle, n'est-ce pas ? –, M. Montécot lâche une bombe. Une bombe ! Nous serions dans un film de série B, il faudrait même écrire : « À ce moment-là, Yvon décida de manger le morceau. » Et quel morceau : « Pour les bovins, note le rapport, M. Yves Montécot a estimé que leur utilisation [celle des farines animales] remonterait aux années 1970, sur la base des recommandations de l'Inra. Lors du déplacement de la commission d'enquête dans la Sarthe, un industriel a affirmé qu'elles étaient précisées par un ouvrage de l'Inra surnommé, en raison de la couleur de sa jaquette, le "Petit livre rouge". »

Comment ? Un « Petit livre rouge » ? Et de notre grand institut agronomique ? L'Inra ne semble pas aujourd'hui se souvenir de son rôle pionnier, ce qui se comprend, mais reste bien dommage. Car, au fond, pourquoi donner des farines animales aux vaches ? Mais simplement parce que l'alimentation représente plus de la moitié des coûts de la « production » d'animaux. Et qu'il est apparu aux techniciens de l'Inra, qui donnent le « la » dans ce domaine comme dans bien d'autres, que les farines animales étaient moins chères que les tourteaux de soja ou de colza pour assurer les besoins protéiques du bétail.

C'est difficile à avouer, mais le fait est là : l'Inra a orienté les éleveurs dans la direction des farines animales. Voyez plutôt comment notre grand institut public présente, dans un texte paru en 1997, la question clé de la productivité : « La composition de la ration alimentaire est dictée par le même principe de base, quelles que soient les espèces animales : il s'agit de rechercher une combinaison d'aliments, dans les ressources disponibles, qui permette de satisfaire les besoins des animaux, avec le meilleur équilibre nutritionnel et au moindre coût[40]. » Ne loupez pas ce bout de phrase, car il dit la simple vérité : au moindre coût.

Pour être juste, et il n'y a aucune raison de ne pas l'être, certains responsables de l'Inra contestent que leur institut ait conseillé l'usage des farines animales. De bonne foi, visiblement, l'un d'entre eux, Jacques Robelin, a estimé devant le Sénat comme devant l'Assemblée

---

40. *Nutrition animale et complémentation protéique des rations alimentaires*, Inra, 1997.

nationale que seul le profit prévisible avait conduit l'élevage industriel à se lancer dans la folle aventure. Et pas le savant calcul des rations protéiques nécessaires à la croissance des bovins.

Dans tous les cas, encore bravo : au plus fort de la crise en France, c'est-à-dire en novembre 2000, les ventes de viande de bœuf diminuent de 40 %. Un pourcentage tel qu'il ruinerait n'importe quelle industrie. Mais pas celle-là, qui semble au moins aussi sourde qu'indestructible. Alors qu'elle est plongée depuis près de dix ans dans un cauchemar commercial sans fin, on apprend en juin 1999 une nouvelle pour ainsi dire incroyable : des porcs et des poulets seraient nourris chez nous, en partie, par de la… merde.

C'est le seul mot qui convienne : de la merde. S'appuyant sur un rapport de la Direction nationale des enquêtes de la répression des fraudes (DNERF), *Le Canard enchaîné* du 9 juin 1999 rapporte que des entreprises respectées de l'équarrissage incorporent des résidus de fosses septiques dans la fabrication de farines animales destinées aux porcs et aux poulets. L'une de ces entreprises, *en règle*, donc, avec la loi, dispose pour cela d'un arrêté préfectoral explicite. De la merde. Pour les animaux. Et pour nous.

Même cause réelle en 2001, mais tout autre effet. La Grande-Bretagne, pays de la vache folle, est ravagée par une épidémie majeure de fièvre aphteuse, qui touche massivement ses ovins et ses bovins. Cette maladie n'est au fond pas si grave, en tout cas non mortelle, mais voilà : l'image commerciale de la viande britannique est atteinte une fois encore, et ses exportations menacées.

Les Masaï ne sont pas d'accord avec nos bûchers

Alors, il se passe un événement inouï, dont nous n'avons pas fini de faire l'analyse : l'Angleterre rassemble ses bêtes par millions et les brûle dans des charniers géants. Cet exorcisme de masse coûtera au total 13 milliards d'euros. D'où est venue la maladie ? Peut-être d'un nuage de poussière chargé du virus qui serait venu d'Afrique du Nord.

Quoi qu'il en soit, est-il bien admissible de tuer des millions d'animaux pour seulement continuer le commerce ? En cette triste occurrence, la leçon morale nous viendra d'un peuple d'éleveurs du Sud, du Kenya précisément : les Masaï. Chez ces « oubliés » du progrès, la vache demeure un être. Et, curieusement, la langue masaï, le maa, ne dispose que d'un mot pour désigner la grippe et la fièvre aphteuse.

Au printemps 2001, lorsqu'ils découvrent que la Grande-Bretagne brûle ses bovins, les Masaï, qui se considèrent comme les gardiens de tous les troupeaux du monde – sont-ils charmants –, adressent à Londres un message étonnant. En un mot comme en cent, l'idée de tuer des animaux légèrement malades leur tourne l'âme et le cœur, et ils proposent de soigner eux-mêmes les troupeaux, pour peu bien sûr qu'on les leur envoie. Réponse de notre Nord civilisé : davantage de bûchers.

Rassurez-vous tout de même, on ne fera pas ici le tour de tous les empoisonnements ni de toutes les maladies provoquées par l'élevage industriel. La liste lasserait, la place manquerait. Mais il faut bien parler encore de deux grandes affaires, auxquelles il conviendra d'en ajouter deux autres, apparemment plus bénignes, comme on verra. Par ordre d'apparition sur la scène des désastres : la grippe aviaire et le MRSA, accompagnés de la si gentille MAP, ou maladie d'amaigrissement du porcelet, et de la grippe porcine qui-n'en-est-décidément-pas-une.

La grippe aviaire, ou H5N1 pour les initiés. H5N1, ce sont au départ des antigènes présents à la surface de virus de la grippe chez les oiseaux. Pathogènes ? Certes. Ils frappaient par exemple les poulets, comme tant d'autres virus, microbes ou bactéries. Mais en 1997, à Hong Kong, changement de programme, brutal : le H5N1 touche dans le même temps deux humains d'une même famille et des élevages locaux de poulets. C'est la stupéfaction, car nul n'imaginait possible la transmission de l'oiseau à l'homme. Le risque flagrant est celui de la dissémination, puis de la mutation, qui rendrait le virus capable de ravager la planète, comme la grippe espagnole de 1918. Ce qu'on appelle un spectre, terrifiant.

Réaction compréhensible : tous les poulets de Hong Kong sont exterminés. Mais cela ne suffit pas. Pendant dix ans, H5N1 fait la nique à tous ses ennemis, gagne l'Asie, le Moyen-Orient, l'Afrique, l'Europe, même, dont la France. Des centaines de millions de poulets sont abattus, des millions d'autres oiseaux, éventuellement sauvages, meurent. Au 18 mars 2008, 236 hommes, femmes et enfants ont également perdu la vie.

Reste une question dont la réponse vaut une fortune planétaire : comment s'est opéré le passage de l'oiseau à l'homme ? Autant avouer tout de suite qu'on ne la connaît pas avec certitude, mais il existe de nombreux éléments établis qui dessinent un tableau complet digne d'intérêt. Car l'épizootie mondiale de grippe aviaire H5N1 a donné naissance à de bien étranges commentaires, avant même que la science n'entreprenne de trancher le débat. Dans le domaine de l'influence, il est souvent impossible de rien prouver, mais il reste que quantité d'images tirées de quantité d'émissions télévisées et de reportages auront insisté sur les vols de canards sauvages ou les poulets picorant dans la boue d'un village vietnamien. On aura moins vu les élevages industriels où s'entassent les victimes désignées de nos grands massacres rituels, et c'est quand même ennuyeux. Car les chiffres sont les chiffres : en 1968, la Chine – l'un des foyers de l'épizootie – comptait environ 800 millions d'habitants, 50 millions de porcs et 120 millions de poulets.

La FAO vole au secours de l'industrie

Ce n'est déjà pas si mal, mais attendez les statistiques de 2005 : un peu plus d'un milliard deux cents millions d'humains, mais 500 millions de porcs et la bagatelle de 13 à 14 milliards de poulets. Un tel phénomène porte un nom bien connu à Pékin : c'est une révolution. L'élevage concentrationnaire a transformé de fond en comble, en moins de quatre décennies, les campagnes d'un pays (relativement) stable depuis quatre millénaires.

Dans trois pays clés pour la propagation du H5N1 – la Thaïlande, l'Indonésie, le Vietnam –, la production a été multipliée par huit en seulement trente ans, passant d'environ 300 000 tonnes de viande de poulet en 1971 à 2 440 000 tonnes en 2001.

Et pourtant, de nombreux documents d'organismes officiels aussi connus que la FAO ou l'OMS ont clairement tendance, du moins dans les premières années de la grippe aviaire, à oublier les conditions dantesques de la fabrication industrielle de viande. Ne nous perdons pas dans les hypothèses, hautement polémiques, et restons-en à l'essentiel.

Le 28 octobre 2005, dans un article[41], Jacques Diouf, patron de la FAO – rappelons-le, c'est l'agence onusienne chargée de l'agriculture et de l'alimentation –, insiste sur le rôle des oiseaux sauvages et sur celui des contacts qui existent entre eux, les hommes et les oiseaux d'élevage. Le 1er juin 2006, la FAO titre encore l'un de ses communiqués officiels « Le Rôle des oiseaux sauvages confirmé dans la crise de la grippe aviaire ».

Bien entendu, il serait absurde de nier par principe que les oiseaux migrateurs puissent jouer un rôle dans la dissémination du virus. Et, à part quelques ornithologues dogmatiques, personne ne s'y essaie réellement. Mais alors, que dire et que penser de ces responsables de la FAO qui tiennent si fort à incriminer nos pauvres migrateurs ?

Il y a pis. En novembre 2005, l'une des responsables de la FAO, Mme Louise Fresco, prononce une phrase lourde de sens[42] : « Le poulet de basse-cour est le grand problème, et le combat contre la grippe aviaire doit se jouer dans les cours des pauvres du monde. » Cela n'a l'air de rien, ou presque, mais ces propos rejoignent et complètent – est-ce un hasard ? – ceux des grands exportateurs de volaille industrielle, notamment américains. Quelques mois auparavant, Margaret Say, directrice du Conseil pour l'exportation des volailles et des œufs des États-Unis pour l'Asie du

---

41. http://www.fao.org/newsroom/FR/news/2005/1000105/index.html
42. Tran Dinh THANH LAM, « Bird Flu Strategy Will Hit Poultry Farmers », *IPS* (Ho Chi Minh Ville), 15 novembre 2005.

Sud-Est, avait fait une déclaration remarquable : « Nous ne pouvons pas contrôler les oiseaux migrateurs, mais nous pouvons sûrement consacrer toute notre énergie à fermer définitivement autant d'élevages de volailles de ferme que possible. »

Cette fois, y sommes-nous ? Évidemment, l'industrie transnationale de la viande industrielle entend profiter de la grande psychose planétaire autour de la grippe aviaire. On la comprend, d'ailleurs, la logique est imparable. Dans les pays d'Asie du Sud-Est, des millions de petites fermes familiales nourrissent les communautés grâce à des élevages d'immédiate proximité. Sales ? Oui, d'un certain point de vue cela ne fait aucun doute. Mais, comme on va le comprendre, pas de la même manière que les élevages géants de l'industrie. Et puis la volaille familiale, dans l'Asie pauvre, est le centre de l'économie domestique, qui assure protéines et même engrais – les déjections – à ceux qui ne participent pas à la glorieuse économie monétaire. Les maîtres du monde jouent sur du velours en tentant de convaincre les bureaucraties et oligarchies du Sud qu'il faut mo-der-ni-ser, et donc éradiquer ce fâcheux Moyen Âge porteur de peste. Dès que les fermes auront été fermées – comme aux États-Unis et en Europe –, dès que les entreprises venues du Nord auront commencé à débiter du poulet par millions de tonnes, la question de la grippe aviaire sera bien évidemment réglée.

Pourquoi la FAO est-elle si près de propager cette propagande ? Un autre livre serait nécessaire pour évoquer les liens tissés depuis 1945 entre la grande agence et l'industrie de l'agriculture. Notez que les deux chemins sont rigoureusement parallèles.

35 jours de survie dans la crotte pour le H5N1

Revenons donc au H5N1. Ou plutôt à la douteuse théorie qui fait des migrateurs l'une des causes majeures de la dispersion du virus. Résumons : sur les centaines de milliers d'analyses réalisées sur des oiseaux sauvages, seules quelques-unes ont montré la présence d'un agent fortement pathogène de H5N1. Mieux, pour les oiseaux au moins, les lignes de propagation de la maladie ne sont pas celles des grandes routes migratoires. En revanche, presque partout on retrouve la trace de grands élevages industriels ou de piscicultures intensives nourries pour partie par les fientes de poulets de batterie.

Cerise déposée sur les ailes des oies sauvages : une étude parue le 7 février 2006, menée par 26 chercheurs et publiée dans les comptes rendus de l'Académie des sciences américaine (*PNAS*). Aïe ! Aïe pour la FAO et l'industrie mondiale de l'élevage ! Pendant trois ans, de 2002 à 2005, ces scientifiques ont multiplié les prélèvements chez des oiseaux migrateurs fréquentant des sites asiatiques. Au total, 13 115 échantillons ont été examinés sous tous les angles. Et combien de souches de H5N1 au total ? 6. Oui, 6 !

Au même moment, comme le rapporte Jean-Yves Nau dans *Le Monde* du 8 février 2006, des études concordantes, chinoises, démontrent que le virus est bien plus présent dans la volaille domestique : on le trouve dans 1 % des 5 000 volailles – apparemment saines – étudiées sur des marchés du sud de la Chine, de même que 5 % d'autres types viraux. C'est énorme !

Au total et en résumé, tout indique que les oiseaux sauvages jouent un rôle parfaitement marginal dans le drame. Et que la cause essentielle, massive, repose sur une industrie concentrée qui reproduit sans cesse les conditions du malheur en expédiant sans précautions, chaque jour, des millions d'animaux qui n'en sont plus réellement. Les routes commerciales de l'élevage intensif sont le vecteur principal de la dissémination.

Comme ce livre souhaite conserver ses lecteurs, on ne s'attardera pas beaucoup plus. Encore un point notable : ne jamais oublier le rôle des déchets dans l'alimentation des poulets industriels. Rien n'est jeté, ce serait trop bête. On garde les plumes, la crotte, les litières les plus souillées, que l'on transforme en une joyeuse farine qui servira à engraisser un peu plus vite les animaux pénitentiaires. Or l'on sait que H5N1 peut survivre jusqu'à 35 jours dans les excréments du poulet. Le virus a donc tout le temps qu'il lui faut pour circuler d'un bout à l'autre de la terre, en se moquant, comme il se doit, des rarissimes contrôles vétérinaires. Savez-vous ? En 2005, la Roumanie, si proche de chez nous, a exporté 260 000 poulets vivants. Mais en a importé des beaux pays lointains 16 178 000. Soit 62 fois plus. Si la grippe aviaire finit, comme tant de spécialistes sérieux le craignent, par tuer des humains par millions, on saura au moins pour quelle raison. Maigre consolation.

Peut-être l'aura-t-on remarqué, ce chapitre a parlé successivement des veaux, des vaches, puis des poulets. Mais les porcs ? Mais ces jambons, mais ces rôtis, mais ces pieds farcis ? Il serait une fois encore lassant de dresser une liste exhaustive de toutes les horreurs bien réelles qui frappent les porcs prisonniers de nos appétits. N'attendez donc pas une telle liste, mais un éclairage, qui sera violent. Tenez, avez-vous entendu parler du MRSA ?

Plus de morts que le sida

Le MRSA (acronyme anglais pour Methicillin-Resistant *Staphylococcus aureus* – en français SARM pour *Staphylococcus aureus* résistant à la méthicilline) est au départ une bactérie, une simple bactérie dont le nom français est hélas bien connu : staphylocoque doré. Mais c'est une bactérie mutante, qui résiste désormais à l'antibiotique qui la terrassait, la méthicilline. Des chiffres américains officiels montrent que le MRSA a tué aux États-Unis près de 19 000 personnes en 2005, soit davantage que le sida[43].

Et l'on ne trouve pour l'heure aucune parade. S'agirait-il d'autre chose, on peut penser que la presse en ferait d'énormes titres, car à simplement réfléchir on peut légitimement parler d'une épidémie mondiale, peut-être hors de contrôle, du moins dans l'immédiat. Et pourtant, silence relatif, mais réel. Pour les humains que nous sommes, la nouvelle n'est pas fameuse, car la viande peut être contaminée par une de ces bactéries mutantes et multirésistantes qui rendent un peu plus ingérable le dossier des antibiotiques. Voulez-vous frémir un instant ? La résistance du pneumocoque – responsable de la pneumonie – à la pénicilline est passée de 0,5 % à 60 % entre 1984 et 2001. En 1941, le staphylocoque doré était détruit par cette même pénicilline à 99 %. Aujourd'hui, il lui résiste 9 fois sur 10. Les exemples sont malheureusement innombrables.

---

43. « Our Decrepit Food Factories », *The New York Times*, 16 décembre 2007.

Aux États-Unis toujours, une coalition d'ONG on ne peut plus sérieuse, Keep Antibiotics Working[44], s'est penchée avec le plus vif intérêt sur le MRSA. Elle a interrogé à l'été 2007 la Food and Drug Administration (FDA) sur les travaux entrepris sur cette bactérie. Car tout de même, 19 000 morts en une année pourraient susciter un peu d'intérêt public. Mais la FDA a bien dû reconnaître qu'elle ne s'était pas encore intéressée à ce qui se passe dans les fermes concentrationnaires du pays. C'est d'autant plus dommage qu'un faisceau désormais concordant d'indices converge vers les porcheries industrielles.

En octobre 2007, une étude retentissante qui paraît dans la revue *Veterinary Microbiology* révèle des faits très graves. Menée dans 20 porcheries industrielles de l'Ontario (Canada), elle montre que le MRSA est présent dans 45 % d'entre elles. Qu'un porc sur quatre environ est contaminé. Qu'un éleveur sur cinq l'est aussi. Les souches de MRSA retrouvées dans l'Ontario incluent une souche répandue dans les infections humaines par la bactérie au Canada. Et 9 millions de porcs du Canada sont importés chaque année aux États-Unis.

L'Europe n'est pas épargnée. Voyons d'abord les Pays-Bas, terre fertile, du moins en élevages industriels. En décembre 2007, une étude américaine des Centers for Disease Control[45] établit formellement qu'une souche de MRSA jusque-là repérée exclusivement chez les porcs est la même que celle que l'on trouve chez 20 % des humains malades. C'est énorme et, disons-le entre nous, un peu fou.

44. www.keepantibioticsworking.com
45. www.cdc.gov/eid/content/13/12/1834.htm

L'étude est sans appel : cette souche frappe notamment les éleveurs de porcs et de bovins. Ce n'est pas une preuve, mais une très lourde présomption que la bactérie se développe chez les porcs empilés et matraqués d'antibiotiques avant de s'attaquer aux humains. Jusqu'à quel point ?

En Belgique – on se rapproche –, toujours en 2007, un autre travail, commandé par le ministre de la Santé publique Rudy Demotte, indique que, dans près de 68 % des porcheries étudiées, une souche MRSA est présente chez les animaux. Et cette même bactérie résistante est retrouvée chez 37,6 % des éleveurs de porcs et des membres de leur famille. Or, dans une population sans rapport avec l'industrie porcine, elle n'est que de… 0,4 % !

Et en France, donc, où en sommes-nous ? Nulle part. On sait que la prévalence du MRSA chez nous est l'une des plus élevées d'Europe occidentale. Mais que fait-on du côté du ministère de l'Agriculture ? Du côté de ces innombrables agences sanitaires qu'on nous a présentées comme essentielles autant qu'exemplaires ? Du côté de l'Institut de veille sanitaire (InVS) ? De l'Agence française de sécurité sanitaire des aliments (Afssa) ? Pourquoi aucune étude importante n'est-elle lancée sur les liens entre élevage industriel et développement foudroyant d'une maladie qui tue les hommes ? Oh, on vous parlera volontiers du travail de la Mutualité sociale agricole (MSA) daté de 2001, auquel ont participé l'Inserm (Institut national de la santé et de la recherche médicale) et l'InVS. Cette étude existe et, bien que son périmètre soit très restreint, elle fournit une donnée que l'on qualifiera d'inquiétante.

Deux groupes de 112 personnes chacun ont été examinés. Les membres du premier groupe travaillent dans des porcheries, ceux du second, non. Conclusion concernant la flore nasale de ces sujets : « La prévalence du portage de *S. aureus* dans la flore nasale des sujets exposés (44,6 %) était significativement supérieure à celle des non-exposés (24,1 %)[46]. » Deux fois plus dans un cas que dans l'autre. Cela ne prouve rien ? Au moins qu'il vaut mieux ne pas travailler dans une porcherie, ce qu'on savait déjà, il est vrai.

Les bactéries font de la résistance

Repartons une seconde aux États-Unis. Interpellées par la coalition déjà nommée, Keep Antibiotics Working, les grandes administrations américaines ont été obligées de reconnaître que de vraies études sur le sujet exigeaient le concours des industries de la viande et de la pharmacie. Et que ce concours – ô surprise ! – faisait totalement défaut.

Il est à craindre qu'il en soit exactement de même chez nous, où le lobby bien connu de l'agriculture industrielle fait les lois d'un côté, et empêche qu'elles soient votées de l'autre. Donc, le MRSA. Et le risque d'une terrible épidémie chez les humains.

Oui mais, de tels monstres n'ont-ils pas un rapport avec l'abus insensé que nous faisons des antibiotiques, merveilles parmi les merveilles du savoir médical ? Aux États-Unis, rapporte Michael Pollan dans l'édition du 16 décembre 2007 du *New York Times*, 70 % de la totalité des antibiotiques sont utilisés dans les élevages industriels. C'est devenu une

---

46. *Résistance aux antibiotiques des bactéries commensales isolées chez les éleveurs de porcs*, InVS, 2001.

condition *sine qua non* de la concentration des animaux, sans laquelle les maladies de la promiscuité flamberaient fatalement.

Une telle nouveauté ne peut rester sans conséquences sur l'art immémorial qu'ont les bactéries pathogènes de muter et de produire sans fin des souches résistantes. Pour simplifier, des résidus d'antibiotiques et des bactéries peuvent se retrouver chez les humains par contact direct, par consommation d'eau souillée, par ingestion. L'évidence même, et dommage que cela ne soit pas un jeu, car il pourrait au moins distraire les enfants.

En 1945, aux États-Unis, un gros élevage de poulets pouvait atteindre ses 500 têtes. Aujourd'hui, il atteint couramment 80 000 et peut aller jusqu'à 150 000. On ne parvient pas à un tel résultat sans en concéder le prix. Dès les années 1940, dès la découverte du miracle de la pénicilline, on utilise les premiers antibiotiques pour soigner les maladies bactériennes du bétail. Mais, dès le début des années 1950, des petits malins ont compris qu'en ajoutant régulièrement des antibiotiques à la ration alimentaire des animaux on obtenait une augmentation de leur poids final. Les antibiotiques, pour notre malheur, sont des facteurs de croissance (voir le chapitre précédent, page 125).

En 2003, par exemple, un atelier réunissant l'OMS, la FAO (déjà rencontrées) et l'OIE (Organisation mondiale de la santé animale) a enfin dit une partie de la vérité. À la condition de savoir lire le chinois, car, selon les honorables bureaucrates, il existe « des preuves claires des conséquences néfastes pour la santé humaine de la présence d'organismes résistants découlant de l'utilisation d'antimicrobiens en dehors de la médecine humaine ». Défense de ricaner.

Depuis, les notes récapitulatives s'amoncellent, les biceps se gonflent, le grand combat ne saurait tarder.

Avis de très forte tempête

En attendant, avis de très forte tempête. La crise économique et financière relègue à l'arrière-plan ce qui est pourtant, à l'évidence, devant nous. Le journal *Le Monde* du 23 février 2009 a interrogé Bernard Vallat, directeur général de l'OIE. Avec comme première question : « La crise a-t-elle des conséquences sur la surveillance et la prévention des maladies animales transmissibles à l'homme ? »

La réponse : « Malheureusement, oui. Les informations recueillies sont convergentes. On observe un peu partout à travers le monde une décroissance des budgets publics dans les domaines relatifs à la santé animale, à commencer par les ressources affectées à la surveillance et à la détection précoce des maladies des animaux d'élevage ou sauvages. Beaucoup des 172 pays membres de l'OIE envoient des signaux témoignant d'une baisse de la garde vis-à-vis des menaces sanitaires vétérinaires. Nous ne disposons pas encore de chiffres précis, mais la tendance est manifeste, tant dans les pays en voie de développement que dans les pays développés. C'est une situation paradoxale qui va à l'encontre de notre politique : nous ne cessons de plaider pour le développement de réseaux visant, sur le terrain, à la détection la plus rapide possible des émergences et des réémergences d'événements sanitaires dangereux, qu'il s'agisse, par exemple, de la grippe aviaire H5N1, de la fièvre aphteuse ou de la fièvre catarrhale ovine. »

Cela donne à penser. De même que ce fait divers bien de chez nous, breton pour tout dire. Au début de 2007, 150 gendarmes débarquent dans des élevages des Côtes d'Armor dans le cadre d'une instruction judiciaire menée, depuis Paris, par la juge Anne-Marie Bellot, du pôle de santé publique[47]. L'affaire est grave : une société bien connue menait de lucratives affaires en confiant l'élevage de porcelets à des éleveurs. Ce système dit d'intégration permet à un intermédiaire, en échange de soins vétérinaires et d'alimentation, de vendre ensuite des porcs prêts à la boucherie. Des porcs officiellement de qualité, disposant du précieux Label rouge.

Sauf qu'en l'occurrence un grand nombre de porcelets étaient malades en arrivant chez les éleveurs. Et continuaient de l'être après les injections massives – et illégales – d'antibiotiques effectuées par les techniciens que dépêchait la société. Mais malades de quoi ? Apparemment, car l'enquête n'est pas close, de la maladie d'amaigrissement du porcelet ou MAP. Présente massivement dans les élevages porcins, la MAP frappe les jeunes, mais de plus en plus souvent les adultes. Les animaux dépérissent, souffrent de problèmes respiratoires et de diarrhées, et bien souvent meurent. Le responsable est le circovirus de type 2 (PCV 2).

Danger pour l'homme ? Pour l'heure, non. Mais les premiers circovirus humains ont été décrits il y a une dizaine d'années seulement, et l'on ne sait pas grand-chose d'eux. Certes, comme le disent les spécialistes, ils ne présentent pas d'« homologie de séquence » avec les autres circovirus animaux. On ne trahira pas un secret d'État en écrivant que des spécialistes sérieux se montrent inquiets pour l'avenir.

---

47. Raconté par Jean-Claude JAILLETTE, *Marianne*, 12 février 2007.

Peut-on décemment continuer à « élever » en Bretagne, qui représente 6 % de la surface agricole française, 60 % des porcs et 40 % des poules pondeuses du pays ? Nous sommes hélas placés à l'endroit idéal pour qu'une bombe virale explose en France sans qu'aucune autorité sanitaire soit capable d'y faire face. Ajoutons, parce que c'est vrai, qu'on souhaite se tromper.

Quant à l'épidémie de grippe porcine qui a frappé le Mexique puis le monde au printemps 2009, que faut-il en dire ? D'abord que les incertitudes restent nombreuses. Mais on aura vu en tout cas les grandes institutions internationales, comme l'OMS et la FAO, voler au secours de l'industrie. La désormais fameuse grippe porcine est devenue, par la grâce des bureaucrates internationaux, la grippe A (H1N1), bien plus présentable. Il semble que cette épidémie soit en réalité la combinaison de quatre virus. Deux venus des porcs, un aviaire, répandu chez les poulets, un humain enfin.

Cela pourrait faire réfléchir. Trois virus animaux. Et un humain. Qui se rencontrent et se recombinent. Mais où ? Ce livre ne prétend pas savoir ce qui s'est passé, mais se doit de rappeler le drame de La Gloria. Ce gros village de 3 000 habitants, dans l'État mexicain de Veracruz, est martyr. La preuve par un reportage saisissant du quotidien de Mexico *La Jornada*, publié le 4 avril 2009, près d'un mois *avant* l'alerte mondiale. Les habitants se plaignent depuis des années des pollutions occasionnées par un élevage de porcs, Granjas Carroll, filiale du géant américain Smithfield Foods.

En ce mois d'avril, la situation sanitaire est si dégradée que 60 % de la population souffrent de différents syndromes respiratoires et grippaux. Soixante pour cent ! Cela défie l'entendement. Commentaire du journal : « *Los pobladores atribuyen la aparición de las infecciones a la contaminación generada por los criaderos de cerdos de la trasnacional Granjas Carroll. »* Les habitants attribuent l'origine de leurs infections à la présence de la porcherie industrielle Granjas Carroll.

Fin 2006, des experts des instituts de la santé américains (NIH) prévenaient sans détour : « Parce que les élevages fortement concentrés ont tendance à rassembler d'importants groupes d'animaux sur une surface réduite, ils facilitent la transmission et le mélange des virus[48] ». Et quantité d'autres alertes, avant, après, pendant, n'ont cessé de dire la même chose.

Revenons un instant à La Gloria. Le gouvernement mexicain, après avoir tenté une diversion, a dû reconnaître la vérité. Le premier cas répertorié est celui d'un enfant de quatre ans. Un enfant de La Gloria. Peu de journaux ont signalé qu'au moins deux épidémies de grippe aviaire ont frappé la région de La Gloria au cours des 18 derniers mois précédant le drame. Comme c'est étrange : une épidémie porcine, deux épidémies aviaires, des victimes humaines. Cela ne ressemblerait-il pas au virus A (H1N1) ? Commentaire de l'ONG Grain, l'une des mieux informées de la place : « Peut-on concevoir situation plus idéale pour l'émergence d'un virus grippal pandémique qu'une région rurale pauvre, pleine d'élevages industriels appartenant à des sociétés transnationales qui n'ont rien à faire du bien-être de la population locale ?[49] ». Smithfield Foods, propriétaire de la porcherie mexicaine, est le plus grand charcutier de France, patron du groupe Aoste. C'est-à-dire, entre autres, de Cochonou et Justin Bridou. Bon appétit.

---

48. Journal of Environmental Health Perspectives, 14 November 2006.
49. www.grain.org/articles/?id=50

CHAPITRE 9

Le grand fantasme américain

Deuxième coup de projecteur en arrière. Au lendemain de la Seconde Guerre mondiale, une génération neuve de zootechniciens sort des décombres. Ils vont créer l'Inra et découvrir l'Amérique avec éblouissement. C'est au retour qu'ils commenceront à « penser » l'animal comme jamais personne n'avait osé le faire en France.

Sans le voyage en Amérique, que se serait-il donc passé ? Nous ne le saurons jamais, mais on ne peut en tout cas oublier qu'après 1945 une génération enthousiaste de techniciens et de scientifiques va découvrir l'exemple américain avec autant d'envie que de stupéfaction. On pourrait donc « fabriquer » de la viande à volonté ? On pourrait donc venir à bout de ces malheureuses fermes qui sont la marque du vieux pays français ?

Impossible de ne pas citer ici un extrait d'un texte de 1949 écrit par le géographe Daniel Faucher, car il résume un jugement répandu. Toute une génération, celle qui incarne la Résistance victorieuse, veut croire à une sorte de rédemption générale, y compris à la campagne. Elle entend se débarrasser au plus vite de ce qu'elle voit comme les restes du Moyen Âge.

Faucher : « Il y a un état d'esprit, un comportement spécifique-ment paysan, qui ne relève pas seulement de l'ignorance, d'une sorte d'insuffisance de développement intellectuel et de savoir, qui est au contraire lié en quelque sorte à la vie pay-sanne, aux modes et au but du travail paysan. Il y a donc, le système agricole étant constitué, une sorte d'ankylose des esprits, le système est clos, l'intelligence paysanne est close, tout y devient tradition, c'est-à-dire routine. Tous les systèmes agricoles sont néanmoins susceptibles de subir des modifica-tions. Ils sont attaqués du dehors et les chocs qu'ils reçoivent peuvent aboutir à leur destruction[50]. »

Quand la guerre s'achève, le fascisme enfin à terre, la viande est rationnée en France à 200 grammes par semaine. Encore ne s'agit-il souvent que de tendons et de mauvaise graisse autour d'os durs comme de la pierre. Le traumatisme – symbolisé par ces tickets de rationnement qui dureront jusqu'en 1949 – permet de mieux comprendre ce qui va sui-vre. Il n'est pas exagéré de penser qu'une revanche sociale, politique et alimentaire était en gestation dans la terrible décennie qui court entre 1940 et 1949.

L'expérience massive de la faim, disparue en France depuis des lustres, a ramené sur la scène l'angoisse la plus élémentaire. Et la viande, symbole universel de la bonne santé, la viande sort du conflit tout auréolée d'un prestige inouï. Elle a été, pendant l'Occupation, la marque de l'infamie, des mercantis, du marché noir. Mais aussi celle de la survie, sans doute même du bonheur. Et après 1944, quand les Français découvrent le *beef*, cette incroyable

---

50. Daniel FAUCHER, *La Vie rurale vue par un géographe*, Toulouse, Insti-tut de géographie, 1962.

abondance de bœuf *made in America* que transportent avec eux les soldats alliés, elle devient aussi le symbole de la liberté.

C'est dans ce contexte que naît, en 1946, l'Institut national de la recherche agronomique (Inra), qui devient immédiatement le cœur de l'industrialisation de l'agriculture. Mais il faut adjoindre à ces jeunes gens enthousiastes et sincères deux autres acteurs majeurs : les jeunes paysans d'un côté, et les responsables politiques de l'autre. Côté « jeunes paysans », une figure émerge entre toutes : celle de Michel Debatisse. Il n'a que 16 ans en 1945, mais il va s'imposer en quelques années comme le principal responsable de la Jeunesse agricole chrétienne, cette JAC qui réunira 50 000 personnes au Parc des Princes, à Paris, en 1950. Le parcours de Debatisse le mènera à la tête de la FNSEA, le grand syndicat agricole, entre 1966 et 1978.

La JAC est un vaste mouvement de transformation de la société, qui rassemble des paysans sortant de la guerre avec des envies de changement et de revanche sociale. Un mot d'ordre réunit cette jeunesse ardente : « Voir, juger, agir ». Elle se lie bientôt à un autre mouvement étonnant, né en 1944 – sous l'Occupation –, qu'on appelle les Centres d'études techniques agricoles (Ceta). Une sorte de coopérative intellectuelle, où l'on échange savoirs et pratiques. Son créateur est un singulier paysan qui vit à côté de Mantes (région parisienne). En février 1944, Bernard Poullain propose à des voisins et amis paysans une première réunion, précisant : « N'estimez-vous donc pas qu'il serait intéressant pour nous de procéder dès maintenant et avec nos seules connaissances personnelles à certains échanges de vues sur les questions agricoles les plus à l'ordre du jour, et pour cela de nous rencontrer à quelques-uns au cours de séances qui nous réuniraient périodiquement ? »

C'est l'amorce d'un profond changement. Deux fois par an, entre 100 et 150 personnes prennent l'habitude de se retrouver au premier étage d'un hôtel de Montfort-l'Amaury. On se parle, on s'interroge, on prend des notes. L'été, on visite ensemble les champs. Pierre Lefaucheux, patron des usines Renault, se joint à ces pionniers. Avant tout le monde, il a compris l'enjeu de la motorisation des campagnes. Derrière les voitures fabriquées à Billancourt, bien entendu, les tracteurs.

Côté politique, tous les courants de la Résistance, de la démocratie chrétienne au puissant parti communiste, rêvent chacun à sa manière d'un immense changement. Le grand quotidien *Combat*, celui de Camus, n'a-t-il pas pour devise : « De la résistance à la révolution » ? Immergées, comme l'ensemble de la société, dans l'idéologie du progrès, toutes ces tendances sont d'accord sur l'essentiel. L'avenir appartient à l'industrie, lourde et mécanique, ainsi que la preuve vient d'en être administrée par les armes. D'un côté, l'Union soviétique des hauts fourneaux, des fermes d'État – les sovkhozes – et des kolkhozes. De l'autre, le prodigieux développement du Middle West américain, par la grâce des tracteurs et des engrais.

C'est dans ce contexte d'unanimité nationale que naît donc, en 1946, l'Inra. Tout anachronisme serait absurde. L'Institut national de la recherche agronomique va bouleverser les structures de l'élevage au nom de la société, qui lui aura délégué à peu près tous les pouvoirs. Le grand problème des zootechniciens de l'Inra, en ces années-là, est celui de l'expérimentation. Le temps des grimoires d'avant-guerre est passé. Il s'agit de montrer sur des animaux qu'on peut beaucoup mieux faire qu'avant.

Le lieu fondateur de ces nouvelles pratiques s'appelle Bois-Corbon, un domaine public à l'abandon, proche de la forêt de Montmorency, en Île-de-France. Repéré par le vieux professeur Marcel Leroy, gloire de la zootechnie de l'avant-guerre, il sera vite investi, puis récupéré par une figure déjà montante de l'Inra, Raymond Février. Oui, celui de la fabuleuse émission télévisée de 1970 (voir le chapitre 2, page 41).

À Bois-Corbon, ouvert dès 1947, le travail se développe en toute tranquillité. Dans une frugalité qui confine à la misère. Les techniciens et chercheurs récurent eux-mêmes les fosses septiques, manient la fourche, soignent les bêtes. Parmi ces volontaires de l'an 1 de l'industrie de la viande, un certain Jacques Poly, futur grand responsable de la loi sur l'élevage de 1966. Tous ces jeunes passionnés vont commencer des recherches sans précédent sur le porc, aidés, influencés, inspirés même par le voyage en Amérique, auquel tous sacrifieront. Entre 1946 et la fin des années 50, l'Amérique est leur Mecque. Le pays des miracles. Un Lourdes d'outre-Atlantique.

Le modèle que découvrent les jeunes agronomes et zootechniciens français est impressionnant. L'agriculture américaine représente alors 45 % de la production mondiale de maïs. Et un quart de celle de blé, dont les deux tiers sont exportés. Dans le domaine de la viande, tout est neuf et rutilant. On pense là-bas, et l'on réalise déjà, le grand rêve des zootechniciens français du XIXe. Machine vivante, l'animal dit de rente crache du profit à mesure qu'on lui distribue des aliments concentrés et industriels.

L'éblouissement du voyage outre-Atlantique

Interrogé en 1996, Raymond Février raconte ainsi son voyage américain. Malgré les cinquante années qui ont passé, et qui ont certainement modifié le souvenir, cela reste très éclairant : « C'est alors que je suis désigné pour participer, pendant deux mois, à l'une des missions aux USA organisées dans le cadre du plan Marshall. Il s'agissait d'aller prendre des leçons de l'agriculture américaine, qui nourrissait largement alors les pays dévastés par la guerre. Notre groupe était conduit par Edmond Quittet, inspecteur général de l'agriculture, qui était l'animateur de la politique de l'élevage du ministère. Il comprenait des dirigeants d'organisations professionnelles, comme Henri Rouy, des directeurs de services agricoles, deux sénateurs, et mon ami P. Charlet, professeur à l'Agro et le meilleur zootechnicien en France. Les voyages étaient rares alors, surtout outre-Atlantique, et nous étions éblouis par cette désignation. Pendant deux mois, nous avons découvert ce pays, ses industries de la viande (Chicago !) et du lait, son élevage, l'état d'esprit des hommes. »

On retiendra le mot « éblouis », qui résume tout. À quoi il convient d'ajouter que ce voyage est financé par le plan Marshall d'aides américaines à l'Europe dévastée par la guerre. Il fallait exactement, comme le dit Février lui-même, « prendre des leçons ». Ultime précision, qui ne sera pas la moindre : la délégation est ce que nous appellerions aujourd'hui un lobby. Un lobby proche de la perfection, qui rassemble des politiques, des scientifiques, des responsables administratifs – des directeurs de services agricoles, qui deviendront des DDA (directeurs départementaux de l'agriculture) – et des industriels.

Le domaine de Bois-Corbon, pendant ce temps, devient une Amérique microscopique. Après quelques saisons de tâtonnements, Février part pour un voyage d'études au Danemark, pays phare de la recherche porcine appliquée. Écoutons : « J'y découvre l'intégration réussie entre l'enseignement, la recherche, l'élevage, la sélection et les abattoirs coopératifs. En particulier, je m'intéresse à l'organisation de la sélection, basée sur les stations de "progeny-test" et les abattoirs[51]. »

En deux mots, le « progeny-test » est une technique révolutionnaire qui permet de contrôler la descendance des verrats, puis de créer, à terme, des champions génétiques de la procréation. Nos zootechniciens ne parlent plus que d'une bible venue des États-Unis, *Animal Breeding Plans* (« Aperçus sur l'élevage des animaux »). Dans ce livre qui date de 1937, Jay Laurence Lush a ouvert la voie au neuf : oui, l'on peut changer l'élevage en sélectionnant de « bons » gènes qui, en se fixant de génération en génération, permettront d'obtenir des animaux plus prolifiques et plus productifs.

Par des schémas de sélection rigoureux, les zootechniciens de Bois-Corbon, installés ensuite à Jouy-en-Josas, transforment le cheptel porcin français. Même schéma au sujet des volailles. Dès 1930, aux États-Unis, les « sélectionneurs » locaux réussissent des prouesses techniques. En croisant des poules de la race Cornish, ils obtiennent des

---

51. In Archorales-Inra, cassettes DAT n° 61-1, 61-2 et 61-3, propos recueillis par D. Poupardin.

animaux qui poussent vite et bien. Bien mieux qu'avant. Mais ce succès est une petite catastrophe pour la France car, dans les années 1950, dans la foulée du plan Marshall, ce poulet nouvelle manière conquiert le marché hexagonal. Que faire ?

Les surprises de la poule naine

La France contre-attaque. En 1956, une coopérative d'éleveurs de poules ouvre au Magneraud, près de Surgères (Charente-Maritime), un élevage de sélection de poussins. En 1958, l'Inra le rachète et lui donne un considérable essor. Une fois encore, l'Amérique joue les premiers rôles. Dès 1949, le professeur de l'université Cornell Frederick B. Hutt a publié un livre étincelant sur la génétique des poules (*Genetics of the Fowl*). Hutt y décrit une mutation génétique qui réduit la taille des poules. Ce caractère de nanisme ne nuit ni à la fertilité des mères, ni à la viabilité des poussins. Il est en outre récessif : accouplées à des coqs de taille normale, les poules naines donnent naissance à une descendance de taille normale. Les mâles comme les femelles.

Sans intérêt ? Sûrement pas. En 1959, une poignée de poulets nains sont repérés par un technicien de l'Inra, à Jouy-en-Josas. Rapidement, le chercheur Philippe Mérat peut établir que ces animaux sont porteurs du même gène que les poules naines de Hutt. Leurs besoins alimentaires sont par définition réduits. Tel est le début d'une histoire qui fait le bonheur, aujourd'hui encore, des anciens de l'Inra.

L'expérience conduit à la « fabrication » d'une poule nommée Vedette. Mérat et un autre chercheur, Léon-Paul Cochez, obtiennent des poules dont les besoins alimentaires sont réduits de 25 % ! En les croisant ensuite avec des coqs ordinaires, ils obtiennent comme par enchantement des poulets normaux, comme il est expliqué en détail dans le chapitre 3. La Vedette « produira » en effet 4 % de poussins en plus par poule, pour un prix de revient abaissé de 15 % ! Cette Vedette est un miracle.

« Une foi quasi illimitée dans le progrès technique »

Des efforts similaires sont accomplis, à quelques années de distance, pour le canard, la dinde ou le dindon. Reste le cas emblématique de la vache. Bertrand Vissac, né en 1931 en Haute-Loire, fils de paysans pauvres, intègre la prestigieuse école d'agronomie parisienne, l'Agro. Et entre à l'Inra, où sa passion le mène tout droit à la sélection génétique des bovins. La génération des Vissac, comme il l'écrit lui-même dans un livre de référence sur le sujet, a « une foi quasi illimitée dans le progrès technique et ses bienfaits supposés au service de l'humanité[52] ». Au sortir de la guerre, une vache traite à la main donne en moyenne 2 000 litres par an, contre 8 000, parfois même 12 000 aujourd'hui[53]. On ne sait pas « améliorer » les « races ». On n'y pense d'ailleurs pas.

---

52. Bertrand VISSAC, *Les Vaches de la République*, *op. cit.*

53. Aujourd'hui, la production annuelle moyenne d'une vache atteint au moins 6 000 litres, mais certaines vaches Holstein parviennent à 12 000.

Mais Vissac est convaincu qu'il faut tout changer. L'offensive zootechnicienne aura recours à trois voies qui finissent par se rejoindre et se combiner. D'abord une amélioration de l'alimentation. Des « experts en nutrition » travaillent dès la Libération sur la qualité des fourrages et précisent la notion de « ration ». Ensuite, l'insémination. Les « physiologistes de la reproduction », concentrés à la Bergerie nationale de Rambouillet, créent en 1948 la première école d'insémination artificielle. Dès 1957, 62 centres existent, et près de 3 millions de vaches laitières sont inséminées. Dernier volet de la « modernisation » de l'élevage bovin : la génétique. Le centre de l'Inra de Jouy-en-Josas sera le sanctuaire de cette opération lourde, menée au départ par deux fortes personnalités : Jacques Poly et Paul Auriol. Les premières recherches portent sur des jumeaux bovins provenant du même œuf.

Résumons. La guerre est une forme atroce de renaissance. Dans les campagnes, de jeunes paysans modernistes poussent une à une toutes les portes. L'État, dans ses formes renouvelées, envoie des éclaireurs dans la même direction, dont l'Inra, qui vient de naître. Le plan Marshall apporte son lot de dollars et d'images irrésistibles d'une autre agriculture, basée sur la mécanisation et l'industrialisation.

Il faut ajouter quelques mots sur le vocabulaire, qui jouera un grand rôle dans les événements. Adopté en janvier 1947, le plan Monnet marque le début d'une idée nouvelle, du moins à ce niveau de conception : la productivité. À côté de Monnet, Robert Buron – ce démocrate-chrétien du MRP a été ministre dès 1949 – et surtout Jean Fourastié, vont faire vivre le plan, qui prévoit de parvenir à un parc de 200 000 tracteurs en 1950, contre 30 000 en 1945. En juin, le plan Marshall amplifie le mouvement en accordant des prêts à 3 % sur trente ans, destinés à la modernisation.

Fourastié, véritable croisé de la modernisation générale, formera avec quelques autres ce que Buron appellera le « bataillon sacré de la productivité », en référence explicite à la petite armée grecque de Thèbes créée par Gorgidas au IVe siècle avant J.-C. Relisons ce passage éclairant de l'un de ses articles, paru en 1953 : « La fortune du mot productivité vient de la conjonction de deux courants fondamentaux de pensée qu'il convient d'étudier si l'on veut éviter les confusions, les enfantillages et les erreurs. D'une part, la notion de productivité est issue de la réflexion et des recherches des ingénieurs ; d'autre part, elle est le fruit de la réflexion et des recherches des économistes et des sociologues. La rencontre de ces deux séries de travaux ne pouvait s'effectuer qu'en un carrefour de première grandeur ; la productivité est le Times Square ou mieux encore la place de la Concorde de l'immense dédale de rues et d'avenues constitué par les innombrables branches des sciences physiques et des sciences humaines[54]. »

Dès 1949, dans le droit fil de leurs efforts, des mesures nationales sont enfin prises pour organiser le marché de la viande. En décembre 1954, la création de la Société interprofessionnelle du bétail et des viandes (Sibev) parachève cette dernière entreprise. Le projet est d'ores et déjà dans les têtes de ceux qu'on n'appelle pas encore des technocrates. Il s'agit en réalité de faire du paysan en général – et de l'éleveur en particulier – un travailleur comme un autre, ou presque. En créant un tout nouveau métier intégré à l'économie

---

54. Bertrand Vissac, *Les Vaches de la République*, op. cit., p. 136.

générale, par lequel on produirait de la viande comme l'on monte une automobile. Le bouvier d'antan, la fermière aux poules du passé, baignant dans l'autarcie de toujours, sont priés d'accepter les lois du marché et de devenir des maillons dans une chaîne ininterrompue de production. Cette révolution rompt avec mille ans d'histoire, et bien davantage encore. On commence à parler de rentabilité du travail agricole, d'augmentation de la productivité des fermes, lesquelles ne savent guère ce que cela signifie.

Tout s'accélère, mais la Quatrième République, qui dure de 1946 à 1958, est un régime d'une grande faiblesse, incapable d'imposer des choix audacieux à une société qui s'interroge et parfois se cabre. Le puissant mouvement créé en 1953 par Pierre Poujade douche les ardeurs réformatrices. Réactionnaire, vite tenté par un rapprochement avec les groupuscules de la droite fasciste, il verse dans une inquiétante contestation tous azimuts du « système » et des hommes politiques en place. Les poujadistes, qui réunissent 200 000 personnes à Paris le 24 janvier 1955, tétanisent toute la classe politique, et vont même réussir une étonnante percée à l'Assemblée nationale. Au passage, les techniciens, ingénieurs et fonctionnaires d'un État honni par ces révoltés de la modernisation doivent faire le dos rond.

Une nouvelle génération piaffe déjà, qui attend de prendre la place de Fourastié et de ses amis. Les plus jeunes vont jouer un rôle décisif en France après le retour du général de Gaulle au pouvoir, en 1958. Ils s'appellent Jacques Chaban-Delmas, Edgar Faure et Albin Chalandon. Cette fois, les « technocrates » arrivent pour de bon. À l'extrême fin de la Quatrième République, les campagnes ont déjà changé, mais il reste beaucoup à faire du point de vue de la « grande mutation ». L'électricité est à peu près partout, mais 25 % seulement des fermes ont l'eau courante. En Bretagne, 45 % des maisons paysannes ont encore un sol de terre battue.

Il serait donc absurde de nier la nécessité du changement. La campagne française, en ce milieu de siècle, a bien entendu besoin de secouer le vieux carcan. De s'ébrouer. D'avancer. Les vieilles structures sont bel et bien oppressantes, et empêchent du même coup la moindre évolution. Or, sans mouvement, comment sauver cette paysannerie désormais menacée dans son existence sociale ? La vraie question est ailleurs : fallait-il industrialiser ce monde ancien ? On fait ici l'hypothèse que sans le régime fort né en mai 1958, sans la poigne bonapartiste de De Gaulle, l'industrie de la viande n'aurait jamais triomphé à ce point. On en reparlera plus loin.

CHAPITRE 10

Pollutions sans rivage
(épandage compris)

Tout le monde a entendu parler de la Bretagne, qui croule sous le lisier. Mais il y a beaucoup plus grave : l'élevage mondial émet plus de gaz à effet de serre que la totalité des transports humains, bagnole, bateaux et avions compris. Il ravage au passage tous les grands équilibres, de l'eau à la forêt tropicale, en passant par... les pâturages.

La situation est hors de contrôle, mais il ne faut pas le dire. Pour ce chapitre consacré aux conséquences écologiques de l'élevage industriel, point de synthèse mollassonne alignant des rangées de statistiques inutiles. Non, ce n'est pas le lieu. Il n'y a plus lieu. Le feu est au lac, et l'incendie est géant, planétaire.

Le bilan global est impossible à dresser, et l'on se concentrera sur trois aspects d'un problème bien plus vaste. Le premier, en France, montre comment les eaux d'une région comme la Bretagne sont devenues proches d'un empoisonnement de masse. Le deuxième, mondial, relie l'élevage et le grand désordre climatique en cours. Le troisième nous mènera sous les tropiques, où la déforestation fait rage. Pour faire place aux pâturages et aux plantes comme le soja, destiné à la nourriture animale des pays d'Occident.

Pour commencer, nul besoin d'aller bien loin. Prenons le train gare Montparnasse, à Paris. Deux heures suffisent pour rejoindre Rennes. Rennes, capitale et duché de Bretagne. Bretagne, capitale indiscutable du cochon et des nitrates.

Tout est fou. Cette région, choisie en 1965 par les technocrates d'Edgard Pisani pour devenir une « usine à viande », l'est devenue. Elle « produit » chaque année environ 14 millions de porcs (2006), 2 100 000 bovins (2006), près de 350 millions de volailles de chair (2005). Ce fut un choix, c'est désormais un délire.

Car un porc pollue autant, sur le plan organique, que 3 humains. Environ. En clair, il urine et défèque bien plus que l'un d'entre nous. Les chiffres sont simples : les Bretons étant environ 3,2 millions, les animaux polluent au total plusieurs dizaines de fois plus qu'eux. Incroyable ? Certes.

Le résultat se retrouve sans surprise dans les rivières, puis dans la mer, sous la forme de marées d'algues vertes que les humains, tels des Shadoks, héros foldingues des années 1960, pompent sans aucune cesse. Ou plutôt entassent dans des remorques tirées le long des plages par des tracteurs. Pourquoi ? Parce que le lisier du bétail breton – mélange d'excréments et d'eau – contient des centaines de milliers de tonnes d'azote. Sur le papier, c'est excellent pour doper la végétation, et donc les récoltes, car l'azote est vital dans le cycle des plantes. Mais lorsqu'on y ajoute les engrais azotés utilisés notamment pour le maïs, c'est la catastrophe. Un peu plus de 200 000 tonnes par an d'azote apportées par les déjections. Près de 300 000 tonnes par les engrais. Les sols sur lesquels on déverse ces quantités géantes ne peuvent évidemment pas les assimiler, et l'azote se balade ainsi, au fil de l'eau. Surtout au fil de l'eau, car il est soluble en elle. Un processus chimique simple le change en nitrates. Lesquels posent de sérieux problèmes de santé publique, et bien entendu de pollution.

L'usine à viande est d'abord une usine

Dans des conditions normales, qui ne se présentent plus guère, il n'y a pour ainsi dire pas de nitrates dans les eaux de rivière et de nappe. Surtout dans les nappes, où, en l'absence de contamination, la concentration oscille entre 0,1 et 1 milligramme par litre[55]. Or l'Union européenne impose une valeur guide à ne pas dépasser, idéalement, qui est de 25 milligrammes par litre. À 50, ce qui arrive désormais fréquemment, l'eau n'est plus légalement potable. En Bretagne, et en une moyenne annuelle qui cache bien des surprises, la concentration de nitrates dans l'eau est passée de presque rien en 1971 à 25 milligrammes en 1981, puis à près de 40 en 1996. Le dernier chiffre connu indique 30,6 milligrammes par litre, avec une tendance légère, mais nette, à la remontée, malgré des programmes publics très coûteux. Sous le nom aguichant de Bretagne Eau Pure, des centaines de millions d'euros ont été investis depuis 1994 en Bretagne. Tout le monde s'y est mis : l'Union européenne, l'État, l'Agence de l'eau, le conseil régional, les quatre conseils généraux. Quelle somme a été dépen-

---

55. www.cnrs.fr/cw/dossiers/doseau/decouv/degradation/07_pollution.htm

sée, au juste ? Personne ne peut le dire. Probablement entre 500 et 600 millions d'euros.

Comme nul ne sait bien comment habiller un tel fiasco, on en rajoute dans des formes extravagantes de présentation. Un document de la Direction régionale de l'environnement en Bretagne note par exemple que « 31 stations sur 50 suivies en 2007 respectent le bon état (< 50 mg/l) ». Ce qui, traduit en français, veut dire que 19 des 50 nappes souterraines d'eau en question ne sont déjà plus potables, et que les 31 autres sont dans un état de dégradation plus ou moins grave.

Ce que personne n'ose dire, ce que personne ne s'autorise peut-être à penser, c'est que l'agriculture bretonne est la victime d'un krach écologique. Les sols bretons ne peuvent pas porter ce maïs dévoreur d'eau et de pesticides destiné au bétail. Ils ne peuvent absorber les centaines de milliers de tonnes d'azote excédentaire. Il faut donc continuer jusqu'au bouquet final, car sinon les producteurs de porcs sortent la fourche, et surtout la pompe à lisier.

Depuis une directive – une loi ! – européenne de 1975, il est interdit d'utiliser une eau contenant plus de 50 milligrammes de nitrates par litre pour « fabriquer » de l'eau potable. Comme c'est une mission impossible en Bretagne, seule la ruse est de mise. Un jeu de cache-cache qui déshonore le ministère de l'Agriculture et même une certaine idée de l'Europe. La France avait jusqu'à 1987 pour rétablir la situation dans 33 rivières de Bretagne. Malgré des mesures acrobatiques, elle n'y est pas parvenue et, en 2001, la Cour de justice des communautés européennes l'a condamnée pour négligence.

Michel Barnier, un ministre qui ne tremble pas

Ce qui n'a rien changé. En 2002, la Cour des comptes a rendu public un rapport assassin. Il se concluait ainsi : « Alors qu'elles ont déjà entraîné des dépenses importantes, les actions menées en Bretagne n'ont pas encore prouvé leur efficacité. En effet, malgré quelque 310 millions d'euros engagés depuis 1993 au titre de la lutte contre la pollution de la ressource, la qualité des eaux ne témoigne d'aucune amélioration significative. Pour n'évoquer que les pollutions les plus critiques, il convient de noter que la teneur en nitrates des eaux brutes n'a pas diminué. On constate seulement sur certains points de prélèvement une stabilisation très récente des taux à des niveaux encore éloignés des valeurs-cibles posées par la réglementation[56]. »

Donc, l'aveu d'une haute institution de la République en 2002. En mars 2007, comme tout est pareil, la Commission européenne menace de saisir la Cour européenne de justice du cas de la France. Magnanime, elle accorde un sursis de trois mois pour que notre pays propose au moins des pistes de solution. Bernique ! Notre pauvre France envoie un texte si indigent qu'il est aussitôt retoqué à Bruxelles. Elle propose notamment de fermer quatre prises d'eau destinée au robinet, trop polluées, un peu comme si l'on cassait un thermomètre pour mieux oublier la fièvre du malade.

Du coup, la Commission se fâche et confirme la saisine de la Cour une seconde fois. Plus embêtant, elle envisage de demander à cette dernière d'infliger à la France une

---

56. http://www.brest-ouvert.net/article677.html

amende de 28 millions d'euros, assortie d'une astreinte de 117 882 euros pour chaque jour de retard pris sur nos engagements légaux. Nous sommes en septembre 2007, et au bord d'une grave crise entre Paris et Bruxelles.

Tout soudain, la menace disparaît. Michel Barnier, nouveau ministre de l'Agriculture, assure sans trembler que, cette fois, la France a un plan. Sérieux. Si sérieux que la Commission a décidé d'oublier au moins provisoirement la lourde sanction financière prévue. Un sursis de deux ans est accordé en échange d'une diminution du cheptel de 2 000 éleveurs et de la fermeture de quatre captages d'eau jugés irrécupérables. Rendez-vous est pris fin 2009 pour un bilan qui risque d'être pour le moins baroque.

Quel *deal* a-t-il été conclu entre la Commission et le ministre Barnier ? Le saurons-nous jamais ? Pendant que la France perd son temps et notre santé en ne respectant pas une directive de 1975, une deuxième échéance se rapproche à vive allure. En 2015, une autre directive européenne exige des États membres le « retour à un bon état écologique » des eaux superficielles. Un tel objectif, en l'état actuel de l'élevage industriel, ne peut être atteint.

Aucun gouvernement ne remettra en cause le « modèle breton », qui, de « miracle », est devenu « désastre » global. Malgré la diminution massive du nombre de paysans, le « monde agricole » reste une base sociale de la droite qui tétanise la gauche. Retrouvons-nous donc dans la grande fosse à purin. Qui contient aussi d'imposantes quantités de pesticides, d'antibiotiques, d'hormones et de médicaments vétérinaires. Qu'on retrouve fatalement dans l'eau que les (ir)responsables s'obstinent à présenter comme potable.

60 % des terres agricoles de la planète !

Au plan planétaire, par définition, les conséquences sont démultipliées. Le bilan est documenté depuis longtemps déjà, mais l'élevage est devenu une telle puissance que personne ne songe seulement à limiter son hyperdéveloppement. Regardons ensemble quelques exemples datant de septembre 1998, il y a à peine plus de dix ans. Cette année-là, la FAO se penche sur la question de l'élevage[57] : « Environ 60 % des terres agricoles du monde servent pour le pacage de quelque 360 millions de bovins et plus de 600 millions d'ovins et de caprins. Le pacage assure environ 10 % de la production mondiale de viande de bœuf et à peu près 30 % de celle de viande ovine et caprine. »

Vous avez bien lu : 60 % des terres agricoles du monde servaient donc au pacage en 1998. Avec quelles conséquences ? « Aujourd'hui, dit le rapport, une grande partie des pâturages du monde – en particulier dans les régions semi-arides et sub-humides – est menacée de dégradation. » Car, au risque de démoraliser un peu plus, il faut savoir qu'une surface en herbe est fragile. Le surpâturage – quand trop d'herbivores partagent le même espace – menace les prairies d'appauvrissement continu, voire de disparition pure et simple. Quant à la déforestation, elle est devenue un problème majeur : « Depuis 1950, quelque 2 millions de kilomètres carrés de forêt ombrophile et leur biodiversité ont été perdus, l'élevage en ranchs étant le principal coupable, en particulier en Amérique latine. »

---

57. Étude du service de la production animale du Département de l'agriculture (http://www.fao.org/ag/fr/magazine/9809/spot4.htm).

Tous ces phénomènes sont aggravés par un événement majeur entre tous, l'industrialisation de l'élevage : « Ce sous-secteur de la production se développe plus rapidement que tous les autres, assurant plus de la moitié de la production de viande de porc et de volaille du monde, un dixième de la viande de bœuf et de mouton et plus des deux tiers de la production d'œufs. Globalement, le pourcentage de viande produite industriellement a augmenté, passant de 37 % en 1991-93 à 43 % en 1996. » Pour le climat de la planète, tout cela est très mauvais : « Enfin, le bétail et les déchets de l'élevage émettent des gaz. Certains, comme l'ammoniac, restent localisés, mais d'autres, notamment le dioxyde de carbone, le méthane et les oxydes nitreux, affectent l'atmosphère de toute la planète en contribuant au réchauffement global. »

En bref, il faudrait agir, réagir, remuer les bureaucraties, à commencer par celle de la FAO, dont l'inertie est légendaire. En décembre 1998, deux mois après l'étude qu'on vient de citer, Brian Hursey et Jan Slingenbergh, du service de la santé animale de cette même agence, signent un retentissant article[58]. Ils posent la question qui fâche tout responsable public des pays du Nord, à commencer par le nôtre : « Dans le secteur de la production animale, nous observons une croissance et une intensification rapide de la production. Les systèmes de production animale concentrés et sans terres établis maintenant dans de nombreuses régions d'Europe de l'Ouest en sont de bons exemples. » Exemples de quoi ? Mais d'une terrible impasse : « On ne saurait en ignorer les coûts cachés. Ils vont des conséquences de la forte demande d'importation des pays en développement à la dégradation de l'environnement, aux

---

58. http://www.fao.org/ag/fr/magazine/9812int.htm

préoccupations au sujet du bien-être des animaux et aux nouvelles maladies qui peuvent affecter les hommes et les animaux. Ils soulèvent une question capitale : faut-il continuer à encourager globalement ce type de production animale ou bien chercher d'autres solutions ? » D'autres solutions ?

Au même moment – avant la fin de 1998, donc –, Henning Steinfeld, zootechnicien à la FAO, se penche sur les problèmes de l'élevage en Asie, où se concentrent des milliards d'humains. Il note par exemple : « On sélectionne de plus en plus les parties comestibles des animaux. Autrefois, on utilisait l'animal entier. Aujourd'hui, on consomme de préférence de la viande maigre ; et d'autres produits – comme les abats, le sang et les os – servent de plus en plus dans l'industrie, ou sont recyclés comme aliments pour animaux. Ainsi, on tend à remplacer les animaux à fins multiples par des animaux à fin unique, surtout dans le but d'obtenir des protéines animales. » L'entassement des populations, ajouté à l'entassement des animaux dans les élevages, ne peut que conduire à l'augmentation des épizooties et des zoonoses. Un mode de développement industriel « s'étend rapidement pour répondre à la demande urbaine, mais il est aussi sensible aux remous du marché : il crée peu d'emplois, présente de grands risques pour l'environnement car il tend à se concentrer dans des zones ayant un bon accès au marché, et il pose de nouveaux problèmes pour la santé des individus et des animaux. L'adoption des technologies a été rapide, induite par des intérêts commerciaux[59] ».

---

59. http://www.fao.org/ag/fr/magazine/9812sp1.htm

Le rapport explosif de 2006

En somme, tout est déjà dit par la FAO en 1998. On savait donc, mais qu'a-t-on fait ? Strictement rien. Rien. Tout au contraire, l'élevage industriel a partout marqué des points et augmenté son pouvoir de nuisance planétaire. Et ce n'est pas le grincheux de service qui le dit, mais... la FAO elle-même, dans un rapport daté de 2006 qui est tout simplement explosif. Tellement explosif, d'ailleurs, qu'il sera à peine évoqué dans notre pays d'agriculture industrielle, à une notable exception près, dont on parlera plus loin.

Ce rapport a d'emblée une étrange singularité : à notre connaissance, il n'est pas traduit en français. Faut-il y voir le résultat d'une simple surcharge de travail chez les centaines de traducteurs employés par la FAO ? On se permettra un doute. Des textes et communiqués abscons sont diffusés chaque jour d'un bout à l'autre de la terre par ce grand organisme, écrits dans des dizaines de langues comptant infiniment moins de locuteurs que la nôtre. Oui, pourquoi *Livestock's Long Shadow* n'est-il pas devenu un rapport appelé *L'Ombre allongée du bétail* ?

C'est dommage, car son contenu change en profondeur la perception de cette crise écologique dans laquelle nous sommes, *volens nolens*, tous plongés. Que dit le rapport ? D'abord que l'élevage émet davantage de gaz à effet de serre que tous les transports planétaires. Mais cela demande quelques précisions. Les vaches, cochons et volailles font mieux – donc pire – que les 4 × 4, les 38 tonnes, les bateaux aux rutilants moteurs Diesel, les avions, les Nissan, Renault, GM, Ford, Mercedes, et cetera. Si l'on additionne tout, ce qui est rarement fait, l'élevage est responsable de 18 % des émissions anthropiques – dues à l'homme – de gaz à effet de serre. Simplement colossal.

Détaillons. L'élevage envoie 9 % des émissions anthropiques de CO_2, le gaz carbonique. On oublie trop souvent qu'il n'y a pas *un*, mais *des* gaz à effet de serre. Le CO_2 en est un, mais d'autres ont un « pouvoir réchauffant global », ou PRG, bien plus grand. Ainsi l'élevage émet-il 37 % du méthane anthropique. Or ce gaz a un PRG 23 fois supérieur à celui du gaz carbonique. Une molécule de méthane réchauffe 23 fois plus l'atmosphère qu'une molécule de CO_2. Le méthane du bétail provient, rappelons-le, de la fermentation des aliments dans l'estomac des animaux ruminants. Les rots comme les pets en sont surchargés.

Autre gaz à effet de serre : le protoxyde d'azote, autrement nommé gaz hilarant. Mais ce n'est pas drôle. Son PRG est 296 fois plus élevé que celui du gaz carbonique. Et l'élevage, par ses lisiers et purins, relâche 65 % des émissions de protoxyde d'azote anthropique. Ajoutons à la liste l'ammoniac, qui n'est pas un gaz à effet de serre mais contribue gravement à la formation des pluies acides, et d'une façon générale à l'acidification des écosystèmes. Or l'élevage rejette 64 % de l'ammoniac anthropique.

Difficile d'en rajouter. Presque impossible, tant la crise climatique apparaît bien, jour après jour, comme la mère de toutes nos batailles humaines. 18 % des émissions liées aux activités humaines ! Davantage que tous les moyens de transport que nous utilisons ! Ce seul bilan suffirait à condamner l'élevage, du moins dans sa forme industrielle et concentrée. Et l'alimentation de basse qualité qui lui est associée. Mais il faut tout de même évoquer le reste, fût-ce rapidement.

De l'eau, des forêts, du désastre

Premier point, l'eau. Le rapport de la FAO estime que l'élevage représente 8 % des volumes d'eau utilisés par l'homme, un chiffre qui d'ailleurs explose. Mais cet exemple pourtant parlant ne rend pas compte des pollutions inouïes générées par le bétail. Les rivières et nappes – nous l'avons vu pour la Bretagne, qui n'est qu'un monde en miniature –, les lacs – gagnés par le phénomène dit d'eutrophisation –, les zones côtières dites mortes, les récifs de corail sont tous des victimes directes de l'élevage.

Faut-il rappeler que le corps des animaux contient entre 60 et 70 % d'eau ? Une eau qui disparaît sans cesse sous la forme de transpiration, de respiration, de défécation et d'urine ? Et qui, du même coup, échappe à des usages vitaux pour l'homme ? Faut-il rappeler que les productions végétales destinées au bétail réclament de telles quantités d'eau que tout ce qui précède en devient presque dérisoire ? Voyez ce chiffre, si abstrait qu'il ne signifie plus rien. L'élevage à lui seul consommerait 45 % de toute l'eau destinée à la production d'aliments. S'il faut 25 litres d'eau pour produire 100 grammes de blé, il en faut, selon les estimations, entre 15 000 et 25 000 pour obtenir 100 grammes de bœuf[60]. Entre 500 et 1 000 fois plus !

Retenons l'estimation basse. Water Footprint, une ONG spécialisée qui dépend de l'université de Twente, aux Pays-Bas, et de l'institut Unesco-IHE, estime qu'un kilo de bœuf

---

60. Tim LANG et Erik MILLSTONE, *Atlas de l'alimentation dans le monde*, Autrement, 2002.

« coûte » 15 500 litres d'eau à l'humanité. Par quel prodige ? C'est hélas très simple. Avant qu'un bœuf n'atteigne l'âge adulte – 3 ans –, il aura consommé quantité de tonnes de céréales, d'herbe ou de foin. Mais pour obtenir ces produits végétaux, il faut nécessairement utiliser des millions de litres d'eau. À quoi il faut ajouter ce que le bœuf boit et l'eau nécessaire à son entretien quotidien. Un bœuf « dépense » ainsi en moyenne 110 litres d'eau chaque jour de sa vie. Et un porc 70 litres.

Est-ce tenable ? Non. Toutes les projections indiquent qu'en 2025, dans une quinzaine d'années, 64 % des hommes vivront dans des zones que les spécialistes appellent de « stress hydrique », où la ressource en eau sera de plus en plus rare. Et parfois insuffisante. Mais on la pollue, mais on la gaspille, mais on la profane néanmoins. L'un des plus grands conflits planétaires à venir opposera les hommes et les animaux d'élevage autour de cette ressource vitale qu'est l'eau. Nul n'ose seulement évoquer ce qui n'est pas un problème, mais une fatalité.

Deuxième point, la biodiversité. Cette tarte à la crème est servie du haut des tribunes chaque semaine ou presque. Mais, comme on sait, la main gauche ignore ce que fait la main droite. Une partie du cerveau ignore tout de ce que l'autre concocte. Tout de même, on touche aux limites de la schizophrénie. La FAO reconnaît qu'il est impossible de calculer le poids vrai de l'élevage dans l'effondrement de la biodiversité. Ce doit être trop important, car le bétail représente à peu près 20 % de la totalité de la biomasse des animaux terrestres.

À nouveau, cela ne parle guère. Et pourtant ! Cette biomasse, c'est l'ensemble des animaux peuplant la terre. Pas seulement les éléphants, les ours ou les gnous. Aussi les insectes, les reptiles, les bactéries. Tout. Et le bétail a donc atteint 20 % de cet ensemble gigantesque. Au détriment des autres espèces, évidemment. Non seulement l'espace n'est pas extensible, mais les vastes zones de pâturages, sauf cas très limités, ne peuvent servir à la fois aux bœufs et aux antilopes. Il y a concurrence, mais au détriment constant des espèces sauvages, qui n'ont pas le douteux avantage d'être protégées par les hommes.

Au-delà, lorsqu'on transforme en pâture une fraction de forêt tropicale ou de savane aussi riche, sur le plan biologique, que le cerrado brésilien, on détruit du même coup une diversité biologique inouïe, qui ne reviendra jamais. Selon les estimations officielles (Union internationale pour la conservation de la nature – UICN), 16 000 espèces sont menacées d'extinction. Surtout chez les amphibiens, les mammifères, les oiseaux. Il est vrai qu'on en sait bien moins sur les invertébrés. Quoi qu'il en soit, la fragmentation de l'habitat affecte 85 % des espèces menacées. Et l'élevage est l'une des clés de ce phénomène, qui coupe en deux des territoires favorables et modifie drastiquement leurs caractéristiques biologiques. Exemple entre mille, la FAO estime que l'agriculture – et principalement l'élevage – joue un rôle primordial dans les menaces pesant sur les oiseaux. La moitié des espèces menacées seraient affectées par les modifications induites par elle.

Évidemment, la déforestation massive est la conséquence la plus visible, au sens premier, du développement de l'élevage industriel. C'est dans le bassin amazonien que les choses sont allées le plus loin, et c'est là qu'elles sont le mieux documentées. Le schéma est d'un classicisme confondant.

Un, on construit une route ou un accès, au nom du développement. Deux, des travailleurs descendent des camions des *rancheiros*. Trois, ils défrichent un coin de forêt. Quatre, les bovins se répandent sur ces fragiles prairies, dont le sol, peu épais, s'épuise vite. Cinq, la parcelle est abandonnée et de nouveaux territoires sont défrichés.

La grande forêt et la patte du bœuf

Combien d'hectares ? La FAO estime que 70 % des zones jadis boisées du bassin amazonien sont aujourd'hui vouées au bétail. Une partie du reste également, sous la forme de plantations géantes de soja destiné aux animaux des pays du Nord. Les États brésiliens du Mato Grosso, du Pará et du Rondônia sont en première ligne d'un front qu'on peut sconsidérer comme militaire. Des troupes de bovins ne cessent en effet d'avancer, et d'acculer une forêt qu'on présente pourtant comme essentielle à la planète entière. En 1940, ils n'étaient « que » 34 millions. Le vrai déclenchement date de 1965, quand les militaires au pouvoir décident de « *colonizar a Amazônia pela pata do boi* », c'est-à-dire de conquérir la grande forêt « par la patte du bœuf ». En 1970, le président Emilio Garrastazu Médici inaugure un premier tronçon de l'autoroute transamazonienne, qui doit relier, sur 5 600 km à travers la forêt, la côte atlantique et la frontière avec la Bolivie. Il a ce mot imbécile, fait pour les livres imbéciles : l'autoroute ouvrira « des terres sans hommes pour des hommes sans terre ». Les hommes de la dictature répètent à tous les journalistes de passage : « C'est notre voyage sur la Lune. »

En cette même année 1970, les bovins sont 78 millions. Ils seront 118 millions en 1980, 153 millions en 1996, 183 millions en 2006. Ou peut-être 206 millions, selon la Pesquisa Pecuária Municipal (Instituto Brasileiro de Geografia e Estatística). Cela ne change pas grand-chose à la folie globale de cette multiplication des vaches. Si l'on y ajoute la culture du soja, exporté comme aliment du bétail, les deux phénomènes ont probablement entraîné le déboisement de 80 millions d'hectares de forêt tropicale pour le seul Brésil. Mais ce n'est pas fini.

Dans ces conditions, un bilan général est vite fait. Un rapport publié fin janvier 2009[61] estime que 80 % du déboisement de l'Amazonie serait provoqué par l'augmentation du nombre de bovins. Le gouvernement de M. Lula, qui est déjà le premier exportateur de viande de bœuf dans le monde, entend satisfaire 60 % du marché mondial en 2018. Soit le double de sa part actuelle. Encore un effort !

Problème, tout petit problème qui referme le cercle vicieux : le Brésil, qui ne s'en vante pas, est devenu le quatrième plus gros émetteur de gaz à effet de serre du monde. Par la « grâce » de cette forêt et sans que ces chiffres tiennent comptent des émissions du bétail ! Par la « grâce » de cette forêt qui brûle par millions d'hectares. La déforestation serait responsable de 75 % des émissions de gaz du pays, ce qui est d'une imparable logique, car 20 % des émissions mondiales proviennent de la déforestation. Les forêts et les sols forestiers sont gorgés d'un carbone qui reste stocké tant que les forêts se renouvellent. Quand on les brûle, le carbone se change en gaz carbonique et rejoint l'atmosphère.

---

61. *Amazon Cattle Footprint*, Greenpeace, 2009.

En somme, le bovin est l'ennemi de la forêt, du climat et donc de l'homme. Mais il rapporte des fortunes.

C'est pas moi, c'est ma sœur

Terminons par une série cohérente d'études. La première, japonaise[62], a étudié le cycle de vie d'un bovin jusqu'à l'âge de 20 mois. À l'issue de cette période, il aura émis près de 6 tonnes d'équivalent de gaz carbonique dans l'atmosphère. Plus parlant encore : la production d'un kilo de bœuf émet autant de gaz à effet de serre que le fait de rouler trois heures en voiture tout en ayant laissé toutes les lumières allumées chez soi.

Deuxième étude, publiée par le journal scientifique *The Lancet* en octobre 2007. La consommation moyenne quotidienne de viande, qui cache une disparité de un à dix entre le Nord et le Sud, est de 100 grammes. Compte tenu de l'augmentation prévisible de la population, l'étude propose de fixer un objectif réaliste : descendre à 90 grammes par jour. Ce qui impliquerait, pour les pays riches, une division par deux de la consommation actuelle. Pour les auteurs de ce travail, une réduction est la seule solution pour *ne pas* aggraver, du moins par l'élevage, la crise climatique.

Troisième étude, menée par la sérieuse association de consommateurs allemande Foodwatch en août 2008. Parmi ses conclusions sur les liens étroits entre consommation de viande et effet de serre, une surprise : l'élevage bio, bien

---

62. *Evaluating Environmental Impacts of the Japanese Beef Cow-Calf System by the Life Cycle Assessment Method*, National Institute of Livestock and Grassland Science, Tsukuba.

qu'émettant moins de gaz à effet de serre, joue néanmoins, par tête de bétail, un rôle qui est loin d'être négligeable. Pour le reste, la confirmation est éclatante. Le régime alimentaire est une arme de destruction massive. On peut traduire cela en nombre de kilomètres parcourus par une voiture au long d'une année : un homme se passant de lait et de viande ne parcourt que 281 km s'il consomme des produits bio pour le reste. Mais l'omnivore – le consommateur lambda de nos sociétés – « roule » l'équivalent de 4 758 km. 20 fois plus !

Enfin, une mention pour le président du Groupe d'experts intergouvernemental sur l'évolution du climat (Giec) et prix Nobel de la paix, l'Indien Rajendra Pachauri. En visite à Paris en janvier 2008, il appelle le monde entier à manger moins de viande pour lutter contre le dérèglement climatique. En septembre de la même année, à Londres, il se fait plus précis, déclarant : « Une journée sans viande par semaine peut aider à lutter contre le changement climatique. »

Est-ce assez clair ? Il faut y ajouter, en regard, les pauvres réponses de ceux qui, en France, sont payés pour défendre la consommation de viande. Par exemple, le Centre d'information des viandes (CIV), cœur du lobby de cette industrie. Réagissant à l'étude du *Lancet* citée un peu plus haut, le CIV publie presque aussitôt un communiqué du plus bel effet : « Il paraît important de resituer cette information générale dans le contexte de la France, au regard des nombreuses publications sur les niveaux de consommation de viande et leurs supposées conséquences en matière environnementale. […] Par ailleurs, la mise en accusation de l'élevage sur le plan mondial, plus particulièrement de l'élevage bovin et du rôle qu'il pourrait jouer dans la dégradation de l'environnement, ne reflète en aucune manière la réalité des systèmes de production bovins et ovins sur le territoire français. [...] Contrairement à ce qui peut s'écrire à propos de la situation au Brésil, l'élevage bovin français n'intervient en aucun cas dans la réduction des surfaces forestières, puisqu'elles ont augmenté d'environ 30 000 ha par an durant la période de 1998 à 2004. »

C'est bien, parce que c'est crédible. C'est pas moi, c'est l'autre. La France n'est pas le monde. Les forêts brésiliennes ne souffrent pas. Notre élevage ne serait pas devenu une pièce dans l'ensemble mondialisé de l'agriculture industrielle. C'est crédible, pas de doute.

Du côté de l'Institut de l'élevage, organisme parapublic au service de l'industrie de la viande, même son de cloche. Ô surprise ! Le 9 mai 2008, le CIV – comme les relations sont fluides entre les deux ! – s'entretient avec un responsable de l'Institut de l'élevage, André Pflimlin. Le texte s'emboîte parfaitement dans la stratégie des industriels. La viande ne serait pas une affaire mondiale, nos sociétés françaises ne seraient pas au cœur de la mêlée, il ne faudrait surtout pas croire le désastreux rapport de la FAO cité plus haut, *Livestock's Long Shadow*. Pourquoi ? *Bis repetita*. Le « diagnostic n'est pas [...] transposable tel quel à l'Europe ». Quelques pirouettes plus loin, on apprend non sans étonnement que « les éleveurs de bovins européens peuvent se passer du soja brésilien ». Tout va donc bien chez nous ? Sûr. « L'Europe a mis en place une réglementation sur la qualité de l'eau qui est en cours d'application et qui limite fortement les risques de pollution mais représente aussi un surcoût pour les éleveurs. »

Ne jamais oublier les éleveurs. Meure la planète, mais ne jamais oublier les éleveurs.

CHAPITRE 11

Et si ça fichait le cancer ?

Peut-on manger de la viande en toute tranquillité ? Ne risque-t-on pas d'attraper au passage toutes sortes de cochonneries, dont ce si vilain cancer ? Curieusement, il n'y a pas de vrai suspense : la réponse est oui. Oui, il faut faire attention. Oui, cela peut devenir dangereux. Et voici pourquoi.

Sommes-nous protégés ? Les effets de la viande sur notre santé sont-ils bien évalués ? Aux États-Unis, on ne s'embête pas pour si peu de chose. On a le droit d'être industriel du porc ou du bœuf, puis des faire de la politique, et retour. Voyons de plus près le sanguinolent exemple de deux secrétaires d'État à l'Agriculture – des ministres – sous la direction avisée de Ronald Reagan. Nous sommes en 1981, et l'ancien acteur, qui vient d'être élu, nomme son ministre des Affaires agricoles, John R. Block. Au cours de l'audition publique précédant sa prise de fonctions, cet éleveur industriel de porcs de l'Illinois déclare sans manières : « Je ne suis pas sûr que le gouvernement doive dire aux gens ce qu'ils doivent ou non manger. »

Et pour mieux se faire comprendre, il supprime l'une des agences du ministère chargées de la santé, le Human

Nutrition Center. Après son départ en 1986, il continuera son bonhomme de chemin, devenant président du Food Marketing Institute – est-il besoin de traduire ? – et conseiller avisé, pour cause, d'une coalition de porchers américains, la Pork Trade Action Coalition (PTAC), dont la fière devise est : « *Don't tax our pigs !* »

Lee Harding, colosse à terre

En 1986, Ronald Reagan, dont il n'a échappé à personne qu'il a le même prénom que la mascotte de McDo, embauche un nouveau ministre : Richard Lyng. Pas tout à fait nouveau, car Lyng a été sous-secrétaire d'État, sous les ordres de Block, entre 1981 et 1986. Et, avant cela, un gros paysan industriel comme les aime tant l'Amérique. Mais pas seulement : de 1973 à 1979, Lyng a aussi été président de l'Institut américain de la viande, le plus grand lobby de la bidoche outre-Atlantique.

Reposons la question de départ, en la modifiant un peu : les Américains sont-ils bien protégés contre d'éventuels effets de la consommation de viande ? Ce n'est pas si sûr. Ouvrons une étude parue aux États-Unis en 1996, publiée par cet USDA (United States Department of Agriculture, soit le ministère de l'Agriculture) qu'ont dirigé Block et Lyng[63]. Aïe, aïe, aïe ! La dérégulation chère au cœur des ultra-libéraux ne semble pas avoir réglé tous les problèmes. Sur 600 échantillons de viande de bœuf analysés selon une

---

63. *Nationwide Federal Plant Raw Ground Beef Microbiological Survey*, USDA, 1996.

méthodologie fiable, 7,5 % contenaient des *Salmonella*, 11,7 % des *Listeria monocytogenes*, 30 % des *Staphylococcus aureus* et 53,3 % des *Clostridium perfringens*. Tous ces microbes sont pathogènes chez l'homme et certains sont responsables d'empoisonnements mortels. Cette même étude montre que 78,6 % des échantillons sont souillés par des microbes du type *Escherichia coli* du biotype 1, qu'on trouve dans les excréments.

C'est bien là que l'histoire bascule. Point de départ : Lee Harding. L'homme est un colosse de 1,85 m pour 100 kilos, et, en ce 11 juillet 1997, quand il est pris de crampes abdominales, il ne s'affole pas. Il a tort. Atteint de diarrhées sanglantes, il pense qu'il va mourir et passe plusieurs journées d'enfer. On résume : des analyses montrent la présence dans ses selles d'une bactérie affreuse, *Escherichia coli* O157:H7. En 1982, à la suite de deux épidémies de colite hémorragique aux États-Unis (dans l'Oregon puis dans le Michigan), les services sanitaires avaient trouvé le responsable : des hamburgers insuffisamment cuits vendus dans un fast-food. Par la suite, une souche d'*Escherichia coli* d'un nouveau type, le O157:H7, avait été isolée. Lee Harding a été frappé par cette bactérie singulière. La piste mène à l'usine de Colombus de l'entreprise Hudson Foods, qui prend peur et rappelle la bagatelle de 11 300 tonnes de bœuf.

La vérité commande de dire que l'événement est banal. Car, selon des estimations officielles rapportées par le journaliste américain Eric Schlosser dans un best-seller[64], 200 000 Américains sont chaque jour contaminés par des bac-

---

64. Eric SCHLOSSER, *Fast Food Nation. The Dark Side of the All-American Meal*, Perennial, 2002.

téries présentes dans la nourriture. Par jour ! En un an, plus d'un quart de la population souffre d'une intoxication alimentaire. Chaque jour, 900 personnes sont hospitalisées et 14 meurent. Chaque jour !

Toutes les bactéries ne viennent pas de la viande. Et toute la viande ne sert pas à fabriquer des hamburgers. Mais au pays de McDo et de Burger King, il vaut mieux réfléchir à deux fois avant de s'arrêter devant une grande enseigne de restauration rapide. En 1993, 700 personnes qui avaient consommé des hamburgers Jack in the box ont été contaminées par *Escherichia coli* O157:H7, et 4 en sont mortes.

L'étonnant est peut-être qu'il n'y en ait pas davantage. Jusqu'en 1997, en effet, 75 % du bétail américain mangeait des déchets ovins et bovins, et des millions de chats et de chiens achetés à bas prix faisaient aussi partie de la diète d'animaux herbivores. Une étude datant de 1994[65] rapporte que les éleveurs de l'Arkansas récupéraient 1 000 tonnes par an de litière et de déjections de poulaillers industriels pour en nourrir ensuite le bétail. Oui, les consommateurs s'en sortent bien. Car en réalité, et compte tenu des modes de fabrication, un hamburger contient de la viande provenant de dizaines, voire de centaines d'animaux.

Et la France, dans tout ça ?

Recommençons comme si de rien n'était : sommes-nous bien protégés ? En France, cela va de soi ! Lors du plan de

---

65. « Animal Waste Used as Livestock Feed : Dangers to Human Health », *Preventive Medicine*, vol. 26, n° 5, septembre 1997.

surveillance 2006, 796 prélèvements ont été réalisés sur l'ensemble du territoire pour traquer *Escherichia coli* O157:H7. Et on n'a rien trouvé. Sur des millions de morceaux de viande. 796 prélèvements. On peut donc être soulagé d'un fardeau : la bactérie n'existant pas, elle ne peut tuer personne chez nous. Oui, c'est vrai, cela peut aussi faire penser au nuage de Tchernobyl, qui avait eu le bon goût de s'arrêter à la frontière allemande. Disons que nos bovins tricolores ne mangent pas de ce pain-là, et passons.

Passons, mais non sans avoir salué comme il se doit Henri Nallet, ci-devant ministre de l'Agriculture de France – de 1985 à 1986, puis de 1988 à 1990 – après avoir été en 1981 conseiller du président Mitterrand pour les questions agricoles. Pourquoi diable parler de lui ? Mais parce qu'il connaît admirablement le dossier, voilà tout ! Nallet a été membre du grand syndicat paysan, la FNSEA, dès les années 1960, puis chargé de mission du même entre 1966 et 1970, ce qui tisse des liens.

Cet excellent homme n'a pas tout perdu en passant par la FNSEA. Le lobby, ma foi, il connaît. En 2000, Jacques Servier, patron d'un laboratoire pharmaceutique qui porte son nom, le recrute pour l'aider à favoriser les autorisations de mise sur le marché (AMM) des médicaments. Servier est proche de la droite dure, mais cela n'indispose pas le moins du monde Nallet, qui met son carnet d'adresses au service de l'industriel.

L'industrie pharmaceutique est au service des malades, non ? Voyons quand même le cas de la transnationale Pfizer, leader mondial de la pharmacie. Fondé en 1851 aux États-Unis, le groupe s'est étendu au reste du monde après 1950 et compte aux alentours de 100 000 salariés. Avant la crise boursière commencée à l'automne 2008, sa capitalisation frôlait les 220 milliards de dollars américains. Même le monde des animaux n'est pas inconnu du grand philanthrope. Pfizer est également numéro un mondial du médicament vétérinaire. Une bonne adresse.

Chez nous, Pfizer Santé animale[66] s'installe en 1954, et propose aux vétérinaires dès 1957 un formidable antibiotique, la terramycine. Une usine est ouverte à Amboise (Indre-et-Loire). Dans la foulée, une gamme antihelminthique – vermifuge – destinée aux bovins, ovins, caprins et porcins est lancée. Viennent ensuite Mécadox, facteur de croissance du porc, l'antibiothérapie Longue Action, pour traiter en une seule injection les porcs et les bovins, le diffuseur Paratect, contre les parasites, Dectomax, un endectocide – autre antiparasitaire – de deuxième génération… D'autres produits se répandent un à un : Rispoval 3, Orbeseal, Draxxin, Pregsure BVD, Rimadyl Bovins, Rispoval Intranasal, Naxcel, Stellamune mono-injection…

Bref, les animaux sont en de bonnes mains. Pfizer les aime presque autant que les humains. Mais, le 14 mars 2009, un événement inouï se produit aux États-Unis, la mère patrie de Pfizer. Mme Jane Albert, porte-parole du Baystate Medical Center de Springfield, dévoile une fraude géante dans les travaux d'un des plus célèbres anesthésistes du pays, Scott Reuben.

Scott Reuben l'inimitable

Reuben ! Celui qui a écrit des dizaines d'articles sur l'analgésie dite « multimodale », pour soigner les douleurs postopératoires. L'habitué des revues médicales les plus presti-

---

66. www.pfizer-sante-animale.fr

gieuses, comme *Journal of Clinical Anesthesia, Anesthesiology, Anesthesia and Analgesia*, toutes dotées de comités de lecture rigoureux !

Aussitôt appelé « le Madoff de la recherche médicale », Reuben trafique depuis de longues années. Ses études sont bidonnées, ses essais inventés, ses malades n'ont pas existé. Mais il était le roi, et comme tel choyé par tous. Depuis qu'il est à terre, les langues se délient, et l'un de ses collègues s'étonne aujourd'hui, mais un peu tard, que Reuben, en quinze ans de « travaux » sur la douleur, n'ait jamais obtenu que des résultats positifs.

Bon, un truand. Et alors ? Et alors Pfizer. Cette noble entreprise a été le principal sponsor des « études » Reuben depuis 2002 et l'a payé, car il passe bien à la télé, pour vanter en public la qualité de médicaments Pfizer provenant directement des « recherches » Reuben. Bien entendu, on peut toujours croire que la bonne foi de Pfizer a été prise en défaut. Mais pas si vite. En 2004 déjà, la transnationale a été condamnée à payer 430 millions de dollars pour la promotion de la gabapentine. Ce médicament, destiné à soigner l'épilepsie, était au passage commercialisé, sans indications étayées, pour la douleur, les troubles psychiatriques, la migraine. Ce qui peut rapporter très gros.

Par ailleurs, dans un article publié en septembre 2008 dans la revue JAMA[67], Marcia Angell, professeure à Harvard, décrit un système devenu incontrôlable. Incontrôlable par nous. Voici le début de ce texte éclairant : « Au cours des deux dernières décennies, l'industrie pharmaceutique a

---

67. Marcia ANGELL, « Industry-Sponsored Clinical Research : A Broken System », JAMA, 2008, n° 300, p. 1069-1071.

acquis un contrôle sans précédent sur l'évaluation de ses propres produits. Les firmes pharmaceutiques financent désormais la plupart des recherches cliniques sur les médicaments d'ordonnance. Et les preuves qui s'accumulent indiquent qu'elles falsifient fréquemment la recherche qu'elles sponsorisent. »

Ce n'est déjà pas mal. Voici la suite : « Compte tenu des conflits d'intérêts qui imprègnent la démarche de recherche clinique, il n'est pas surprenant d'apprendre qu'il existe des preuves solides du fait que les résultats de la recherche sponsorisée par les firmes sont favorables aux médicaments des commanditaires. Cela s'explique d'une part par la non-publication des résultats défavorables, et d'autre part par le fait que les résultats favorables font l'objet de publications répétées, sous forme à peine différente. Sans parler de la réécriture, qui fait paraître sous un jour favorable même des résultats négatifs de la recherche sur un médicament. »

Jean-Marie Bourre, l'ami des charcutiers

Voilà le contexte. Revenant à nos moutons et à nos cochons, on commencera par un propos instructif des cardiologues Michel de Lorgeril et Patricia Salen, du CNRS. Leur réputation est grande dans la profession, et en cette fin 2006 ils sont très en colère. Leur courroux porte un nom : Jean-Marie Bourre, qui a obtenu en août un grand entretien dans *Le Monde 2*. Comme ce cas sera largement traité ailleurs (voir le chapitre 14, page 266), nous n'y insistons guère. Bourre, sans le dire bien sûr, est président du Centre d'information sur les charcuteries (CIC), membre du Comité scientifique du pain, président du Comité scientifique de l'huître, président du comité scientifique du Comité national pour la promotion de l'œuf, entre autres. Et il dit dans l'article tout le bien qu'il faut penser de ces goûteux aliments. Notamment les charcuteries. Parce que c'est bon pour la santé, dont celle du cerveau. Évidemment.

Seuls des grincheux oseront protester, et ils seront rares. Parmi eux, donc, Michel de Lorgeril et Patricia Salen. Que déclarent-ils sur le site LaNutrition.fr ? Des choses affreuses sur le bon docteur Bourre : « On ne peut qu'être surpris par l'arrogance des propos et le caractère insultant des admonestations de notre confrère ! En faisant court et simple : les nutritionnistes quand ils sont prudents sont des "terroristes" et les végétariens sont tous des "crétins". » Hum… Terrible, non ? Il y a pire, que voici : « Mais monsieur Bourre n'est pas dangereux seulement de façon primaire (en risquant de conduire certains patients à revenir à des pratiques nutritionnelles dont on connaît la dangerosité), il l'est aussi parce qu'en allant totalement à l'encontre des recommandations prudentes de nombreux praticiens, et avec une casquette de scientifique, il accrédite l'idée déjà trop répandue que médecins et scientifiques racontent n'importe quoi à propos d'une nutrition qui protège la santé et passent leur temps à se contredire. Toute la profession est ainsi discréditée et amalgamée à de nauséabonds *conflits d'intérêts* ! »

Après cette terrible accusation, clap. Non de fin de partie, mais de scène. On a compris qu'il existait différents points de vue sur l'indépendance des chercheurs et l'honnêteté des laboratoires et institutions qui les paient. Ce n'est pas indifférent quand il s'agit de se pencher sur les liens entre consommation de viande et santé humaine.

Mais avant tout, et pour éviter des critiques sans objet, passons directement à l'aveu. Il n'y a pas de preuve. Non, il n'existe aucune preuve absolue des liens de cause à effet entre consommation de viande et maladie. Tout simplement parce que ce genre de prouesse technique n'appartient pas à l'univers de la médecine nutritionnelle. Les lobbies jouent donc sur du velours. Eux se moquent bien de science : il leur suffit de jeter le trouble, et de gagner du temps.

Il s'agit d'une astuce bien connue, déjà à l'œuvre dans l'affaire de l'amiante. En dehors du mésothéliome, cancer de la plèvre et marqueur certain de la fibre cancérigène, tout reste sujet à discussion. Et à contestation. On sait que des milliers de personnes meurent chaque année en France des suites d'une exposition à l'amiante, mais des centaines de procès sont en cours où les avocats patronaux contestent et ratiocinent. Tel ouvrier ne fumait-il pas ? Tel autre ne levait-il pas le coude ? Après des combats homériques – homériques, oui –, notre République a accepté ce qu'on appelle la « présomption d'imputabilité ». Ce n'est pas à la victime de faire la preuve que l'amiante a provoqué chez elle asbestose ou cancer broncho-pulmonaire. C'est à la partie adverse – essentiellement le patron – de démontrer que travailler au contact de l'amiante *n'a pas* causé la maladie.

Il ne faut pas oublier, pas même une seconde, qu'il n'a jamais été totalement prouvé que la fumée des cigarettes provoque le cancer du poumon. Mais la multitude d'études répétées se validant les unes les autres autorise depuis des décennies à considérer le tabac comme un *serial killer*. À juste titre, bien entendu.

Des études par centaines

Concernant la viande, les études sont nombreuses et concordantes, mais il est clair que les esprits ne sont pas tout à fait mûrs pour l'entendre. Toutes choses égales par ailleurs, on a le sentiment d'être à la fin des années 1960 face au tabac. Quand coexistaient le cow-boy Marlboro et les premiers cris d'alerte organisés. Ce n'est pas une raison pour rester les bras croisés. Voyons de plus près quelques données, parmi des centaines à notre disposition. Toutes les maladies ne sont pas évoquées, pour des raisons évidentes de place disponible.

L'INFARCTUS ET LES MALADIES CARDIO-VASCULAIRES

Un nombre impressionnant d'études lie la consommation de viande à des risques accrus d'infarctus du myocarde ou de maladies cardio-vasculaires. Citons par exemple l'étude de Kontogianni, menée en Grèce sur 848 patients hospitalisés à la suite d'un infarctus[68]. Appelée Cardio2000, elle établit que la consommation de viande rouge est fortement corrélée avec 52 % du risque de syndrome coronarien aigu (SCA). Fort logiquement, la Fédération française de cardiologie (FFC) recommande d'ailleurs, après un infarctus, de diminuer sa consommation de viande.

Interheart est une étude mondiale menée dans 52 pays et publiée à l'automne 2008. Elle montre que le régime alimentaire occidental, basé sur la consommation de viande,

---

68. Kontogianni M.D. et coll., « Relationship between meat intake and the development of acute coronary syndromes : the Cardio2000 case control study », *European Journal of Clinical Nutrition*, 2008, 62, p. 171-177.

d'œufs, d'aliments frits et salés, augmente le risque d'infarctus de 30 %[69].

Une autre étude, portant sur 72 000 patientes, montre que celles qui se rapprochent le plus du régime alimentaire occidental – basé entre autres sur la viande rouge – ont un risque de décès prématuré qui augmente de 21 %. Celles qui misent davantage sur les fruits et les légumes, le poisson, le poulet, ont un risque de mourir d'une maladie cardiovasculaire diminué de 28 %[70].

LE DIABÈTE

Une étude de février 2007 portant sur 6 161 femmes atteintes du diabète de type 2 montre qu'elles ont 50 % de risques supplémentaires de souffrir de maladies coronariennes quand elles consomment régulièrement de la viande rouge[71].

Les femmes qui mangent plus de viande, et surtout du bacon et des hot-dogs, ont un risque plus élevé de faire du diabète de type 2[72]. Les hommes qui mangent de la viande rouge et des viandes transformées ont eux aussi un risque supplémentaire[73].

---

69. « Dietary patterns and the risk of acute myocardial infarction in 52 countries », *Circulation*, 2008.

70. « Dietary patterns and risk of mortality from cardiovascular disease, cancer, and all causes in a prospective cohort of women », *Circulation*, 2008.

71. QI L., VAN DAM R.M. *et al.*, « Heme iron from diet as a risk factor for coronary heart disease in women with type 2 diabetes », *Diabetes Care*, janvier 2007, 30(1), p. 101-106.

72. SONG Y., MANSON J.E., BURING J.E. *et al.*, « A Prospective study of red meat consumption and type 2 diabetes in middle-aged and elderly women : the women's health study », *Db Care*, 2004, 27, p. 2108-2115.

73. VAN DAM R.M., RIMM E.B., WILLETT W.C. *et al.*, « Dietary Patterns and risk of type 2 diabetes mellitus in US men », *Ann. Intern. Med.*, 2002, 136, p. 130.

L'OBÉSITÉ

Rappelons les chiffres, qui affolent les autorités sanitaires. En 2005, selon l'OMS, la planète comptait 1,6 milliard d'adultes en surpoids et 400 millions d'obèses. En 2015, ces chiffres pourraient être respectivement de 2,3 milliards et 700 millions. En France, il y a 6 millions d'adultes obèses et 14,4 millions en surpoids. Cette épidémie est hors de contrôle.

Or des liens avec la consommation de viande sont désormais certains, malgré le petit nombre d'études sur le sujet. Citons celle menée par le professeur Tim Key, de l'université d'Oxford, avec d'autres confrères. Il a suivi 22 000 personnes entre 1994 et 1999, et constaté que le passage à une alimentation sans viande – végétarienne ou végétalienne – limitait clairement le poids moyen[74].

Citons également les résultats préliminaires d'une étude portant sur une population de 407 adventistes du septième jour de l'île de la Barbade[75]. Outre les liens entre hypertension, diabète et régime carné, ce travail met en relief une association significative entre obésité et régime non végétarien.

Une étude rendue publique en mai 2007, au cours de la réunion annuelle de l'American College of Sports Medicine (ACSM), montre qu'une forte consommation de viande est un des facteurs concourant à l'obésité. Plus de la moitié des femmes suivies qui consommaient beaucoup de viande

---

74. « Weight gain over 5 years in 21 966 meat-eating, fish-eating, vegetarian, and vegan men and women in Epic-Oxford », *International Journal of Obesity*, 2006, 30, p. 1389-1396.

75. « Obesity, Diabetes, Hypertension, and Vegetarian Status Among Seventh-Day Adventists in Barbados : Preliminary Results », Ethnicity and Disease, février 2003, 13(1), p. 34-39.

étaient obèses, mais seulement 18,6 % de celles qui en mangeaient peu.

Une étude portant sur 3 947 hommes et 17 158 femmes a pu établir que les consommateurs de viande avaient le poids le plus élevé et les végétaliens le poids le plus faible, en moyenne bien sûr[76].

À PROPOS DU CANCER

On se dispensera volontairement d'une énumération. Laquelle serait vraiment trop longue. Sachez qu'un grand nombre de cancers ont un ou plusieurs liens avec la consommation de viande, rouge surtout, et de charcuteries. Et n'écoutez pas ceux qui ont intérêt à nier cette évidence. Un travail complet peut être évoqué qui met les pendules à l'heure – et elles en ont bien besoin. Il concerne en deux études un seul et même cancer, celui du côlon, qui est tout de même le troisième cancer le plus fréquent au monde. Une étude menée par le réseau Epic (European Prospective Investigation into Cancer and Nutrition) sous la direction d'Elio Riboli a été publiée en 2005. Impressionnante par son ampleur – 521 000 individus suivis –, elle montre sans détour que la viande rouge est un facteur important de la survenue de ce cancer, qui touche 36 300 Français de plus chaque année. Un Français sur 25 a ou aura un jour un cancer du côlon, ce qui n'est pas rien. Or, dans l'étude Epic, les plus gros consommateurs de viande rouge de l'échantillon augmentent de 35 % leur risque de développer cette maladie par rapport à ceux qui en consomment le moins.

76. « Meat-eating and obesity », *Nutrition Research Newsletter*, novembre-décembre 1996.

Et ce n'est pas tout. Une autre étude, parue en août 2007 dans la revue *JAMA*, montre qu'une alimentation trop riche en viande rouge et en graisse saturée multiplie par trois le risque de récidive et la mortalité liée au cancer du côlon ! Vous en reprendrez bien un peu, n'est-ce pas ?

Sur un plan général, le débat scientifique porte désormais sur la quantité de viande à ne pas dépasser. Au fil des années, un consensus s'est en effet formé autour d'une idée simple : il faut impérativement diminuer sa consommation. Quatre exemples éclairants, concentrés sur un peu plus d'une année, suffisent à situer les enjeux. À l'automne 2007, le World Cancer Research Fund International (WCRF International), qui fait autorité, publie des recommandations générales pour éviter le cancer. L'une d'elles est sans appel : il faut limiter sa consommation de viande rouge (bœuf, porc, agneau) ainsi que de viandes transformées, c'est-à-dire fumées, séchées, salées. Le bacon, le salami, les saucisses sont visés. Une citation en particulier : « Il existe une forte preuve que la viande rouge et les viandes transformées sont des causes du cancer colorectal, et toute quantité de viande transformée est susceptible d'augmenter le risque. »

En décembre 2007, les résultats d'une très vaste étude, portant sur 500 000 personnes suivies entre 1995 et 2003, sont publiés dans *PLoS Medicine*, une grande revue scientifique[77]. De nouveau, il est dit que la consommation de viande rouge et de viandes transformées aggrave les risques de cancer. Les gros mangeurs de viande rouge et de charcuterie

---

77. CROSS A.J., LEITZMANN M.F., GAIL M.H., HOLLENBECK A.R., SCHATZKIN A. *et al.* « A Prospective Study of Red and Processed Meat Intake in Relation to Cancer Risk », *PLoS Med.*, 2007, 4(12), e325.

ont plus de risques de souffrir d'un cancer colorectal et des poumons, mais aussi de la prostate. La viande rouge est en outre associée à un risque de cancer de l'œsophage et du foie, et les charcuteries et viandes fumées à un risque de cancer de la vessie et des os.

Campbell et les surprises de l'étude chinoise

En janvier 2008, déclaration tonitruante de Jean-Luc Angot, directeur-général adjoint de l'Organisation mondiale de la santé animale (OIE). Interrogé par l'AFP, il estime que la consommation de produits animaux devrait augmenter de 50 % d'ici à 2020, mettant à mal les systèmes sanitaires du monde entier. On devrait assister à l'apparition ou à la diffusion de maladies émergentes, ainsi qu'à l'augmentation d'affections anciennes. Pour une raison (presque) simple : il y a « des risques sanitaires supplémentaires, car les produits vont circuler plus vite que les temps d'incubation des maladies ».

Enfin, en mars 2009, une nouvelle étude paraît dans *Archives of Internal Medicine*[78]. Elle porte sur les mêmes 500 000 personnes que celle de décembre 2007, mais ajoute un élément important : 11 % des décès chez les hommes et 16 % des décès chez les femmes auraient pu être évités par une réduction de la consommation de viande rouge et de viande transformée par ceux qui en ont le moins mangé. Rappelons qu'au cours de cette surveillance, menée entre 1995 et 2003, 7 976 hommes et 23 276 femmes sont morts de différentes causes, dont le cancer.

---

78. « Meat Intake and Mortality », *Arch. Intern. Med.*, 2009, 169(6), p. 562-571.

La suite – et la conclusion – de ce chapitre s'appelle le rapport Campbell. Par une bizarrerie extrême, qu'on ne tentera pas d'expliquer, ce rapport est inconnu en France. Or il est d'une qualité pratiquement sans égale et traite précisément des liens entre l'alimentation – dont la viande, au premier plan – et la santé humaine. Son auteur ? L'un des plus grands nutritionnistes de la planète. Il est certain que cet homme serait un Nobel si un prix existait dans ce domaine. T. Colin Campbell est professeur émérite de l'université de Cornell, où il a fait l'essentiel de sa carrière universitaire. En 2006, il publie un livre avec son fils Thomas : *The Chinese Study*. Malgré ce titre énigmatique, les bons critiques ne s'y trompent pas et signalent un ouvrage majeur. Le prix Nobel de physique 1996, Robert Coleman Richardson, note ainsi à propos de Campbell : « Ses conclusions sur les conséquences néfastes des protéines sont stupéfiantes. Ce qui est surprenant aussi, c'est qu'il ait eu du mal à transmettre ces informations au public. » Le *New York Times*, de son côté, évoque à propos du livre « le Grand Prix de l'épidémiologie ». Dean Ornish, président de l'Institut de recherche en médecine préventive, va droit au but : « Tout le monde dans le domaine de la nutrition peut se fier à T. Colin Campbell, l'un de nos géants dans le domaine. Ce livre est l'un des plus importants jamais écrits dans le domaine de la nutrition. »

Arrêtons-nous sur un dernier point de vue, chinois. Junshi Chen, directeur-adjoint de l'Institut de nutrition et d'hygiène alimentaire à Pékin, explique pour sa part : « Le rapport Campbell est la preuve la plus convaincante jamais apportée que l'on peut se prémunir contre les maladies cardiaques, le cancer et d'autres maladies occidentales par l'alimentation. »

Rappelons que le titre anglais du livre renvoie à une étude chinoise, ce que l'on va comprendre. Et signalons que le livre de Campbell a été traduit en français par la maison d'édition québécoise Ariane, sous un titre plus direct : *Le Rapport Campbell*. Bien que disponible en France, il a malheureusement totalement raté sa sortie courant 2008.

Quel dommage ! Car Campbell est un chercheur hors du commun. Impossible de résumer ici une vie entière, ni même ce livre. Disons que le scientifique a découvert des choses passionnantes sur les protéines. Mais un petit cours de rattrapage est nécessaire. Le mot protéine vient du grec *prôtos*, qui signifie « essentiel ». L'humanité s'en est pourtant passée jusqu'en 1839. Du mot. Cette année-là, un chimiste néerlandais du nom de Gerhard Mulder découvre une macromolécule faite d'atomes d'oxygène, de carbone et d'hydrogène, mais aussi, ce qui change tout, d'environ 16 % d'azote. La protéine va devenir le cœur même de l'alimentation humaine et, très vite, le symbole de la viande, car cette dernière en contient beaucoup. Un vulgaire steak auquel on aurait enlevé les protéines se présenterait sous la forme d'eau, de gras, de quelques vitamines et de minéraux. Adieu au hamburger !

La viande, c'est la richesse !

Plus sérieusement, la protéine libère dans le corps, au cours de la digestion, des acides aminés, dont certains ne peuvent être synthétisés par l'organisme. Au-delà encore, la protéine joue un rôle majeur dans la vie des cellules. Essentielle, la protéine l'est bel et bien. Le physiologiste allemand Carl von Voit, qui a beaucoup influencé les nutritionnistes américains, conseillait au milieu du XIXᵉ siècle un apport de 118 grammes de protéines par jour pour un adulte, alors que les recommandations officielles d'aujourd'hui sont de l'ordre de 55 grammes. Moins de la moitié.

Voit eut une nombreuse descendance, au sein de laquelle on compte l'Américain Wilbur Olin Atwater. Aujourd'hui oublié, ce nutritionniste mort en 1908 fut peut-être l'un des scientifiques les plus connus de son pays lorsqu'il écrivit en 1884 une série de cinq articles sous le titre général : « The Chemistry of Foods and Nutrition ». Sincère, sans doute, mais très lié aux milieux industriels de son époque, Atwater pensait avoir trouvé la pierre philosophale de la productivité du travail. Ce qui tombait admirablement bien pour ceux qui ouvraient alors par centaines et milliers des ateliers et des entreprises. Selon lui, la clé de tout était la protéine. Le travailleur américain travaillait plus vite que l'ouvrier allemand parce qu'il consommait bien plus de protéines. Allant plus loin, il conseilla un apport de 125 grammes de protéines par jour pour une activité normale.

Il faut reconnaître à Atwater un point de vue critique sur les excès – déjà ! – de la consommation de viande, mais on doit également penser que l'industrie de la viande, qui était alors en plein essor, n'a pas dû être trop chagrinée par ses conclusions. Or Atwater fut en 1888 le premier directeur de l'USDA (United States Department of Agriculture), qui deviendrait l'une des plus importantes administrations américaines. Portée sur les fonts baptismaux par un authentique héros américain, la protéine allait devenir intouchable.

Pour des raisons qui sont au cœur de ce livre, et qui mêlent anthropologie, psychologie, histoire, politique et business, l'opinion de cette époque, qui n'a pas changé tant que cela, considérait qu'il existe des protéines « nobles », obtenues par la viande, et des protéines « inférieures », c'est-à-dire végétales. « Une croyance populaire s'était solidement ancrée dans l'esprit des gens. Si vous étiez civilisé, vous mangiez des protéines en grande quantité. Si vous étiez riche, vous mangiez de la viande ; si vous étiez pauvre, vous mangiez des produits d'origine végétale, comme les pommes de terre ou le pain[79]. »

C'est sur ce socle que se construisit l'édifice de la nutrition aux États-Unis. Il fallait manger des protéines « supérieures », animales. Tous les programmes d'aide à ce qu'on appelait jadis le tiers-monde, après la Seconde Guerre mondiale, reposent sur l'idée que les enfants ne consomment pas assez de protéines, surtout animales. Et c'est là que Campbell est grand. Car dans les années 60 du siècle passé, commençant une étude sur des cas de cancer du foie chez des enfants philippins, il ose conclure, à la stupéfaction du monde médical en place, que ceux dont le régime alimentaire est le plus riche en protéines, notamment animales, sont aussi ceux qui développent le plus ce cancer. Inouï ! Écrire que des protéines animales peuvent être mauvaises pour la santé constituait alors une provocation.

Mais Campbell ne s'arrête pas en si bon chemin. Il participe à la plus vaste étude nutritionnelle jamais effectuée dans le monde, la China Study. Il s'agit d'un partenariat inédit de vingt ans entre l'université américaine Cornell et l'Académie chinoise de médecine préventive. Lancée dans 2 400 cantons de Chine, elle révèle 8 000 relations statisti-

---

79. T. Colin CAMPBELL et Thomas M. CAMPBELL, *Le Rapport Campbell*, Ariane, 2008, p. 35.

quement significatives entre alimentation et maladies. Concernant le cancer, le travail de Campbell et de ses amis est renversant. D'abord par le constat : dans certains cantons, on observe jusqu'à 100 fois plus de cancers que dans d'autres, alors qu'aux États-Unis les différences d'un État à l'autre sont d'un rapport de un à deux ou trois, au plus.

Mais où est passé le cholestérol ?

D'une façon générale, l'alimentation des Chinois – au moment de l'enquête – est aux antipodes des habitudes américaines : 9 à 10 % des calories y proviennent de protéines, contre 15 à 16 % en Amérique. Mais, surtout, 90 % de ces protéines sont végétales contre à peine plus de 20 % aux États-Unis. Ce qui n'explique évidemment pas de tels écarts dans le nombre de cancers d'un canton à l'autre.

Un tel travail ne saurait être expliqué en quelques lignes. Disons que la piste du cholestérol sanguin est première. Il est chez les Chinois l'un des précurseurs des maladies dites « occidentales », comme le cancer. Quand son taux passait en moyenne, dans l'immense échantillon chinois, de 170 mg/dl à 90 mg/dl, les cancers du foie, du poumon, du cerveau, de l'estomac, de l'œsophage, du sein, du rectum, du côlon, la leucémie infantile et la leucémie adulte baissaient. Or le taux moyen de cholestérol trouvé au cours de l'« étude chinoise » était de 127 mg/dl, soit 100 de moins que la moyenne américaine !

Pour comprendre l'importance de ces chiffres, il faut rappeler que, longtemps, l'Amérique officielle a proclamé que des problèmes de santé apparaissaient chez l'homme en dessous de 150 mg/dl de cholestérol sanguin. À ce compte-là, 85 % de la population chinoise aurait dû être malade ! Bien entendu, les découvertes de Campbell ne se limitent pas au cholestérol. D'une façon générale, les protéines animales augmentent la présence de cholestérol dans le sang, tandis que celles d'origine végétale la diminuent. D'une manière certaine, les cantons chinois les plus pauvres, consommant beaucoup de végétaux, de fibres alimentaires et peu de gras, comptaient bien moins de maladies cardio-vasculaires, de diabète et de cancers. Mais davantage, évidemment, de tuberculoses, de maladies parasitaires, de rhumatismes et de pneumonies.

En somme, et d'une façon certaine, le régime végétarien était de loin le meilleur possible. Mais laissons parler Campbell lui-même : « Le régime alimentaire le plus bénéfique pour la santé devait être composé d'une grande variété d'aliments végétaux, et devait être également pauvre en graisses, en sel, en sucres et en aliments transformés. Par ailleurs, dans la Chine rurale, une consommation, même faible, d'aliments d'origine animale (tels que produits laitiers et viande) était liée à des conditions biologiques favorisant l'apparition de pathologies chroniques généralement rencontrées dans les pays industriels occidentaux[80]. »

Au-delà, car il faut bien conclure, Campbell n'a pas forcément raison. Mais il est un grand scientifique, et il a conduit, sans que nul puisse le nier, la plus vaste étude jamais réalisée sur la nutrition. Suivant les normes américaines – l'aide chinoise a été décisive –, elle aurait coûté entre 50 et 60 millions de dollars. Aussi bien, tant qu'une étude comparable n'aura pas été menée, qui aboutirait à des résultats

---

80. *Ibid.*

contraires, on fera tranquillement confiance à T. Colin Campbell. N'est-ce pas là, justement, une attitude digne de la science ? Or donc, jusqu'à preuve du contraire, les protéines animales, même à doses faibles, sont néfastes à la santé humaine. Que chacun fasse ce que bon lui semblera.

PS 1 : La dégénérescence maculaire liée à l'âge est une cause majeure de cécité chez les personnes de plus de 50 ans, et donc un enjeu capital de santé publique. Or une étude du Centre for Eye Research de l'université de Melbourne, menée par le docteur Elaine Chong et publiée en mars 2009[81], montre un lien entre la consommation de viande rouge et la perte de vision. Si.

PS 2 : L'une des autorités officielles françaises, l'Institut national du cancer (INC), a publié en février 2009 de redoutables recommandations sur les liens entre l'alimentation et le cancer. Serions-nous à la veille d'un aggiornamento, comme cela fut le cas, si péniblement, pour l'amiante ? Il devient en tout cas de plus en plus difficile de dissimuler certaines évidences. Témoins ces quatre extraits tirés du texte de l'INC. Le premier : « La consommation de viandes rouges et de charcuteries est associée à une augmentation du risque de cancer colorectal. Il a été estimé que le risque de cancer colorectal est augmenté de 29 % par portion de 100 g de viandes rouges consommée par jour et de 21 % par portion de 50 g de charcuteries consommée par jour. »

Le deuxième : « L'augmentation du risque de cancer colorectal par la consommation de viandes rouges et de charcu-

---

81. http://www.medicalnewstoday.com/articles/142993.php

teries est jugée convaincante. Par rapport à l'état des connaissances des années 1990, le niveau de preuve concernant la relation entre consommation de viandes rouges et risque de cancer colorectal est passé de probable à convaincant, et celui concernant les charcuteries est passé de possible à convaincant. »

Le troisième : « Les viandes lorsqu'elles ne sont pas dégraissées […] et la plupart des charcuteries […] contribuent, lorsqu'elles sont consommées fréquemment et en grandes quantités, de manière probable à la prise de poids, au surpoids et à l'obésité (facteurs de risque de plusieurs cancers). Ainsi, elles pourraient également augmenter de manière indirecte le risque d'autres cancers. »

Le quatrième enfin : « Sachant qu'en France plus d'un quart des adultes (principalement des hommes) consomment plus de 500 g de viandes rouges par semaine et plus de 50 g de charcuteries par jour, il convient d'inciter ces forts consommateurs à réduire leur consommation. »

CHAPITRE 12

Un grand débouché sur la famine

C'est bête comme chou : nous ne pouvons pas tous manger de la viande. Car il faut entre 7 et 9 calories végétales pour obtenir 1 calorie animale. Or la demande de viande explose, et personne ne pourra jamais produire des céréales sur des terres qui n'existent pas. La viande, c'est la faim. Assurée. Garantie.

Comme cela ne peut durer, cela ne durera pas. *No way*, comme on dit aux Amériques. Pas moyen. Impossible. Disons que l'on approche à coup certain du point de rupture. Il s'agit en fait de deux courbes qui se séparent inexorablement, suivant les données mêmes de la FAO, la grande agence de l'Onu[82]. D'un côté, la production de céréales continue d'augmenter, pour répondre à une demande croissante. De l'autre, le cheptel mondial augmente lui aussi. Pas grave ? Tragique, et pour une raison simple : le nombre d'animaux d'élevage augmente plus vite que les disponibilités en céréales.

---

82. Relevé par André Méry dans une étude remarquable des *Cahiers de l'Alliance végétarienne*, n° 9.

Si l'on ajuste les données disponibles sur la tendance linéaire des deux courbes entre 1961 et 2001, on obtient un résultat effarant. Au cours de ces quarante années, la production de céréales a été multipliée par 2,33, ce qui est un exploit. Personne ne pense sérieusement que l'augmentation des rendements sur des surfaces à peine agrandies continuera longtemps. Le nombre d'animaux d'élevage, lui, a été multiplié par 3,34 dans le même temps.

Que faut-il en penser ? Que l'industrie mondiale de la viande a pour l'heure gagné la partie. Dès qu'un revenu supplémentaire apparaît à l'horizon planétaire, il y a de bonnes chances qu'il soit utilisé à acheter de la viande. Comme chez nous après guerre, ceux du Sud piaffent et se jettent dès qu'ils peuvent sur la viande industrielle. Volaille, porc, et de plus en plus souvent bœuf. En admettant par hypothèse que les courbes continuent leur tendance linéaire, la production mondiale de céréales serait alors multipliée par 1,70 entre 2001 et 2050. Dans un monde bouleversé par la crise climatique, la raréfaction de l'eau, l'avancée des déserts, l'érosion massive de sols fertiles. C'est aussi crédible que de consommer les ressources de plusieurs planètes.

36 milliards de veaux et de cochons ?

En même temps, le cheptel devrait, lui, être multiplié par 1,86, ce qui est simplement fou. En 1961, nous étions à peine plus de 3 milliards d'humains et cohabitions avec 6,9 milliards d'animaux d'élevage. Le rapport entre ces animaux et les hommes était donc de 2,26. Mais, en 2001, nous étions plus de 6 milliards, entourés de 20 milliards de bêtes dites de rente. Un rapport de 3,29. Si la courbe se maintenait de la sorte, en 2050 nous serions environ 10 milliards régnant sur 36 milliards de veaux, vaches, cochons et poulets. Et pourtant, pour l'heure du moins, tout continue comme avant. En mieux. En pire. Le rapport prévu en 2050 – 3,6 – a été atteint dès 2007.

Le certain, c'est que cela ne durera pas. Mais que se passera-t-il donc ? Sans vouloir jouer les devins, ce qui est dangereux autant que vain, il n'est pas dépourvu d'intérêt de clamer quelques fortes vérités. La première est bien connue, mais toujours enfouie sous des piles de dossiers pour ne pas embêter l'industrie de la viande. La fabrication de bidoche est une aberration énergétique, sans la moindre porte de sortie à l'horizon. Voyons.

« Produire » du porc, du poulet ou du bœuf coûte fort cher en céréales et autres végétaux. La FAO estime qu'il faut de 4 à 11 calories végétales pour obtenir 1 calorie de viande. En pratique, il faut trouver 4 calories végétales pour 1 kilo de porc ou de volaille. Mais il en faut 11 pour les moutons et les bœufs. Selon des estimations convergentes, entre 7 et 9, en moyenne, sont nécessaires pour avoir 1. Logique. Les animaux consomment de l'herbe, des céréales, des farines, et nous offrent leur chair. Mais l'essentiel de ces végétaux sert à maintenir en vie l'animal, à lui donner l'énergie nécessaire pour renouveler ses cellules, refroidir son corps, le réchauffer, se libérer de ses déjections.

Encore ne prend-on pas en compte, par manque de statistiques disponibles, les systèmes les plus extensifs, où le rapport peut aller de 25 à… 50 calories végétales pour 1 kilo de viande. Globalement, en incluant la totalité du processus de production, il faut 33,3 calories d'énergie pour une seule de bœuf, alors qu'il suffit d'en dépenser 0,46 pour une calorie sous la forme de pomme de terre.

Le bétail est sans conteste un exécrable transformateur d'énergie. Il gaspille par millions de tonnes des céréales qui font défaut dans une multitude de maisons humaines, toutes situées au Sud, il est vrai, loin de nos regards. Bien qu'un tel gaspillage alimentaire soit l'un des plus graves sujets de notre temps, il n'est presque jamais abordé, ce qui est bien étrange.

Ce que sont les terres « virtuelles »

Combien faut-il de céréales pour nourrir les milliards d'animaux destinés à notre alimentation ? Environ 740 millions de tonnes pour la saison agricole 2006-2007. Certaines statistiques donnent un tournis difficile à contenir. Ainsi, en 1997, le professeur David Pimentel estimait que les céréales distribuées au seul bétail américain seraient suffisantes pour nourrir 800 millions d'humains. Selon les statistiques – fiables – du World Resources Institute[83], plus de la moitié des céréales des États-Unis sont consommées par le bétail. Encore faut-il ajouter les surfaces géantes de pâturages. Au total, entre 75 et 80 % des terres agricoles américaines sont utilisées par ou pour le bétail.

Impossible ? Toutes les données sont connues, publiques, à disposition. Il est évident, dans ces conditions, que le monde est radicalement divisé entre ceux qui ont accès à la viande et les autres. Car un régime basé sur les céréales en utilise 180 kilos par an, tandis qu'un régime carné en engloutit indirectement 930.

---

83. http://earthtrends.wri.org

L'Europe vertueuse et la France des droits de l'homme font-elles mieux ? On se doute bien que non. Dans l'un de ses textes enflammés, l'écologiste indienne Vandana Shiva estime que l'Europe utilise en fait sept fois sa surface agricole pour maintenir en place son système d'élevage intensif. Bien que les sources soient en la matière incertaines, nul doute que notre continent importe virtuellement de considérables espaces agricoles. Qu'est-ce qu'une terre « virtuelle » ? C'est la surface qu'il faut, en comptant rigoureusement tout, pour produire quelque chose. Or l'élevage européen, largement hors-sol, dépend désormais aussi bien du soja transgénique venu d'Amérique latine que des immenses quantités de pétrole dont le système de production a besoin. Ainsi que des engrais et pesticides qui en sont dérivés.

De la même manière qu'on parle désormais de l'eau « virtuelle » contenue dans un vêtement en coton importé en France, il faut oser considérer la surface agricole « virtuelle » nécessaire aux bons poulets industriels. De ce point de vue, il est clair que nos pays utilisent des surfaces qui n'existent pas chez eux. Au détriment, cela va de soi, de ceux à qui elles appartiennent.

Le chercheur William E. Rees, de l'université de la Colombie-Britannique, a calculé que les Pays-Bas, petit pays par la taille mais grand exportateur de produits animaux, s'est approprié entre 100 000 et 140 000 km² de terres agricoles. Ailleurs. Ce qui représente de cinq à sept fois la totalité de sa surface agricole. Rappelons que les Pays-Bas ne couvrent que 41 526 km² !

La France ? Pas mieux. Évidemment. Si un pays d'Europe occidentale a misé fort lourd sur l'élevage intensif, c'est bien le nôtre. Le résultat est stupéfiant. La France a une surface de 550 000 km², soit 55 millions d'hectares. Selon le très officiel rapport Dormont[84], notre surface agricole utilisée (SAU) est de 29,9 millions d'hectares. Dont 10,4 millions en herbe et 18,4 millions arables. En se livrant à quelques additions, Dormont et ses confrères constatent ceci : « En retenant une proportion de ces surfaces de 30 % pour les céréales utilisées en alimentation animale, de 100 % pour les oléagineux et protéagineux (soit pour la consommation française, soit pour l'exportation vers les autres États membres de l'UE), on arrive à une superficie totale de 20,4 millions d'hectares (soit près de 70 % de la SAU hors jachère) consacrés à l'élaboration des aliments des animaux (14,7 pour les fourrages, 5,7 pour les grandes cultures). »

70 % de notre surface agricole ! Pour des poulets, des vaches et veaux, des porcs dont les consommateurs ne veulent plus. 70 % ! L'alimentation animale est de très loin le principal débouché de l'agriculture française – et européenne –, mais ce fait ahurissant semble l'un des secrets les mieux gardés de la place publique. On notera au passage la supercherie qui consiste à clamer, dans les campagnes publicitaires, que l'agriculture européenne a vocation à nourrir les hommes. La vérité est différente : l'agriculture est au service de la viande.

Le grand bond en avant chinois

De quelque côté qu'on prenne le sujet, on bute sur un mur. Seule l'illusion tenace d'un monde sans limites physiques a pu permettre ce déchaînement planétaire. Le réveil

---

84. Rapport du groupe de travail présidé par Dominique Dormont, Agence française de sécurité sanitaire des aliments, 2000.

en cours, bien trop lent, nous menace tous d'un tsunami écologique au regard duquel la crise économique paraîtra une sucrerie. Et, en attendant, il nous condamne à l'infamie d'une « civilisation » préférant la viande concentrationnaire à la coopération entre humains.

Quittons nos doux paysages bucoliques et posons-nous une question simple. Si nous en sommes déjà rendus à ce point extrême, qu'en sera-t-il demain ? Que se passe-t-il par exemple en Chine, dans ce pays peuplé de 1,4 milliard d'habitants ? Les chiffres sont à la mesure : l'industrie chinoise de la viande représente environ le quart de la production mondiale. Déjà. Le cheptel porcin compte 481,9 millions de têtes en 2005, soit trois fois la totalité du cheptel européen et la moitié du cheptel mondial. Une immensité. Les volailles : 5,2 milliards, en hausse de 15 % depuis 2001. Le cheptel ovin : 366 millions de moutons et de chèvres. Tous ces chiffres étant de 2005[85].

Reste le cas de l'élevage bovin, en « retard » tout relatif par rapport à l'Inde et surtout au Brésil. Avec 138 millions de têtes, la Chine est quand même la troisième, et tout indique qu'elle conserve ses chances d'être tôt ou tard la première. Car l'élevage bovin, qui n'est pas de grande tradition là-bas, s'industrialise à grande vitesse. Les anciennes régions périphériques, comme la Mongolie-Intérieure, le Xinjiang, le Qinghai, le Tibet, sont désormais concurrencées par des contrées plus proches des centres urbains consommateurs, comme le Henan, le Shandong, le Hebei. Il y a de la marge, car un bovin chinois ne donne que le tiers de ce qu'offre un

---

85. Selon les chiffres de la Mission économique de l'ambassade de France en Chine.

bovin américain. Comme en Europe après la guerre, la sélection génétique devrait y remédier.

On en est encore loin – disons quelques années au moins. Pour l'heure, les autorités communistes chinoises, qui n'ont plus rien à apprendre du capitalisme dur, multiplient les plans d'aide aux filières intégrées, notamment sous la forme de contractualisations de fermes familiales et industrielles avec des groupes puissants comme Henan Luohe Shuanghui, Linfen Xincheng Jinluo ou Shandong Zhucheng Foreign Trade. Les cinquante premières entreprises chinoises du secteur occupent déjà 63 % du marché, mais elles ont grand intérêt à se dépêcher, car les transnationales sont là, elles aussi.

Le géant américain (voir le chapitre 6), pour ne prendre que cet exemple, compte déjà en Chine quatre joint-ventures qui y fabriquent du porc, du bœuf et, depuis peu, avec le Jiangsu Jinghai Poultry Industry Group, du poulet.

Où peut s'arrêter une telle expansion ? Et quel prix devra-t-on payer pour ce qui est *déjà* en train de se passer ? L'agronome américain Lester Brown, connu dans le monde entier, est un bon connaisseur des problèmes agricoles chinois. En 1995, il publie un livre retentissant, *Who Will Feed China ?*. Oui, qui nourrira la Chine ? À cette époque, la question paraît dénuée de sens. Tous les économistes – ceux qui n'ont rien prévu de la crise en cours – se réjouissent du taux de croissance chinois, qui dépasse les 10 % par an. Mais Brown regarde les chiffres d'un autre œil et considère, lui, que l'augmentation impressionnante du niveau de vie des Chinois risque de déstabiliser le marché mondial des céréales. À l'aide d'exemples simples, il insiste sur les conséquences du changement de régime alimentaire. Ainsi, produire une tonne de poulet « coûte » deux tonnes de céréales. En mangeant toujours davantage de viande, en buvant plus souvent de la bière, 1,3 milliard de Chinois voient fatalement leurs besoins en céréales exploser. Au moment où il écrit, au début des années 1990, la Chine souhaite par exemple multiplier par deux sa consommation d'œufs, c'est-à-dire passer de 100 par personne et par an à 200. Mais un tel objectif, souligne Brown dès 1995, nécessiterait d'élever près de 1,4 milliard de poules, lesquelles dévoreraient la totalité de la production de céréales d'un pays comme l'Australie. À l'horizon 2030, toujours selon Brown, la Chine se verrait contrainte d'importer entre 200 et 369 millions de tonnes de céréales chaque année. Bien plus, en toute hypothèse, que ne pourrait en offrir le marché mondial.

Quand l'Inde s'éveillera à son tour

Dix ans plus tard, reprenant le dossier, Brown en tire des conclusions plus radicales encore[86]. En admettant que la Chine maintienne une croissance élevée, de l'ordre de 8 % l'an – soit moins que ce qu'elle est encore aujourd'hui –, elle ne tarderait pas à devenir un cauchemar planétaire. En 2031, en effet, elle rejoindrait le revenu américain annuel par habitant de 38 000 dollars. Et en admettant qu'elle aligne ses standards alimentaires sur ceux des États-Unis – du lait, des œufs, de la viande –, elle consommerait alors par an et par habitant l'équivalent de 935 kilos de céréales. Soit au

86. Lester BROWN, *Why the Western Economic Model Will not Work for the World*, Earth Policy, 2005.

total 1,352 milliard de tonnes! Soit les deux tiers de la production mondiale de 2004 !

Sa consommation de viande passerait dans le même temps de 64 millions à 181 millions de tonnes, presque trois fois plus. Conclusion navrée de Brown : cela ne peut pas marcher. Même en supposant que l'on rase la plus grande partie de la forêt amazonienne. Même en supposant que ses sols si fragiles soient en mesure de porter plus de quelques années de récoltes de céréales.

Et qu'en est-il en Inde, cet autre géant dont la population pourrait dépasser celle de la Chine en 2030 ? Sa croissance, de l'ordre de 9 % ces dernières années, atteindra celle de son grand voisin, selon diverses estimations, avant 2015. Même en 2009, année de crise, elle se donne comme objectif 7 %, ce qui ferait rêver en France. Comme de juste, l'apparition de couches moyennes au milieu d'un océan de misère dope la production de viande. Le gouvernement indien a annoncé en mars 2009 la création d'un Office des industries carnée et avicole, qui a pour but de mieux organiser les filières industrielles.

Il y a du travail, mais aussi de grandioses perspectives. Car la FAO précise dans plusieurs documents publics l'extrême vitalité de l'industrie du poulet. Alors que, depuis vingt ans, la production de céréales n'augmente que de 1,5 à 2 % par an, celle d'œufs et de poulets grimpe de 8 à 10 % ! Le fâcheux, du point de vue industriel, est que l'Inde ne consomme que fort peu de viande bovine, pour des raisons religieuses, et qu'une grande partie de son peuple reste végétarien. L'hindouisme militant, on le sait, mais aussi la religion sikh interdisent de consommer de la viande de bœuf, contrairement à ce que prêchent les 130 millions de musulmans du pays.

Malgré ces obstacles bien réels, l'Inde développe massivement ses exportations de bovins, surtout de buffles, à destination d'autres pays du Sud très demandeurs, comme l'Égypte, l'Iran, l'Algérie, l'Indonésie, et même la Russie ou l'Ukraine. Et puis il y a le reste. L'Inde est ainsi le cinquième producteur de poulets et d'œufs dans le monde, et largement le premier producteur de lait.

Tout cela nous ramène inexorablement à la tragédie absolue qu'est la famine. En septembre 2008, le directeur général de la FAO, Jacques Diouf, annonçait que le nombre d'affamés chroniques était passé de 848 millions pour la période 2003-2005 à 923 millions à la fin de 2007. Une augmentation de 75 millions, alors même que les instances internationales sont tenues par l'Objectif du millénaire pour le développement (OMD) à réduire de moitié le nombre de personnes souffrant de la faim d'ici à 2015. Et cet accroissement est peut-être bien plus fort que ne l'écrit la FAO. Car, de son côté, le département de l'Agriculture américain (USDA), utilisant une méthode de calcul différente, estime que la hausse des prix alimentaires a jeté 130 millions d'humains de plus dans la famine. Mais à quoi servent, de toute façon, des chiffres qui n'indignent plus personne ?

L'horizon impossible de 2050

Les causes sont nombreuses et connues, parmi lesquelles la flambée des biocarburants et la spéculation sur le prix des céréales, qui sont de notre responsabilité. Et le résultat en est simple : la cherté des produits alimentaires rend impossible l'accès à la nourriture pour les plus pauvres. Selon la FAO, son prix aurait globalement augmenté de 52 % entre 2007 et 2008. Et l'année 2009 ne devrait rien arranger.

Or, dans le meilleur des cas, la population humaine comptabilisera 9 milliards d'habitants en 2050. En tenant compte de l'augmentation énorme de la demande, en particulier de viande, la plupart des experts jugent nécessaire le doublement de la production alimentaire d'ici à cette date. Pour un certain nombre de commentateurs dont on oubliera charitablement le nom, il n'y a pas de problème, seulement des solutions. L'humanité a déjà rencontré des difficultés et les a résolues au moment opportun. Du reste, certaines estimations fantastiques prétendent que la planète disposerait de centaines de millions d'hectares de terres agricoles non utilisées. On parle parfois de 2,8 milliards d'hectares nouveaux, ce qui changerait toute la donne, car cela représente près du double des surfaces mondiales déjà cultivées.

Ces optimistes forcenés oublient quelques détails, rappelés avec clarté par Bruno Parmentier dans son déjà classique *Nourrir l'humanité*[87]. En quarante ans, malgré l'explosion des besoins, la surface agricole mondiale a augmenté de seulement 9 % quand la population gagnait 50 %. Dans les années 1960, un humain disposait en moyenne de 0,43 hectare pour se nourrir, il n'en a plus aujourd'hui que 0,25. Ce chiffre pourrait tomber, en 2050, à seulement 0,15 hectare, malgré les promesses de l'agro-industrie.

---

87. Bruno Parmentier, *Nourrir l'humanité*, La Découverte, 2007.

« La FAO, écrit Parmentier, estime qu'entre 1998 et 2030 les terres arables augmenteront encore d'environ 120 millions d'hectares, qui s'ajouteront aux 172 millions d'hectares mis en culture depuis les années 1960. Après, cela sera pratiquement terminé. » Les adorateurs de l'industrie oublient un peu vite ce qu'est un sol agricole fertile, et ce que sont ses besoins élémentaires en eau et en soleil. Il faut ajouter au tableau – noir – que les sols actuellement cultivés se dégradent à une vitesse alarmante. Selon le Programme d'évaluation mondiale de la dégradation des sols (Glasod)[88], 46,4 % des sols de la planète connaissent une baisse importante de productivité, pour cause de déforestation, surpâturage ou pratiques agricoles abusives. Une partie croissante de ces sols sont à ce point dégradés qu'ils ne peuvent plus être cultivés. Combien de centaines de millions d'hectares en sont déjà là ?

Dans une synthèse directe évitant pourtant la dramatisation, l'Unesco note quant à elle : « De manière plus générale, le bilan de la dégradation des sols dressé par l'International Soil Reference and Information Centre (ISRIC), basé aux Pays-Bas, n'est guère rassurant. Le phénomène touche actuellement plus de 20 millions de km². Au moins 12 millions, soit une superficie supérieure à celle de la Chine, se sont dégradés sous l'effet d'activités humaines depuis cinquante ans, estime la FAO. Le surpâturage en aurait endommagé 6,8 millions (dont 2,4 en Afrique et 2 en Asie), et la déforestation près de 6 millions. Ces deux phénomènes entraînent un appauvrissement du sol, en le privant notamment de la matière organique que lui apportait le

---

88. http://www.goodplanet.info/goodplanet/index.php/fre/Pollutions/Sols/Degradation-des-sols/(theme)/1662

couvert végétal et en supprimant les obstacles à l'érosion. Par ailleurs, la mauvaise gestion agricole a malmené 5,5 millions de km², et la collecte de bois de feu 1,4 million. Quant aux villes et à l'industrie, elles se sont étendues au détriment de plusieurs centaines de milliers de km² de bons sols. Aux États-Unis, 30 000 km² de terres agricoles ont été perdus entre 1967 et 1975 du fait de l'urbanisation, de la construction de routes et de l'exploitation minière[89]. »

L'avenir ne sera pas meilleur. Bien que ce chiffre soit éminemment contestable compte tenu de l'imprécision chronique des statistiques nationales, la FAO pense que 250 millions d'hectares de terres aujourd'hui cultivables pourraient devenir improductifs avant 2050. Là est le nœud du problème. L'érosion, la salinisation, la déplétion des nappes phréatiques, la pollution chimique, la disparition de la microfaune du sol nécessaire à sa fertilité, le surpâturage rendent l'équation presque insoluble.

C'est dans ce contexte, et pas dans celui de nos rêveries, qu'il faut replacer l'usage que les sociétés humaines font de la viande. Où trouvera-t-on les espaces et les ressources végétales qui permettraient de nourrir un bétail en pleine explosion ?

Peut-on changer de régime alimentaire ?

Nul n'a encore apporté le moindre début de réponse à ce qui est d'évidence l'un des plus lourds dossiers de la civilisation humaine. Sur le papier, il existe bien une solution, cré-

---

89. Sophie BOUKHARI, « Sols au bord de l'épuisement », www.unesco.org

dible, du moins à son point de départ. Puisque le Sud ne peut consommer autant de viande que le Nord, puisque le Nord ruine sa santé et les équilibres écosystémiques, il faut et il suffit de changer de régime alimentaire. André Méry, végétarien et statisticien, s'est livré à des calculs aussi simples que remarquables[90]. Mais d'abord, voyons quelle surface est nécessaire pour nourrir un homme pendant une année. On ne s'étonnera pas de la diversité des réponses possibles.

Stephen Leckie pense que 0,2 hectare suffit, à la condition de s'en tenir à une base végétale[91]. Le professeur David Pimentel – une autorité universitaire – estime qu'il faut 0,5 hectare par personne, mais pour un régime similaire à celui du Nord, incluant donc la viande. Sans elle, l'estimation tombe à 0,125 hectare[92]. Son collègue Tad W. Patzek, de l'université de Berkeley, pousse l'estimation à 0,45 hectare par an et par personne pour une alimentation végétale. Mais il est juste d'ajouter que des estimations sérieuses se situent très en dessous de ces chiffres. Ainsi les Argentins Graciela et Pablo Gutman (*Agricultura urbana y periurbana en el gran Buenos Aires*) rapportent-ils des expériences très surprenantes, avec des chiffres si bas qu'on hésite à les citer ici.

Quoi qu'il en soit, André Méry, après avoir compilé quantité de données, estime raisonnable de penser que 0,15 hectare suffit à la nourriture annuelle d'un humain. C'est très

90. *Cahiers de l'Alliance végétarienne*, n° 9.

91. Stephen LECKIE, « Sustainability of Land Use and Food Production », 1997.

92. *Cornell News*, 9 février 1996.

faible, mais l'explication est évidente : la viande a disparu du tableau. À ce compte-là, et à ce compte-là seulement, les 15 millions de km² cultivés sur terre en 1999 – année où l'humanité a dépassé les 6 milliards d'individus – permettraient à coup certain de nourrir 10 milliards d'hommes. Des hommes devenus végétariens. On comprend mieux le propos de Dominique Guillet, fondateur de la belle association Kokopelli : « De bonnes vieilles semences bien fortes et un sol très fertile font en effet des miracles. John Jeavons, avec son association Ecology Action en Californie, a prouvé, depuis trente ans, qu'un jardinage bio intensif peut nourrir annuellement une personne (végétarienne) sur seulement un dixième d'hectare, en climat tempéré. […] En climat tropical, ou subtropical, on peut ainsi nourrir deux personnes (végétariennes) par dixième d'hectare seulement, à condition bien sûr d'avoir de l'eau d'arrosage. Selon ces principes de jardinage bio intensif, les 150 millions d'hectares de terre arable qui sont disponibles actuellement en Inde pourraient nourrir trois milliards de végétariens. Où est le problème[93] ? »

Il y en a un pourtant : un régime alimentaire est aussi maniable qu'un pétrolier, à une échelle sans commune mesure. En Occident, l'industrie de la viande est devenue centrale dans l'économie et ses relais politiques sont innombrables, à droite comme à gauche. Puis l'imaginaire collectif, façonné par des décennies de propagande publicitaire à la gloire de la bidoche et du hamburger, ne donne que peu de signes de changement, sinon à la marge. On n'hésitera pas une seconde à tirer un coup de chapeau au mouvement

---

93. Dominique GUILLET, « Quelles semences pour nourrir les peuples ? », *L'Écologiste*, n° 7.

végétarien, dont tant se gaussent. Il se pourrait qu'il soit l'un des mouvements sociaux les plus responsables de la planète. Et, à la réflexion, le conditionnel n'est pas de rigueur.

La grande razzia sur les terres cultivables

Au Sud, c'est presque pire, car de même que les nouveaux riches chinois et indiens se jettent sur les bagnoles et les téléphones portables, de même ils ne conçoivent plus de repas sans quelque produit animal marquant leur supposée qualité sociale. Il existe donc, sommairement résumé, deux voies qui s'excluent l'une l'autre. La première, celle d'aujourd'hui, prépare le chaos de demain. Il est ainsi probable que des liens existent entre la frénésie de viande des riches du monde et l'achat, ces derniers mois, de grandes surfaces agricoles dans les pays du Sud.

L'Arabie Saoudite a acheté 1,6 million d'hectares en Indonésie, et 1,4 million au Pakistan et au Soudan, en association avec les Émirats arabes unis[94]. D'autres achats seraient en cours en Turquie, au Kazakhstan, au Cambodge, aux Philippines, en Ouganda. On a beaucoup parlé en France de l'opération Daewoo, du nom de cette compagnie sud-coréenne qui a acheté 1,3 million d'hectares à Madagascar, déclenchant une révolte de la population locale. Mais le nouveau président avait à peine eu le temps d'annuler la vente qu'une société indienne, Varun International, annonçait son intention de louer pour cinquante ans 465 000 hec-

---

94. Guy DEBAILLEUL, « Main basse sur les terres agricoles du Sud », *Alternatives* (Montréal), février 2009.

tares de terres malgaches. « L'enjeu n'est pas seulement local, constate le journaliste Sébastien Hervieu dans *Le Monde* daté du 21 mars 2009. Varun apparaît comme le bras opérationnel d'un État indien en quête de terres pour nourrir 1,1 milliard d'habitants. Représentant de la sociétaé, Tapas Kumar Bodak ne dément pas cet objectif, mais insiste sur sa volonté "de partager la production avec les Malgaches pour que ceux-ci deviennent à terme autosuffisants". »

La tendance est mondiale. Des pays européens – la Grande-Bretagne, la Suède – comme nombre de pays émergents – l'Inde, la Chine, le Brésil, même – achètent ou tentent d'acheter quantité de terres cultivables. Cette razzia d'un nouveau genre servira à fabriquer des biocarburants parfois, mais plus souvent à obtenir des céréales destinées à l'alimentation. Humaine aussi bien qu'animale. Dans tous les cas, ce mouvement planétaire rappelle aux si nombreux oublieux que la terre reste le socle de toutes les civilisations humaines, aussi sophistiquées soient-elles.

Ce néocolonialisme n'en est qu'à ses débuts. Sans des changements sociaux et politiques d'une ampleur qu'il est difficile de concevoir, il se développera sous toutes les formes imaginables. Les pays disposant de réserves monétaires achèteront des terres et des céréales à ceux qui en manquent, choisissant la pire des voies, celle de la fuite en avant.

L'autre voie possible est improbable, mais il faut l'évoquer, car elle est celle de l'espoir. Dans l'état actuel des choses, il serait obscène de demander aux peuples du Sud de renoncer à la consommation de viande. Non qu'il ne le faudrait, mais l'évidence s'impose que le système né au Nord doit être d'abord détruit au Nord. C'est seulement après avoir affronté en vainqueur l'industrie de la viande qu'un mouvement venu d'Occident pourra raisonnablement parler de l'avenir à ceux d'ailleurs, jusques et y compris ces petits bourgeois de l'Inde ou de la Chine qui nous ressemblent tant. En bref, il n'y a plus qu'à imaginer un refus radical, cohérent, massif et enthousiaste. On y reviendra en conclusion.

En attendant, le « protocole de Paris ». Vous ne risquez pas d'en avoir entendu parler dans les journaux. Tant pis, le Protocole. Le 10 décembre 2008, l'Alliance végétarienne d'André Méry écrit à notre président Nicolas Sarkozy une lettre ouverte sensationnelle. Elle établit un parallèle entre le protocole de Kyoto sur le climat et un éventuel protocole de Paris qui pourrait se pencher sur le régime alimentaire de l'humanité.

Pas simple ? Pas simple. Mais lisons ensemble quelques extraits : « Vous êtes le Président. C'est à vous que revient le devoir de lancer l'initiative française. Concrètement, nous vous demandons d'être l'initiateur d'un "protocole de Paris", qui fixerait des objectifs pour un changement alimentaire au niveau mondial. Ce changement alimentaire devrait être un engagement à la réduction de la consommation de viande et de produits carnés pour les pays fortement consommateurs. Des niveaux de consommation en diminution progressive devraient être fixés, avec des dates butoirs pour les atteindre, jusqu'à une valeur seuil "tolérable" à ne pas dépasser. »

On peut penser ce qu'on veut de l'idée, mais quelle idée ! Quel souffle ! Un président reprenant un tel flambeau aurait sans doute peu de chances d'être réélu, mais il passerait à coup certain dans l'histoire. Le nôtre n'a pas daigné répondre.

Oh, ce dernier détail est vraiment sans importance : plus du tiers de la pêche mondiale sert à fabriquer des aliments pour les animaux. Mais soyons précis. En 2004, l'humanité a « produit » 140 millions de tonnes de poissons, dont seulement 95 millions ont été pêchés. Le reste – 45 millions de tonnes – provenait de fermes aquacoles le plus souvent intensives. Aussi intensives que des ateliers porcins. Or 34 millions de tonnes de poissons pêchés en mer ont servi à nourrir des bêtes. Soit plus de 36 % des prises.

L'industrie de la farine de poisson, qui ruine les fonds marins et leurs écosystèmes, a suivi comme son ombre l'industrialisation de l'élevage. En 1957, 12,7 % seulement des pêches mondiales disparaissaient en farine de poisson[95]. Mais, en 1967, on en était déjà à 33,6 % pour une production mondiale qui n'atteignait pas les 50 millions de tonnes. Le pourcentage, variable d'une année sur l'autre, n'a pas beaucoup évolué, mais le volume global a entre-temps triplé !

Le résumé est vite fait. Plus d'un milliard d'affamés chroniques (chiffres 2009) survivent dans un monde qui préfère gaver à folle allure ses porcs, poulets et bovins. Les surfaces agricoles ne seront jamais suffisantes pour satisfaire l'explosion de la demande mondiale de viande. Les océans sont aussi mis à contribution, au point de déstabiliser des chaînes alimentaires stables depuis des dizaines ou des centaines de siècles. Mais il n'est sûrement pas question de reculer. Mais il n'est surtout pas question de seulement modifier le régime alimentaire des grands malades de la bidoche. En tout état de cause, inutile d'alerter les palais de la République, car la démarche a déjà été faite. Que reste-t-il à tenter ?

---

95. Alain BARLET, « Productions maritimes et problèmes alimentaires du tiers-monde », *Persée*, 1971, 12(48), p. 825-842.

CHAPITRE 13

Où sont donc passés
les responsables ?

Troisième aperçu historique : sous de Gaulle, après 1958, ce ne sera pas la chienlit, mais la révolution. Edgard Pisani, allié des jeunes paysans « modernistes » et des zootechniciens sans entrave, veut des usines à viande partout. La question est de savoir à quel moment commence la mauvaise foi. Place à l'énigme Pochon.

En cet été 1959, Antoine Pinay est le puissant ministre des Finances du général de Gaulle. Et il est confronté à ce qui ressemble à la quadrature du cercle. Les derniers chiffres sont sans appel : en France, la consommation de viande bovine est passée de 771 000 tonnes en 1952 à 960 000 tonnes en 1957. Un bond de géant. En 1956, le budget « bœuf » de la nation représente 374 milliards de francs de l'époque. Contre seulement 204 milliards en 1950. La révolution alimentaire des Français a commencé.

Un monde issu tout droit du Moyen Âge continue de faire la pluie et le beau temps dans un domaine devenu stratégique et ultrasensible sur le plan politique. *L'Express* de Servan-Schreiber publie une série d'articles au bazooka contre l'antique système de la viande, signés Michel Bosquet. Bosquet, notons-le, est le pseudonyme d'André Gorz, proche de Sartre, qui deviendra un pionnier de la pensée écologique une dizaine d'années plus tard. Bosquet-Gorz, en cette année 1959, s'en prend au système opaque qui permet aux intermédiaires, dont les mandataires – sortes de grossistes ayant pignon sur rue, notamment aux Halles de Paris –, de faire valser les étiquettes.

Les articles donneront lieu à un procès en diffamation, que Bosquet gagnera. Les attendus du jugement ne laissent place à aucun doute : « Les textes incriminés apparaissent beaucoup moins comme un dénigrement systématique et tendancieux de l'activité des demandeurs personnellement, que comme une contribution à la recherche d'une solution à l'irritant problème du désaccord trop manifeste entre les fluctuations des prix à la production et à la consommation, la baisse des premiers ne se traduisant nullement par une baisse à peu près équivalente des seconds. »

L'obsession est de casser l'ordre ancien des bouchers tout-puissants et des intermédiaires. Non pour le plaisir, mais parce que c'est la seule voie ouverte à l'industrialisation de la viande. Dans *Le Monde* du 9 décembre 1959, le journaliste François-Henri de Virieu – il deviendra célèbre – publie une analyse implacable des enjeux de cette bagarre. « Le marché de la viande va probablement connaître à son tour la "révolution industrielle". Cette réforme sera de longue haleine. Elle aura beaucoup moins d'effets immédiats sur les prix au détail qu'on ne cherche à le faire croire. Mais elle bouleversera la structure du négoce traditionnel. »

La vache à mille francs de Jean Poiret

Il est vrai que le circuit de la viande est devenu, si l'on permet ce mot, le meilleur fromage qui soit. Dans une anarchie confondante et voulue, plus de vingt professions intermédiaires entre producteur et consommateur se partagent le magot : rabatteurs, maquignons, abattoirs, coopératives, bouchers expéditeurs, facteurs, commissionnaires, chevillards, bouchers ruraux, mandataires, salaisonniers, bouchers de demi-gros, bouchers détaillants, gargots, charcutiers « non abattants », etc. L'inventaire est saisissant. Il existe environ 22 000 abattoirs et « tueries particulières » en France, dont la plupart échappent à tout contrôle sanitaire ou… fiscal. Et 45 000 bouchers, de tailles très diverses, rendent le marché de la viande pour le moins inextricable.

Un certain Jean Poiret, celui des duos avec Michel Serrault, lance alors une parodie de la célèbre chanson de Brel, *La Valse à mille temps*. Le succès de *La Vache à mille francs* est immédiat, inouï, révélateur ô combien. En voici un extrait savoureux, qu'il faut imaginer sur un rythme endiablé : « Un vache à mille francs, / En quittant l'Morbihan, / Devient chemin faisant / Comme par enchant'ment / Un'vache à cinq mille francs / En arrivant au Mans. / Un'vache à cinq mille francs, / On ne sait pas comment, / Augment' de vingt pour cent / En traversant Le Mans, / Et d'vient par conséquent / Un'vache à six mille francs. / Un'vache à six mille francs, / C'est bougrement tentant, / C'est bougrement tentant / Pour les gens d'Orléans / D'en faire innocemment / Un'vache à dix mille francs », etc.

Parmi les jeunes loups gaullistes du moment, Joseph Fontanet mérite une mention. D'abord secrétaire d'État à l'Industrie et au Commerce, il devient en novembre 1959 secrétaire d'État au Commerce intérieur. Le 15 septembre 1960, il présente un plan devant le Conseil économique dit restreint. Le prétexte est tout trouvé : le prix de la viande, qui pèse si lourd dans le budget des ménages, n'a cessé de grimper. Surtout celui du bœuf. Surtout celui du steak. Fontanet, qui n'a que 38 ans, est le parfait représentant de la génération politique qui va tout chambouler. Fervent catholique, ce qui le rapproche de l'univers de la JAC et de Debatisse, il a fait des études chez les pères maristes.

L'Europe, l'Europe, l'Europe !

Pour lui, la « modernisation » est tout un, et son plan est présenté dans la presse comme « une vaste campagne, dont l'objet sera de développer rationnellement la consommation de viande ». Il s'agit d'une offensive coordonnée de la part des technocrates, qui dominent pour la première fois les cabinets ministériels de la France « moderne ». L'enjeu est avant tout de faire entrer la France dans l'économie moderne, laquelle, en cette fin d'année 1960, porte un nom : l'Europe.

Tout a commencé par une création proprement historique. La France de la guerre aux Boches, du récurrent conflit contre les Germains, a enfin tourné la page. Après le plan Schuman et la CECA (Communauté européenne du charbon et de l'acier), le traité de Rome, signé en 1957, institue la Communauté économique européenne (CEE). Six pays – l'Allemagne, la Belgique, la France, l'Italie, le Luxembourg et les Pays-Bas – changent à jamais la face du monde occidental. Dont celle de la viande.

Car un gigantesque marché s'entrouvre, où les places et les spécialités seront chères. Banalement, oui, banalement, les ingénieurs et techniciens qui mèneront la France au cours des Trente Glorieuses ont saisi que la France agricole, avec ses troupeaux et ses immenses pâturages, détenait un avantage comparatif essentiel, comme dit le jargon. En cette fin des années 1950, l'Europe des Six est contrainte d'acheter massivement de la viande, surtout du bœuf. Or ni l'Allemagne ni l'Italie – ne parlons pas du Benelux, dont les surfaces sont négligeables – ne sont en mesure de fournir les centaines de milliers de tonnes de bœuf qu'il faut importer à grands frais, des Amériques notamment.

Or la France est elle-même en plein boom, car son surplus de viande exportable – toutes catégories confondues – passe de 110 000 tonnes par an en 1959 à 200 000 tonnes en 1962. Près du double en seulement trois ans ! Les experts du Plan prévoient alors de parvenir à 300 000 tonnes en 1965[96]. Comme ils le savent et comme ils le clament, la France a un potentiel énorme. Son cheptel bovin de 20 millions de têtes est de loin le plus puissant de la CEE naissante et gagne 2 % par année depuis 1950. Mais pour s'imposer enfin il faut une condition, essentielle : conquérir les marchés européens. Notamment l'Allemagne, deuxième importatrice de viande mondiale en 1959, et l'Italie.

L'industrie naissante de la viande est une priorité nationale, car elle permettra à terme de payer les produits industriels finis que la France est incapable de fabriquer encore.

---

96. Gilles ARFEUILLÈRE, *L'Organisation des marchés de la viande*, Cujas, 1964.

Les technocrates rêvent ouvertement d'une révolution industrielle qui serait entraînée par une révolution agricole. Au début des années 1960, la viande de gros représente un chiffre d'affaires bien plus élevé que les plus grandes entreprises françaises. EDF, la sidérurgie, la SNCF restent loin derrière la sainte bidoche.

« Suivez le bœuf » et soyez ridicule

En septembre 1960, donc, le grand plan Fontanet, qui prend la forme bouffonne d'une campagne gouvernementale appelée « Suivez le bœuf ». Il faut dire d'emblée que Joseph Fontanet a décidé de faire rire la France. Il semble qu'il soit l'auteur de quelques-uns des treize spots d'une puissante campagne publicitaire d'État, radiotélévisée, dont la première saison durera de septembre à décembre 1960. Ce qui donne, avec une voix de bœuf off : « Ce n'est pas un secret d'État, c'est une campagne nationale en faveur du bon sens, de la qualité et de l'économie. Suivre le bœuf, c'est aller chez un boucher qui fait la chaîne et limite ses prix pour baisser le bœuf. Suivez le bœuf ! » Ou encore, toujours rapporté par le bœuf lui-même : « Vous me donnez le vertige, vous m'avez fait monter trop haut. Suivez le bœuf ! » Hi, hi.

C'est cette bluette qui sera infligée aux spectateurs de la première et unique chaîne de télévision. Plusieurs fois par jour et pendant des mois. Qui sera même reprise et « améliorée » au fil des ans, au point de durablement marquer toute une génération. Tout a été préparé chez Michel Debré, alors Premier ministre. La télé étant aux ordres directs, Debré a convoqué Pierre Sabbagh, sous-directeur à la RTF, et exigé que tous les moyens soient déployés. Non seulement le panonceau qui présente la campagne, assorti des spots Fontanet, sera bombardé sans relâche, mais cinq émissions spéciales de propagande seront ajoutées au dispositif. Elles permettront de retracer « l'histoire du bœuf, du pré à l'étal du boucher ».

Que la fête commence ! Des millions de nouveaux francs de l'époque, ce qui est colossal, sont confiés à l'agence Publicis pour convaincre les Français. Mais de quoi, au fait ? Il y a, de nouveau, largement de quoi rire. On l'a dit, la mise en scène consiste à faire croire que le gouvernement veut faire baisser le prix de la viande. Une antienne tout au long de la Quatrième République, reprise en fanfare par la Cinquième. En 1959, l'année d'avant « Suivez le bœuf », le gouvernement de Michel Debré avait tenté de faire croire à une baisse moyenne de 10 à 15 % des prix grâce à la mise en caissettes de la viande, dans les régions mêmes de production. Abattue sur place dans de nouveaux abattoirs, envoyée par wagons réfrigérés le long d'un « circuit court », elle était censée combattre les trop fameux intermédiaires. En somme, cette première parade gaulliste préparait les esprits à la grande bagarre contre les abattoirs à l'ancienne.

La campagne de 1960 est beaucoup plus précise et se présente comme une offensive militaire dont le nom de code, authentique, est : Clarté. La viande de bœuf est officiellement séparée en quatre grandes catégories : entrecôte, bifteck, macreuse et bavette, plates côtes et tendron. Quatre catégories qui n'en font en réalité que trois. Il y a la viande à griller – ou rôtir –, la viande à braiser, la viande à bouillir. Comme ce n'est pas encore assez compliqué, le gouvernement, désopilant en diable, divise le tout en six grandes classes, de 1 à 6, en fonction de la qualité de la viande.

Pisani entre en scène

L'idée constamment répétée par le pouvoir est que la France est assise sur un tas d'or qui ne demande qu'à fructifier. Mais ! Mais il faut réformer, et très vite. Le 8 mai 1964, le général de Gaulle reçoit les responsables syndicaux de l'agriculture et les assure de son soutien pour obtenir une augmentation des prix à la production de viande. Il leur suggère même de lui écrire directement en cas de blocage des services de l'État. Le 28 mai, Edgard Pisani, le ministre de l'Agriculture du Général, prend le relais et reçoit à son tour les syndicats paysans. En juillet, on annonce un énième plan, qui durera jusqu'en 1970. Mais celui-là sera « le bon ». Dès décembre, Giscard et Pisani annoncent ensemble un projet de loi. Le journal *Combat* résume l'objectif officiel : « Aux environs de 1970, la France doit disposer de circuits modernes, conformes à la logique et à la rentabilité des entreprises, seul système en définitive digne d'une grande puissance économique. »

La viande vient de changer de statut, sans que personne le soupçonne encore. Ce n'est plus un aliment tiré d'un animal existant, vivant et souffrant. Ce sera désormais un morceau, un produit, l'élément d'une chaîne de fabrication et de distribution. Il n'est pas abusif d'y voir une rupture de civilisation. Petite cause technocratique, immense collapsus anthropologique. Le reste n'est que politique, et ivresse de pouvoir.

Devenu formellement indépendant de la FNSEA en 1957, le Centre national des jeunes agriculteurs (CNJA) de Michel Debatisse va nouer des liens directs avec le Premier ministre Michel Debré et avec le Général lui-même. Deux hommes facilitent les contacts : Antoine Dupont-Fauville et Jean Méo. Ce n'est que le début d'un grand jeu qui prend des dimensions inouïes avec la nomination d'Edgard Pisani à l'Agriculture le 24 août 1961. Né en 1918, ce dernier a été en 1944, donc à l'âge de 26 ans, le plus jeune sous-préfet jamais nommé en France. L'arme au poing, il a été un grand résistant. Après une carrière préfectorale et politique qui l'a conduit dans les entours du centre-gauche, il est, en 1961, en attente de son destin. Ce sera un coup de fil.

En cette fin d'août 1961, Pisani rentre des vacances qu'il a passées dans le sud de l'Italie avec sa famille. Téléphone. C'est Michel Debré, Premier ministre, qui lui propose le poste de ministre de l'Agriculture. Pisani accepte et va avancer à l'aide de deux soutiens indéfectibles. Le premier s'appelle Michel Debatisse, ce syndicaliste agricole dont on a déjà parlé. En 1961, Debatisse a 32 ans. Intelligent, bon orateur, il a l'oreille des jeunes, ceux qui poussent les vieux paysans d'antan au rancart.

Sans verser dans la psychologisation, il faut bien parler d'un coup de foudre. En tout cas, Pisani tombe sous le charme de Debatisse et ne le cachera jamais. Les réunions avec l'état-major du CNJA se multiplient. Et pas seulement rue de Varenne, au siège du ministère, mais souvent au domicile privé du ministre, à l'angle de la rue Bayard et du cours Albert 1er.

Il ne manque qu'un acteur, décisif il est vrai : l'Inra, le grand institut public créé en 1946. Deux personnages vont jouer un rôle crucial dans la révolution de l'élevage. Le premier s'appelle Raymond Février, que nous avons déjà vu à l'œuvre. Le second est Jacques Poly. Février, homme de gauche, est profondément impressionné par la stature morale et intellectuelle de Pisani. En 1961, après avoir fait son chemin à l'Inra depuis la guerre, puis avoir été nommé inspecteur général, il devient responsable du secteur Animal de l'Institut.

Jacques Poly, « commandeur de l'Agriculture »

Quant à Jacques Poly, c'est un cas. Né en 1927, cet ingénieur agronome commence sa carrière à l'Inra en 1948. Il en sera le grand patron entre 1980 et 1989. Fils d'un instituteur jurassien, il sort major de l'Agro au lendemain de la guerre, ce qui lui ouvre toutes les portes. La carrière royale est alors forestière, mais Poly choisit la zootechnie, qui n'est que balbutiante. Dès le début des années 1950, il émigre près du Panthéon, à Paris, dans les locaux de la Société scientifique d'hygiène alimentaire. Il y lance des idées toutes neuves sur la sélection par insémination artificielle.

Appelé plus tard par son ami Bertrand Vissac « le commandeur de l'Agriculture », Poly est habité comme lui par « la certitude du progrès technique[97] ». Il s'entoure de fidèles qui formeront, pour les initiés, le « Polyclub ». C'est dans ce cénacle très privé, dirigé et abrité par Poly, que les questions de génétique animale seront débattues tout au long des années 1950, forgeant des amitiés indestructibles.

Autour du « Polyclub », l'enthousiasme est la règle de base. On tente d'apprivoiser en français la bible américaine de Jay Laurence Lush, *Animal Breeding Plans*, qui a défini la

---

97. Bertrand Vissac, *Les Vaches de la République, op. cit.*

toute première théorie générale sur l'« amélioration » des animaux d'élevage. L'ordinateur – oui, l'ordinateur ! – devient un instrument révolutionnaire. L'équipe de Poly utilise le plus puissant de l'époque, un IBM 704 qui permet de traiter de manière informatique des données recueillies chez les bénédictins de la Pierre-qui-Vire, les producteurs de roquefort ou les éleveurs laitiers.

En 1961, Poly triomphe et fonde à la station de recherche de Jouy-en-Josas un grand département de génétique animale, qui le mènera au sommet. À cette date, il sait parfaitement ce qu'il veut : une loi. Une grande loi d'État. Seul un texte législatif sera en mesure de briser les moules et le corporatisme de la profession. Il lui faudra cinq ans.

Ce que Poly, Vissac, Février ont en tête est sidérant. Mais tous les grands politiques de cette époque, à commencer par Pisani, les soutiendront. Il s'agit à la fois de sélectionner les animaux pour leur faire produire davantage de nourriture et de lait. Mais aussi, d'une certaine façon, de sélectionner les humains. Vissac, dans son grand livre-testament[98], note sans état d'âme apparent que la décision a été prise de partager les paysans en trois catégories, l'une devant disparaître, une deuxième devant être aidée par l'État à se « moderniser », et la troisième, déjà assez puissante pour se contenter d'un « accompagnement » vers les lendemains qui chantent. Ce qui donne : « Cette répartition correspond à un véritable processus de sélection, humaine celle-là. Elle n'est plus de l'ordre de l'évolution sociale lente, mais correspond à une véritable décision imposée par une génération humaine à celle qui précède et à celle qui suit. »

---

98. *Ibid.*

Poly devient l'un des principaux conseillers « techniques » de Pisani, qui ne demande qu'à être convaincu. En 1966, Poly le fulminateur entre au cabinet d'Edgar Faure, qui a succédé à Pisani, et il y décidera souvent davantage que le ministre. Écoutons encore ce témoin direct, Bertrand Vissac : « La bande de copains issus des grandes écoles qui tenait le ministère de l'Agriculture sous Edgar Faure et se réclamait de la caution scientifique de J. Poly va longtemps occuper les structures du ministère et influencer ses cabinets. » Poly sera à nouveau conseiller d'un autre ministre de l'Agriculture après 1969 : Jacques Duhamel. Nul ne sera plus responsable que lui de la loi sur l'élevage de 1966 et de tout ce qui va arriver par la suite. Révolutionnaire ? Oh oui !

De quand date la mauvaise foi ?

Il va de soi que les pionniers de cette histoire étaient de bonne foi. Une bonne foi parfaitement aveugle. Mais à partir de quand a-t-on pensé à nier les évidences, comme dans le dossier des pesticides, par exemple[99] ? La conscience humaine dispose de mécanismes d'une rare puissance pour se préserver de l'angoisse de certaines révélations, du constat de certains faits. On regroupe ces phénomènes sous le nom de déni, et chacun sait que cela peut aller très loin. De nombreux cas documentés de déni de grossesse montrent en effet qu'une femme peut refuser l'idée qu'elle porte un enfant

---

99. Voir Fabrice NICOLINO et François VEILLERETTE, *Pesticides. Révélations sur un scandale français*, Fayard, 2007.

jusqu'au moment même de l'accouchement. Cette mauvaise foi extraordinaire renvoie entre autres au « mensonge à soi-même » évoqué par le philosophe Jean-Paul Sartre[100]. La conscience humaine, c'est un truisme, peut être à la fois mystificatrice et mystifiée.

Pourquoi tant de précautions ? Mais parce que l'explication est rarement synonyme de simplicité. On va tout de suite comprendre avec le cas Pochon. André Pochon, que tout le monde appelle Dédé, est un paysan né en 1932 dans les Côtes d'Armor. Membre très tôt de la Jeunesse agricole chrétienne (JAC), il a participé, après 1945, au chamboulement de l'agriculture.

Au cœur du grand malentendu de ces décennies-là, il a toujours distingué le « bon » progrès – jusque vers 1970 – du « mauvais » – depuis lors. En 1955, alors qu'il n'a que 23 ans, il gère avec son épouse une ferme minuscule de neuf hectares. Il comprend cette année-là que l'azote épandu sous forme d'engrais sur ses prairies coûte cher et donne des résultats décevants. Or de l'herbe des prairies dépend le nombre de litres de lait que produisent les vaches.

Il cherche, et, après moult questions et comparaisons, réalise que le trèfle blanc est un miracle. Ses nodosités capturent l'azote de l'air et le synthétisent ; ainsi, en association avec le ray-grass, une plante vivace, le trèfle blanc devient un puissant engrais naturel. Les prairies qui mêlent trèfle blanc et ray-grass sont d'une productivité inouïe.

Alors Dédé pousse plus loin. Il obtient des rendements étonnants – ajoutant d'autres trouvailles à celle-là – et, en

---

100. Voir notamment Jean-Paul SARTRE, *L'Être et le Néant*, Gallimard, 1943, chap. 2.

1957, la ferme Pochon, pourtant la plus petite de la commune, est aussi celle qui entretient le plus de porcs, nourris avec le lait écrémé des vaches du troupeau. Dédé parvient à en produire 100 par an tandis que son père, qui dispose de 25 hectares, parvient péniblement à… 12. Sa production laitière est multipliée par cinq ! En 1961, grâce à l'apport des prairies temporaires, retournées et cultivées, il produit 60 quintaux d'orge de printemps à l'hectare. Du jamais vu !

L'affaire devient passionnante si l'on y ajoute le rôle de l'Inra, cet Institut national de la recherche agronomique, en théorie au service de la société. Car la « méthode à Dédé » fondée sur le trèfle blanc est testée, à la fin des années 1950, par la station de l'Inra de Quimper. Les résultats seront tenus totalement secrets. On saura, bien plus tard, que l'Inra a validé la méthode, mais qu'un ordre anonyme a tout consigné au dépôt des idées sulfureuses.

Cela n'est plus un secret, car un livre, *Agronomes et paysans*[101], fait revivre cette petite épopée. Les agronomes d'hier – Claude Béranger, Raymond Février, si souvent cité – font face à Pochon au cours d'une rencontre organisée en 2007. Ont-ils été des alliés, des adversaires ? des complices ? des ennemis ?

Pourquoi les pratiques agricoles indiscutables de Pochon ont-elles été à ce point méprisées ? Oui, pourquoi l'Inra a-t-il à ce point défendu le productivisme, notamment dans l'élevage ? Réponse de Claude Béranger, directeur de recherche honoraire à l'Inra : « Je me souviens d'avoir plaidé […] dans un conseil scientifique de l'Institut technique des céréales et des fourrages. […] On m'a dit : "Si l'Inra commence à dire

---

101. André POCHON, *Agronomes et paysans*, Quae, 2008.

des choses pareilles, nous sommes fichus. Si l'Inra commence à dire qu'on peut réduire les rendements, c'est la fin de tout. Arrêtez de dire de telles choses, sinon nous ne pourrons plus travailler avec vous." La pression dominante était très forte et ceux qui, comme André Pochon, se battaient contre cette tendance, étaient en fait très peu nombreux. L'Inra est lié à son environnement[102]. »

Trois commentaires. Le premier : ces propos figurent dans un livre édité par l'Inra. L'Inra de 2009. Le deuxième concerne l'institut dont parle Claude Béranger, et qui faisait jadis la pluie et le beau temps à l'Inra : l'Institut technique des céréales et des fourrages (ITCF). Grossièrement résumé, l'ITCF aura toujours représenté le noyau dur de l'industrie agricole. Les grosses coopératives. Les instituts de recherche. Les filières industrielles. Le tout assaisonné d'argent public, *via* le ministère de l'Agriculture. En 2002, l'ITCF a donné naissance à Arvalis, l'Institut du végétal, qui est la même chose, en plus « moderne ». Question absurde : les choses ont-elles changé ? Ce que l'ITCF faisait il y a un demi-siècle, Arvalis se l'interdirait-il aujourd'hui ? Question absurde.

Le troisième commentaire porte sur Raymond Février, héros récurrent de ce livre. Manitou de l'Inra, il a très bien connu Dédé Pochon. Et tous deux – voyez, c'est un livre drôle – ont été membres du parti socialiste au moment de la victoire de François Mitterrand, en 1981. Né en 1920, cet homme n'a pas manqué de voir se lever une contestation écologiste et simplement morale de l'élevage industriel auquel il aura tant contribué.

---

102. Cité *ibid*.

Dans un passionnant entretien accordé en 1996[103], Février revient sur son parcours et semble bien le remodeler un peu, ce qui est humain. Il n'a visiblement pas tout oublié de son enthousiasme extravagant de 1970, et déclare notamment : « Je n'aime pas ce terme de biologique. Il ne veut rien dire. Il était utilisé alors par les croisés d'une foi sans limites pour le "naturel" qui, de surcroît, s'appuyaient sur des arguments qu'ils croyaient scientifiques, mais sans la moindre consistance. En 79, excédé par leur assurance et par leur agressivité, je qualifierai, dans un article de *La Recherche*, cette sensibilité de "bigoterie du naturel". [...] Grâce à nos nouvelles connaissances, cette maîtrise va plus loin ; elle s'est développée, dans une ambiance admirative, mais au profit et de la thérapie génique, qui utilise des virus, et de la pharmacie, qui utilise largement des champignons et des bactéries transgéniques ! Ce sont les mêmes qui avalent des drogues produites avec des micro-organismes génétiquement modifiés, et qui se signent dès que l'on parle d'OGM à usage alimentaire ! Leur contestation totalitaire, presque théologique, occulte le vrai débat sur cette nouvelle génération de végétaux et d'animaux domestiques, car il y a de réels et sérieux problèmes. »

Edgard Pisani, chantre de l'usine à viande

Non, Raymond Février n'a pas tout oublié. Mais il sait romancer le passé. Ainsi déclare-t-il aussi : « C'est dire que

103. Archorales-Inra, cassettes DAT n° 61-1, 61-2 et 61-3, propos recueillis par D. Poupardin.

l'accusation de productivisme à notre égard n'est pas très solide. La vague de l'industrialisation de l'élevage a paru rendre ringardes ces ambitions d'alors, et nous avons participé à ce mouvement, car les innovations étaient demandées, parfois exigées par les éleveurs, nos "clients", et par les pouvoirs publics, sans parler des "marchands". Mais nous rappelions sans cesse la nécessaire modération dans la mise en œuvre d'innovations encore balbutiantes dont nous connaissions les faiblesses[104]. »

N'insistons pas. Reste le cas Pisani, qui illustre à la perfection l'axe Pochon-Février ainsi que les affres du déni. On le sait, ce grand ministre de l'Agriculture est bel et bien responsable. Qu'il soit devenu un grand sage, comme René Dumont avant lui, après avoir été un productiviste forcené, ne surprendra guère. Encore faut-il savoir. Encore faut-il avoir quelque mémoire.

Dans le quotidien *La Croix* du 21 février 1965, le journaliste Joseph Fontaine rend compte d'une tournée triomphale d'Edgard Pisani, alors ministre de l'Agriculture, en Bretagne. C'est un moment clé de l'histoire de la France moderne. À cet instant, en effet, la Bretagne de Dédé Pochon est debout. Elle a sa langue, ses animaux, son bocage fait de haies boisées, de talus, de chemins creux.

Elle peut, elle pourrait se tourner vers un élevage économe, écologique avant l'heure, qui préserverait la qualité de ses sols et de ses rivières. Elle pourrait user de techniques simples, humaines, qui laisseraient au second plan le si lourd appareil agro-industriel. Elle n'a pas encore basculé dans l'infernal système d'élevage basé sur un maïs gorgé

---

104. *Ibid.*

d'engrais et de pesticides et sur l'importation massive de tourteaux de soja.

En bref, elle est libre. En bref, elle est à la croisée des chemins. Mais plus pour très longtemps. D'autres, ailleurs, à Paris, rue de Varenne, siège du ministère de l'Agriculture, ont choisi pour elle ce qu'on appelle un destin. Le 21 février 1965, donc, le journal *La Croix* cite Pisani : « La Bretagne doit devenir un immense atelier de production de lait et de viande. » Et le journaliste Joseph Fontaine de préciser : « Ce qui implique le développement de céréales fourragères, l'importation par des ports équipés pour cela de maïs et de tourteaux, la substitution de la culture du maïs et de l'orge à celle du blé, l'installation d'usines de production de viande. »

La Bretagne deviendrait de la sorte une usine à viande et à nitrates. Et la France tout entière, à un degré moindre. Cette histoire repose sur le déni le plus manifeste. Personne n'entend plus assumer les choix faits il y a quarante-cinq ans.

CHAPITRE 14

Tout est dans tout et inversement
(le lobby est partout)

Un lobby ? Ah non ! Surtout ne pas insulter le Centre d'information des viandes (CIV), qui fait œuvre, comme son nom l'indique, de « journalisme ». Dès qu'on touche à la viande, comme par miracle, les mêmes personnages sont partout, sautant joyeusement d'une chaise musicale à une autre. Zim-bam-boum, les voilà !

Attendez-vous à un tour de passe-passe. Apprêtez-vous à applaudir le grand magicien dans son habit de lumière, avec sa cape et son grand chapeau haut-de-forme à double, triple et décuple fond. D'où sortiront une multitude de lapins, mais aussi des loirs – grands dormeurs –, mais encore des renards, et même, car il en faut, une flopée de blaireaux. Le roulement de tambour que vous n'entendez pas signifie que la cérémonie du lobby d'or de la viande va commencer. Sous vos applaudissements, comme il se doit préenregistrés.

Comment vous servir la sauce ? Au hasard, commençons par le Centre d'information des viandes, ou CIV. Information ? Évidemment, puisque Louis Orenga est aux manettes. Louis Orenga est un homme intelligent, ce qui ne se rencontre pas chaque jour sous le sabot d'un cheval. En 1987, après un doctorat de gestion, il accepte de prendre la tête du Centre d'information des viandes, qui reste prudemment, dans un premier temps, cantonné aux ovins et aux bovins.

Il s'agit donc d'« informer », tout en étant payé par les filiè-res industrielles et en partie par l'État, *via* le ministère de l'Agriculture. On cherchera, mais en vain, une meilleure définition du mot lobby. Ce qui n'effraie aucunement Orenga, car il ne se sent pas concerné. Au fil des ans et des interviews, il ne cesse de parler d'intérêt général, d'objecti-vité de l'information, de consensus, de « continuer à dire ce qui [est] objectivement la réalité », de transparence. En bref, Orenga est le chic type qui se décarcasse pour nous tenir au courant, tout en pourfendant, avec diplomatie, les désinfor-mateurs, ou plus simplement ceux qui empêchent de « réduire les écarts énormes qui existent entre la perception des consommateurs et la réalité », comme il le dit dans un texte de 2005. Orenga est, de son propre aveu, un « média-teur ».

Speed dating *pour la bidoche*

Curieuse distorsion, car il est aussi l'auteur d'un livre inti-tulé *La Communication collective*, dans lequel il fait preuve d'un sens on ne peut plus madré du marketing. Livre publié par une discrète association appelée Stratégie et communi-cation collective. Parmi ses membres, outre le CIV, on retrouve l'essentiel du lobby de la viande et de l'agroalimen-taire. Citation impeccable d'Orenga, qui nous éloigne quel-que peu du rôle revendiqué de médiateur : « La mise en place d'une marque collective s'inscrit, la plupart du temps, dans une perspective à long terme qui relève du marketing stratégique pour influer à terme sur les évolutions d'un marché. » Eh bien, c'est dit : il s'agit donc de conquérir des parts commerciales.

Dans ce domaine, le CIV est un expert, soyons au moins sportif. Il suffit de visiter son site Internet pour le comprendre. D'ailleurs, n'a-t-il pas obtenu le premier prix des Trophées de la communication en 2007 ? Le CIV est sans conteste le cœur, au sens nucléaire. C'est le réacteur, financé par l'industrie et par l'État, dans des proportions qui varient d'une année sur l'autre. Ainsi, en 2002, alors que la filière bovine commençait à sortir des affres de la vache folle, le CIV avait un budget de fonctionnement de 4,5 millions d'euros. Avec quoi il était censé répondre à toutes les questions. Celles des consommateurs, mais aussi celles des médecins, des enseignants, des enfants et bien sûr des journalistes qui auraient besoin d'un tuyau.

Mais le gros de l'argent ne passe pas dans ces contacts directs. Cette même année 2002, le CIV a dépensé 8 millions d'euros pour la pub. Ce qui commence à compter. Et, dans ce domaine, Orenga n'a rien à envier aux plus créatifs. Ainsi, en règle générale, le *speed dating* permet-il de rencontrer le plus grand nombre possible d'éventuels partenaires amoureux en multipliant les face-à-face d'une durée de sept minutes. Inventée dans les bars de Manhattan, l'idée a franchi l'Atlantique il y a quelques années, avant d'être détournée par le CIV, qui sait ce que rigolade veut dire. Le 27 mai 2008, dans le café parisien *Le Louchebem* – « boucher » en argot –, des professionnels de l'élevage ont répondu, sur ce modèle, à un panel soigneusement sélectionné de consommateurs. Au chapitre des questions posées, le transport des moutons vers l'abattoir, le bien-être des bovins d'élevage, les conditions d'élevage des veaux. Les gagnants partaient avec un week-end gastronomique en cadeau. On n'imagine pas qu'il n'y ait eu une ou plusieurs côtes de bœuf au menu.

Autre grande invention du CIV : une télé privée de toute beauté, CIVTV, imitant du mieux qu'elle peut les émissions de télé-achat des grandes chaînes commerciales. Il faut parfois se pincer pour croire ce que l'on entend. Jetons un œil sur un morceau d'anthologie, rigoureusement pris au hasard. Un charmant animateur propose, d'une voix guillerette d'entrée de supermarché, une vision renouvelée des millions de tonnes de déjections animales qui empuantissent l'air et polluent gravement les eaux. C'est burlesque : « L'éleveur ne réalise pas l'épandage des déjections au hasard. Il calcule avec précision, champ par champ, quelle quantité il doit épandre pour apporter aux plantes ce dont elles ont besoin. Ni plus ni moins. » Ce « ni plus ni moins » est admirable. Quiconque a déjà vu une séance d'épandage de lisier par tuyau sous pression appréciera le sens de l'humour.

Au-delà, il faut parler d'activisme. Le CIV est partout. Dans les journaux, à la télé, à la radio, avec les enfants, avec les « seniors », dans les concours, sur les podiums, avec le Muséum, au Salon de l'agriculture, dans les cuisines, au cul des vaches, par-tout.

Les jeunes, les moins jeunes, les vieux

Sans espérer une seconde approcher une quelconque exhaustivité, et juste pour le plaisir de faire un tour sur les montagnes russes de la défense intransigeante de la viande, voici un échantillon. Le 16 février 2005, le CIV devient le parrain de l'opération Jetix Kids Cup. Jetix est une chaîne de télé pour enfants. Elle vient de signer un partenariat pour la cinquième édition de son grand tournoi, qui mobilise la Ligue de football amateur. En tout, « plus de 7 000 enfants, filles et garçons de 8 régions de France », seront mobilisés. Le CIV sera le parrain principal du tournoi.

Les enfants toujours. En décembre 2007, le CIV est en Haute-Saône, confiant dans l'avenir : « Les bonnes habitudes alimentaires s'apprennent dès le plus jeune âge. C'est pourquoi le Centre d'information des viandes (CIV) a choisi d'intervenir dans une vingtaine d'écoles primaires de la région. Objectif : inciter les enfants à manger équilibré, mais aussi assurer la promotion de la viande auprès des plus jeunes[105]. »

Les ados, maintenant. Bienvenue ! clame le site Internet créé pour l'occasion. Le reste est textuel : « Avec le CIV, apprends à bien manger et bien bouger, tout en prenant du plaisir ! Si ton collège participe à cette opération, on t'a sûrement remis le livret Mang'Mag : 100 iPod sont à gagner en jouant au Big Quiz. Retrouve tous les résultats sur ce site à partir du 20 mars 2009. Et n'oublie pas de jouer sur ce site pour gagner 10 iPod Touch. » Parmi les « informations » diffusées pour l'occasion, ne pas louper celle-ci : « Les protéines d'origine animale ont l'avantage d'être *équilibrées en acides aminés indispensables.* Comme l'organisme ne sait pas les fabriquer, il faut donc que ces acides aminés soient apportés par l'alimentation. » L'italique dans l'extrait est bien sûr d'origine contrôlée.

---

105. *La Haute-Saône agricole et rurale*, 14 décembre 2007.

Les jeunes un peu plus vieux, qui commencent dans la vie professionnelle, ont droit, eux aussi, à la viande, car le CIV est contre toute discrimination. En mai 2007, c'est l'élève de BTS Xavier Michel, du lycée Lesdiguières à Grenoble, qui remporte le 19e concours national « Le Bœuf, les races à viande de France ». Recette imaginée par le jeune vaillant : bœuf en trois façons, jus corsé mondeuse, chartreuse de topinambours, royale de champignons, sabayon au beaufort. Merci qui ? Le CIV, grand organisateur du concours et des festivités.

Les vieux ne sont évidemment pas oubliés. Car « les personnes âgées de 65 ans et plus consomment moins de produits carnés. Afin de (re)conquérir cette clientèle, le Centre d'information des viandes (CIV) lance prochainement la "Tournée viande et équilibre", qui vise à valoriser la viande auprès des seniors et qui se déplacera dans onze centres de cure thermale de l'Hexagone entre le 19 septembre et le 21 octobre 2006 ».

Et les familles ? Le CIV les traque jusqu'au pied des remonte-pentes. En 2009, pour la sixième année consécutive, il a organisé une grande tournée « Viande et neige » dans des dizaines de stations de ski. « Pour se rapprocher des vacanciers venus profiter du grand air et des plaisirs de la glisse, et leur proposer de compléter leurs connaissances ou de répondre à leurs questions sur des sujets tels que l'équilibre alimentaire, la sécurité sanitaire, les signes de qualité, la connaissance des morceaux… » Au programme, des dégustations gratuites de viandes régionales, des brochures, des quiz et aussi un « parcours d'information sur le rôle joué par l'élevage sur les paysages de montagne, l'environnement et l'aménagement du territoire ».

Surveiller de près le buzz d'Internet

En bref, le CIV est parfaitement respectable et même intouchable. Témoin, entre cent autres exemples, cet échange formidable entre le député UMP François Grosdidier et le ministère de la Santé. La question écrite du député, posée en novembre 2005, insiste sur les craintes liées à l'épidémie de grippe aviaire. Le 19 septembre 2006, c'est le ministère de l'Agriculture qui répond, et de la sorte : « Pour rassurer les consommateurs préoccupés par l'épizootie d'influenza aviaire et les professionnels de la filière avicole inquiets de la baisse des ventes, le gouvernement s'est mobilisé. Dans le cadre du dispositif d'information sur l'influenza aviaire coordonné par le ministère de l'Agriculture et de la Pêche, le Centre d'information des viandes (CIV) a été chargé, dès le 23 novembre 2005, de contribuer à l'information des consommateurs. »

Faut-il ajouter un commentaire ? Non. Le CIV défend la viande, et comme il est payé pour cela par l'industrie et l'État, il ne perdra pas son autorité de sitôt. Mais on allait oublier ce naturel qui revient si fort et si vite chez les fiers destriers. Que n'apprend-on pas à la lecture du journal professionnel *Stratégies* en date du 12 février 2009 ? Sous un titre inquiétant – « Le Centre d'information des viandes contrôle le buzz » –, l'hebdo du marketing révèle que le CIV « veille à tout ce qui se dit dans les forums, les blogs ou les commentaires d'articles des sites médias. Bras d'information d'Interbev, le syndicat chargé de la promotion de la viande (hors charcuterie), le CIV pondère sur la toile certains arguments développés par les lobbies végétariens ». Un système d'alerte automatique permet à Louis Orenga de prévenir toute situation de crise. Il reçoit « des rapports hebdomadaires avec verbatim et analyses, et fait le point chaque mois dans des réunions de pilotage ». Mazette, c'est la guerre.

Mais à tout bastion il faut des chevau-légers. Oui, il faut bien de la vitesse, de la hardiesse, du mouvement. À l'origine, dans l'histoire, les chevau-légers n'étaient qu'une centaine, au service exclusif de la sécurité du futur Henri IV. À la vérité, cela ne sauva pas le roi de Ravaillac. Mais Jean-Marie Bourre n'a pas non plus de telles ambitions. Quel rapport entre ce nutritionniste illustre, auteur de tant d'ouvrages, habitué des journaux écrits comme des télés, et Louis Orenga ? Aucun, ou presque. Tous deux appartiennent à l'Institut français pour la nutrition (IFN), dont on reparlera plus loin. Orenga avec son CIV, qui siège à l'IFN. Et Bourre en tant que personne qualifiée, ce qui est bien mérité.

En outre, cet homme-là sait rire, ce qui aide à la manœuvre. À moins qu'il ne s'agisse d'un premier degré du lobbying ? Déjà évoqué (voir le chapitre 11), Jean-Marie Bourre mérite amplement ce deuxième passage. En 2001, il publie chez Odile Jacob un livre retentissant dont le titre éclaire toutes les ombres : *Les Aliments de l'intelligence et du plaisir*. Cet homme sait de quoi il parle puisqu'il est chercheur à l'Inserm, grand institut public. Et membre même de l'Académie de médecine. Cette publication est royalement accueillie par la critique. Dans l'ouvrage, avec une finesse qui l'honore, Bourre s'en prend à ces idiots de végétariens, qui « synthétisent moins d'albumine que les omnivores, ce qui constitue un signe de malnutrition ». D'ailleurs, de vous à moi, ou plutôt de Bourre à nous, arrêtons de considérer les contempteurs de la viande comme de doux agneaux. Et

Hitler ? Et Saint-Just ? Et Jules Bonnot, repérés par Bourre à l'œil de lynx dans la longue histoire sanglante des hommes ? N'étaient-ils pas végétariens ? *Ite missa est.*

Monsieur Bourre est-il dangereux ?

Mais voilà qu'en ce jour étrange du 26 août 2006 un journal sérieux, *Le Monde 2*, s'entretient avec Jean-Marie Bourre. Sous le titre « Bien manger pour bien penser », le magazine accorde sa couverture au sujet. Bourre dispose de sept pages afin de pourfendre ceux qu'il appelle les « terroristes alimentaires », qui sont parvenus à imposer la « phobie du gras ». Au long d'un propos général, le nutritionniste parvient comme par enchantement à défendre les viandes, la charcuterie et les graisses animales comme autant d'aliments indispensables pour que notre cerveau ne nous laisse pas tomber.

Le tout apparaît comme une prise de position, développée dans un livre qui sort la même année, *La Nouvelle Diététique du cerveau* (Odile Jacob). Mais cette fois quelque chose coince, qui n'est pas rien. Interrogés par le site LaNutrition.fr sur les propos de Bourre dans *Le Monde 2*, les grands cardiologues français Michel de Lorgeris et Patricia Salen (déjà rencontrés au chapitre 11) sautent au plafond : « Monsieur Bourre n'est pas dangereux seulement de façon primaire (en risquant de conduire certains patients à revenir à des pratiques nutritionnelles dont on connaît la dangerosité), il l'est aussi parce qu'en allant totalement à l'encontre des recommandations prudentes de nombreux praticiens, et avec une casquette de scientifique, il accrédite l'idée déjà trop répandue que médecins et scientifiques racontent n'importe quoi à propos d'une nutrition qui protège la santé et passent leur temps à se contredire. Toute la profession est ainsi discréditée et amalgamée à de nauséabonds conflits d'intérêts[106] ! »

Ce serait déjà incroyable, car de vrais praticiens de la cardiologie, reconnus par leurs pairs, accusent un académicien de mettre en danger le public qui suivrait ses « conseils » avisés. Ce serait déjà grave, mais ce n'est encore rien. Car ni *Le Monde 2* ni Bourre n'ont jugé utile de préciser un point qui a son importance : le nutritionniste interrogé est un lobbyiste.

Reprenons les propos publiés dans *Le Monde 2* : à en croire Bourre, on peut sans problème aucun manger de la viande rouge trois fois par semaine. Mieux, « si, aujourd'hui, nous interdisions de manger des charcuteries à toute la population française, cela ne réduirait l'apparition de graisses saturées que de 6 % à 8 %. Autrement dit, les charcuteries, cette formidable invention de notre cerveau, contribuent assez modestement à la formation du cholestérol ». Oui mais, détail qui tue, Bourre est, au moment où il parle, le président du Centre d'information sur les charcuteries, ou CIC. Lequel a pour mission déclarée de « valoriser l'image de plaisir, de convivialité, de tradition et de modernité de l'ensemble des produits de charcuteries-traiteurs ». D'expliquer « comment les charcuteries et les produits traiteurs s'intègrent dans une alimentation quotidienne équilibrée ». Et d'« informer les différents publics sur la qualité, la

---

106. http://www.lanutrition.fr/Affaire-%20%20-Jean-Marie-Bourre-%20%20»-deux-spécialistes-de-cardiologie-s-insurgent-a-1095-55.html

sécurité et la composition des produits de charcuteries-traiteurs ».

Thierry Souccar, un journaliste à la dent dure, est l'auteur du très remarquable *Santé, mensonges et propagande*, avec Isabelle Robard (Seuil, 2004). En septembre 2006, visiblement énervé par le personnage, il accorde à Bourre le grand prix de la Propagande du site Internet qu'il a créé, LaNutrition.fr, très prisé. Avec quelques attendus qui méritent d'être cités : « *Le Monde 2* présente Jean-Marie Bourre comme "neurotoxicologue, membre de l'Académie de médecine, spécialiste de la chimie et de la nutrition du cerveau à l'Inserm, découvreur des fameux Oméga 3". C'est beaucoup, mais encore très incomplet. En effet, Jean-Marie Bourre [...] est surtout président du Centre d'information sur les charcuteries payé par les industriels de la saucisse, membre du Comité scientifique du pain créé par les producteurs de farine, président du Comité scientifique de l'huître, président du comité scientifique du Comité national pour la promotion de l'œuf mis en place par les producteurs d'œufs. Il fait aussi la promotion du pruneau pour le compte de la Collective du pruneau d'Agen. »

L'IFN, entreprise philanthropique

À qui se fier donc ? À l'Institut français pour la nutrition (IFN), peut-être, où siègent, rappelons-le, et le CIV, et Jean-Marie Bourre ? L'IFN est un chef-d'œuvre de désintéressement dont le but est de « favoriser la concertation entre les milieux scientifiques et les professionnels de la chaîne agroalimentaire à l'occasion des questions intéressant la nutrition et l'alimentation dans leurs différentes dimensions, et leur promotion… ». Ses « activités sont essentiellement d'ordre scientifique : conférences, colloques, publications et soutien à la recherche par un prix de la recherche en nutrition et des prix jeune chercheur "Bernard Beaufrère" ».

Il publie quantité de rapports, parfois intéressants, organise des rencontres, des colloques, distribue des bons points et des hochets. Pour le bien commun, pour sûr. Et tout de même un peu celui de l'industrie alimentaire, dont celle de la viande. La liste des membres du conseil d'administration de l'IFN fait tousser : à l'été 2008, on y trouve des représentants directs de la totalité ou presque de l'industrie de la « nutrition », charcuteries et alimentation animale comprises. Nestlé, Coca, l'Association nationale des industries alimentaires (ANIA), etc., sont là, de même qu'ils trustent l'essentiel du conseil scientifique du glorieux institut.

On ne sait s'il y a lien de cause à effet, mais quand l'IFN entreprend la rédaction d'un dossier grand public intitulé « Nos aliments en 200 questions[107] », le moins qu'on puisse écrire, c'est que la viande y est bien traitée. Des problèmes ? Mais quels problèmes ? On ne peut pas s'en passer, il faut en donner à bébé, à pépé, sa teneur en cholestérol est modérée, elle est souvent moins grasse que le poisson, etc. À en croire cet étonnant document, la viande n'est qu'excellence. Et si, toutefois, vous vouliez en savoir un peu plus, eh bien l'IFN renvoie en priorité au CIC pour les charcuteries et au CIV pour la viande. Ce qui s'appelle un cercle parfait.

---

107. http://www.ifn.asso.fr/dossier_aliment/4-2.html : http://www.jfn2008.com/sponsors.html

Fatalement, quelques grincheux s'étonnent. C'est le cas, encore une fois, du site LaNutrition.fr. En octobre 2007, ces rebelles s'en prennent à l'IFN, « organisation hybride qui associe nutritionnistes et industriels de l'agroalimentaire. Les premiers parlent, mais ce sont les seconds qui paient ». Concernant le renversant questionnaire dont nous venons de parler, LaNutrition.fr note sans fausse charité : « Sur tous les sujets houleux qui pourraient faire du mal au compte d'exploitation des contributeurs [...], derrière la réponse de l'IFN pointe, parfois mot pour mot, le discours traditionnel de l'agrobusiness. Ah, on plaint les chercheurs – s'il y en a – qui ont pu s'atteler à cette entreprise [...]. On imagine les palabres et les pressions pour accoucher de cette prose, validée par des "scientifiques" de l'IFN. »

Les guillemets qui entourent le mot « scientifiques » sont bien dans le texte d'origine.

Mme Bellisle, spécialiste du grand tout

Scientifique, Mme France Bellisle l'est pourtant bel et bien. Et de l'IFN, qui plus est, mais entre autres. Commençons par l'indiscutable. Québécoise, Mme Bellisle est spécialiste du comportement alimentaire humain et de l'obésité. En France, elle a travaillé pour le CNRS, puis pour l'Inserm, enfin pour l'Inra. Elle intègre par ailleurs le service de médecine et nutrition de l'Hôtel-Dieu, à Paris.

Elle ne considère pas l'industrie comme une ennemie, il s'en faut. On citera pour mémoire l'enseignement qu'elle a donné dans le cadre de l'Institut Danone (Belgique) – le géant de l'agroalimentaire – au cours de l'année scolaire

1997-1998. Titulaire de la chaire Danone, qui existe donc, Mme Bellisle signera même, en 1999, une monographie au titre évocateur : *Le Comportement alimentaire humain*. Un travail qui lui vaudra les compliments enthousiastes du Pr André Huyghebaert, président du conseil d'administration de l'Institut Danone, et ceux du Pr Kenny de Meirleir, président du conseil scientifique du même. Entre collègues, c'est bien le moins.

On peut considérer cela comme anodin, ce qui commande d'aller un peu plus loin. La belle carrière de Mme Bellisle ne s'arrête pas là. En septembre 2007, l'IFN décerne son grand prix annuel de la recherche. France Bellisle en est la lauréate, et l'Inra, institut public où elle est directrice de recherche, en frétille, publiant aussitôt un communiqué enthousiaste pour fêter dignement l'événement. On peut comprendre que l'Institut est fier. On peut aussi comprendre autre chose. Répondant, en février 2007, soit six mois avant le prix, à des questions de *La Cuisine collective*, journal de l'industrie de la restauration collective, Mme Bellisle apporte une lumière personnelle sur le grand œuvre de l'IFN, « Nos aliments en 200 questions », déjà évoqué. Cet étonnant digest, très favorable à la viande, vient juste d'être publié.

Pourquoi un tel travail destiné au grand public ? Réponse de la chercheuse : « Les sources d'information sur l'alimentation destinées au grand public sont nombreuses aujourd'hui. Malheureusement, il est souvent difficile d'apprécier la valeur scientifique d'une information. C'est pour pallier cette difficulté que l'IFN a entrepris de constituer ce dossier [qui] vise à la simplicité et à l'objectivité. »

Donc, l'IFN est objectif. Et Mme Bellisle aussi, qui est, à cette date, la présidente du comité de communication de l'Institut. Une noble structure, qui compte dans ses rangs des représentants de divers groupes industriels, dont... Danone. En résumé, Mme Bellisle dit du bien de l'IFN dans les journaux, préside son comité de com' et reçoit comme par le plus parfait hasard un prix de la recherche estampillé IFN salué par son employeur « public » l'Inra.

Ce serait inquiétant si ce n'était aussi banal.

Une association de consommateurs américaine, Center for Science in the Public Interest, a ainsi découvert un minuscule oubli dans un article bibliographique publié en 2007 dans la revue *The American Journal of Clinical Nutrition* (*AJCN*). Le travail portait sur les liens entre les boissons gazeuses, dont les sodas, et l'obésité. France Bellisle, qui signe l'article, a oublié de préciser qu'à ce moment précis elle siège dans une structure de McDonald's, son *advisory board*.

Le 20 mars 2008, le Centre de recherche pour l'étude et l'observation des conditions de vie (Credoc), organisme prestigieux et célèbre, publie les résultats d'une étude qui décoiffe. Les Français ne s'hydrateraient pas assez. Et feraient donc bien de boire davantage d'eau, mais aussi de sodas. Ah. Mais le journaliste William Reymond, fouineur, découvre quelques étrangetés. Notre déjà vieille connaissance, France Bellisle, participe à la conférence de presse du Credoc en sa qualité de chercheuse à l'Inra, mais sans expliquer que c'est l'entreprise Coca qui l'a empruntée quelques instants pour donner un coup de main à cet organisme, dont l'étude est sponsorisée par... Coca, bien sûr.

Ces informations sont complexes et donnent le tournis ? Oui. Sont-elles importantes ? Oui. On demandera donc encore un peu de patience. Mme Bellisle est l'un des piliers de cette noble institution appelée IFN. Qui est française. Mais nous vivons aussi en Europe. Bien des décisions importantes se prennent à Bruxelles, d'où l'immense intérêt de disposer d'un outil transnational susceptible de porter la bonne parole industrielle. Cela tombe parfaitement, car voici le Conseil européen de l'information sur l'alimentation. L'Eufic, selon son acronyme anglais, est « une organisation à but non lucratif qui fournit aux médias, aux professionnels de la santé et de la nutrition, aux enseignants et aux leaders d'opinion des informations sur la sécurité sanitaire et la qualité des aliments ainsi que sur la santé et la nutrition s'appuyant sur des recherches scientifiques, en veillant à ce que ces informations puissent être comprises par les consommateurs ».

Cet air de déjà vu, qui fait tant penser à la prose de l'IFN, laisse songeur au moment où, justement, il faut ouvrir l'œil. Car France Bellisle siège aussi au conseil consultatif scientifique de l'Eufic. Ne siègent au conseil d'administration de l'Eufic, outre Danone, McDo et Coca, bien connues de Mme Belliste, des représentants de Barilla, Cargill, Cereal Partners, DSM Nutritional Products Europe Ltd., Ferrero, Kraft Foods, McCormick Foods, Mars, Nestlé, Novozymes, PepsiCo, Pfizer Animal Health, Procter et Gamble, Südzucker, Unilever…

Serge Michels, ancien de Que Choisir, au service de

On notera, dans la liste, un nom qui nous ramène au cœur de notre sujet : Cargill ! La plus puissante société de viande industrielle au monde (voir les chapitres 4 et 5) ! Une telle organisation pourrait faire penser à une toile d'araignée, du moins pour ceux qui oublient la beauté du tissage des toiles d'arachnides.

La vraie règle semble être d'occuper la totalité du territoire disponible, de manière à tout savoir et – à peu près – tout contrôler. Manipuler ? Voyons, non. Nous sommes aux dernières nouvelles dans une démocratie où les droits du citoyen et du consommateur sont strictement défendus par quantité d'organismes impartiaux. La preuve immédiate et fatale par Serge Michels.

En février 2008, invité par le magazine *Stratégies* (n° 1490) à commenter une campagne de publicité, ce grand communicateur émet une sentence qui fait trembler le monde : « Attention aux démarches un peu trop liées à une finalité commerciale. » Serge Michels sait de quoi il parle, car cet ingénieur de formation mène discrètement une carrière exemplaire. Entre 1991 et 1996, il a été l'un des cadres supérieurs de la grande association de consommateurs UFC-Que Choisir. Il y était chargé entre autres des fameux essais comparatifs, qui tétanisent régulièrement la grande industrie.

« Et puis, un jour, raconte un ancien collègue, il a demandé un congé pour création d'entreprise, mais on ne l'a jamais revu. » Jamais ? Jamais. Toutefois, Serge Michels n'a pas disparu dans le triangle des Bermudes. Peu de temps après avoir quitté l'UFC, il crée Entropy, une agence au service de l'industrie. Le saut de l'ange. Le début d'une vie totalement différente. Dès le mois de juin 2000, il peut répondre avec une grande assurance au journal *Stratégies* qui l'interroge sur la crise de la vache folle, alors en pleine acmé : « Pour le compte du Centre d'information des viandes, nous avons eu l'occasion d'analyser cette crise en nous plongeant dans les quelque 38 000 coupures de presse et les nombreuses vidéos qui ont couvert l'événement en 1996. Nous nous sommes aperçus que toute l'activité médiatique n'a pas porté sur les aspects scientifiques du dossier […] mais sur la chaîne des responsabilités […]. D'où l'importance d'avoir un outil de veille performant. »

Premier constat digne d'intérêt : Michels est un bon client du CIV, le grand lobby de la viande. Mais, dans le même entretien, il livre une autre information intéressante : « Nous avons ainsi conçu, avec le sociologue Claude Fischler, un modèle de prévision de l'acceptabilité des risques alimentaires. Ce modèle permet, pour chaque risque, de déterminer un score sur une échelle d'indignation afin d'apprécier la sensibilité du public et le risque de crise. » Ainsi donc, le sociologue Claude Fischler, très connu du public, travaillait dès avant 2000 pour le lobbyiste du lobby de la viande. Cela n'a rien de déshonorant ni de coupable, mais il faut considérer cela comme une information cachée. Une information d'importance. Nous y reviendrons.

En cette même année 2000, décidément fertile, Entropy devient la filiale « sécurité alimentaire » d'une vaste agence de lobbying, Protéines, née en 1989. Protéines ! Quel joli nom, et si bien trouvé ! L'agence pourvoit en effet à la bonne santé de l'industrie qui l'emploie. C'est un service, un grand service, une assurance contre les crises et les retournements de marché.

Prenons l'exemple d'une affaire bien documentée qui commence le 9 janvier 2004. Ce jour-là, coup de tonnerre dans l'univers français de l'élevage de saumons. Voyons donc. La grande revue américaine *Science* publie un article intitulé « Global assessment of organic contaminants in farmed salmon ». Il y a de quoi couper l'appétit. Les scientifiques ont retrouvé des concentrations inquiétantes de dioxines, PCB, dieldrine et toxaphène dans des saumons d'élevage européens. Davantage que dans le saumon sauvage. Davantage que dans les fermes d'élevage américaines.

Mais ils ne s'arrêtent pas là et donnent des recommandations, ce qui change tout. « Consommer plus d'un repas mensuel à base de saumon d'élevage – soit 200 g environ – présente des risques cancérigènes », notent-ils, avant de réclamer un étiquetage clair du saumon vendu. La télé s'empare de l'affaire et, très vite, les ventes de saumon s'effondrent.

Il faut bien entendu réagir, ce que fait le lobby du saumon, en l'occurrence la Filière française poissons, coquillages (FFPC). Celle-ci organise dès le 15 janvier une conférence de presse où elle annonce un projet de plainte judiciaire contre les auteurs de l'étude américaine. Car il s'agirait de dénigrement à visée commerciale. L'affaire est on ne peut plus étrange, car nul ne conteste les résultats de *Science*. Pour cause : les chiffres sont vrais, comme on se doute. Le saumon d'élevage est bien truffé de résidus chimiques qui rendent sa consommation régulière très déconseillée. Mais le chiffre d'affaires, alors ?

Dans le saumon, tout est bon

Hasard heureux ou non, des organismes prestigieux volent en tout cas au secours des industriels du saumon. L'Agence française de sécurité sanitaire des aliments (Afssa), la Commission européenne, l'Organisation mondiale de la santé (OMS) publient des communiqués qui se veulent rassurants. D'une manière ou d'une autre, tous évoquent une manipulation qui servirait la cause des Américains. Car, disent-ils, cette contamination du saumon est connue depuis longtemps. Du coup, où est, où serait le problème ?

On n'insistera pas davantage sur ces étranges commentaires. D'évidence, l'affaire comporte sa part d'intoxication médiatique d'origine américaine. Mais nul à l'époque ne semble avoir remarqué une opération française d'une grande ampleur qui noie la presse nationale sous un déluge « argumentaire », clés en main et bien entendu favorable à l'élevage *made in France*. Qui est à la manœuvre ? Serge Michels, qui connaît si bien les arcanes du contre-pouvoir consommateur.

Dès le lendemain de la diffusion du premier reportage télévisé, la FFPC a mandaté Protéines, l'agence pour laquelle travaille Michels, pour lancer une contre-attaque. Et une première réunion a lieu quelques heures plus tard qui rassemble pêcheurs, mareyeurs, poissonniers et représentants de la grande distribution. Michels présente ainsi son travail (*Stratégies*, n° 1311) : « L'important était de mettre en place un discours unitaire. Nous avons récupéré l'étude, pour très vite nous rendre compte que les résultats étaient bons, et même conformes aux normes européennes, mais que l'interprétation était très orientée et le vocabulaire alarmiste. Les autorités sanitaires du monde entier se sont très vite ralliées à notre position, ce qui était rassurant. »

Le discours « unitaire » de Michels se déclinera *ad nauseam* dans d'innombrables journaux, tout heureux de se payer une « contre-enquête » à si bon compte. Quatre « arguments » frappants seront développés en boucle, parmi lesquels celui-ci : l'enquête américaine aurait été payée par « un trust américain lié aux intérêts de la pêche en Alaska ».

Oui ? Non. Protéines a bien laissé fuiter quelque chose, dont aucun acteur ne se souvient clairement. Mais quoi, au juste ? L'un des financements de l'étude provient bien d'un trust, mais au sens juridique du terme, qui renvoie en la circonstance à la gestion en fidéicommis d'une fondation on ne peut plus transparente, The Pew Charitable Trusts. Comme le dit Serge Michels, toujours dans *Stratégies*, « notre premier objectif était de communiquer avec les journalistes, de leur donner des éléments d'information par le biais de communiqués de presse, d'une conférence avec tous les représentants français et européens et d'un site Internet qui leur était exclusivement destiné ».

On appréciera à sa juste valeur le mot « information » utilisé par Serge Michels. Et, quoi qu'il en soit, il faut bien parler d'un joli coup, qui sème dans les esprits une confusion telle qu'on la croirait voulue. L'alerte a été chaude, mais elle a été « gérée » de main de maître. Protéines aura en main d'autres questions très lourdes de crainte, dont l'épidémie de grippe aviaire. La grippe aviaire qui menace encore, à l'heure qu'il est, toutes les filières du poulet, de la dinde et du canard réunis !

Des « protéines » pour tout le monde

Lorsqu'on s'approche un peu plus de Protéines, disons-le, il est préférable de pratiquer la relaxation la plus totale. Le glossaire officiel de l'agence[108] signale par exemple ceci : « Les consultants de l'agence Protéines sont de réels partenaires pour nos clients de l'agroalimentaire, de l'industrie de la pharmacie et de l'environnement. Grâce à une compréhension des enjeux de communication santé actuels, ils les guident dans leur stratégie, leur Healthing Ways®, et dans la mise en œuvre opérationnelle de leur "attitude santé". »

On ne mentira pas en écrivant qu'on aime beaucoup le ® qui accompagne le commentaire. Mais poursuivons sans tarder. Juste derrière les consultants, les « créatifs ». « Les créatifs de l'agence Protéines réalisent, à partir d'une compréhension des problématiques santé des différentes cibles [...], les outils de communication [...] visant à faire évoluer les attitudes et leurs comportements. » Par Dieu, il s'agirait de faire « évoluer » les comportements des « cibles » ?

Côté clients, c'est assez fameux. Citons notamment McDo, exemple s'il en est de la bonne et saine alimentation, hamburgers compris. À propos du géant américain, Protéines ne manque pas de fraîcheur : « De présumé coupable de l'obésité grandissante au profil exemplaire d'une entreprise qui s'engage pour la transparence et l'hygiène de vie, McDonald's progresse dans le sens de la santé. Elle optimise son offre

---

108. http://www.proteines.fr/glossaire.html

produit et développe son information nutritionnelle. » Grâce à Protéines, cela va sans dire. Quant à l'UIPP (Union des industries de la protection des plantes), c'est-à-dire le lobby des pesticides en France, elle représente pour le cabinet de lobbying « un droit à la parole pour répondre aux opposants […]. Les pesticides (ou produits phytopharmaceutiques) s'adressent au grand public et aux cibles privilégiées, pour un dialogue prometteur ! ». Disons-le sans méchanceté : le point d'exclamation est d'origine.

Reste la redoutable question de la légitimation. Oui, il est bien joli de raconter à l'industrie ce qu'elle a besoin d'entendre et de croire. Mais qui apportera le crédit nécessaire pour convaincre tous ces fâcheux qui se méfient ? Qui ? Les scientifiques, bien entendu. Ceux de Protéines, cela va de soi. « Les scientifiques de Protéines participent à l'élaboration et à la mise en œuvre du Healthing Ways® de nos clients. En y apportant leur savoir-faire d'experts, ils nourrissent, cautionnent et valident les axes stratégiques et la communication. » Au moins, au moins, on ne dira pas que Protéines nous mène en bateau. Les scientifiques cautionnent et valident une stratégie de com' qui n'a, par définition, rien à voir avec la science. Merci du renseignement.

La société créée par Serge Michels à son départ de Que Choisir, Entropy, reste à bien des égards une entreprise fascinante. Outre son fondateur, dont on apprend au passage qu'il a participé aux travaux du Conseil supérieur d'hygiène de France, du Conseil national de l'alimentation, de l'Inra, de la Commission européenne et du Codex Alimentarius, les scientifiques d'Entropy sont vraiment fameux. Il s'agit, dans l'ordre d'apparition à l'écran d'ordinateur, de Gérard Pascal,

Philippe Verger, Claude Fischler, Serge Hercberg, Jeanne Brugère-Picoux, Adam Drewnovski.

Regardons un peu mieux le cas Gérard Pascal, personnage clé de la sécurité alimentaire en France. On ne peut détailler un curriculum aussi prestigieux que le sien, mais même en élaguant, on demeure surpris par l'étendue et la durée des responsabilités qu'il a occupées. Il fut – et parfois reste – président du conseil scientifique de l'Agence française de sécurité sanitaire des aliments (Afssa), membre de la Commission du génie biomoléculaire, chercheur au Commissariat à l'énergie atomique (CEA), au CNRS puis à l'Inra, expert pour l'évaluation des projets de recherche à la direction générale « Recherche » de l'Union européenne, président du comité scientifique directeur de l'Union européenne. Il a reçu en 1993, comme Mme Bellisle en 2007, le prix de la recherche de l'IFN. Et il est donc en relation commerciale avec Protéines, agence au service de l'industrie.

Philippe Verger n'est pas si mal non plus. Médecin nutritionniste, président de l'Observatoire des consommations alimentaires, expert des Nations unies, professeur à l'Institut national agronomique Paris-Grignon, etc. Verger fait partie des principaux comités scientifiques français et européens dans les domaines de la toxicologie des additifs et de la nutrition. Cela ne peut nuire.

Claude Fischler ? On l'a vu, il a aidé Michels et le CIV dans l'affaire de la vache folle, ce qui vous pose une expertise. Chez lui aussi, grand choix de casquettes. Il est directeur de recherche au CNRS, a travaillé avec Edgar Morin sur les phénomènes de rumeur, mené des études sur la croyance astrologique, le fait divers, le sentiment écologique. Il est l'auteur notamment de *L'Homnivore*, livre paru chez Odile Jacob en 1990.

Serge Hercberg a siégé et siège dans une infinité d'instances scientifiques nationales et internationales. Il a été chercheur au Cnam (Conservatoire national des arts et métiers), puis à l'Inserm. Il est surtout le président du Programme national nutrition santé, le fameux PNNS, dont nous reparlerons. Faut-il ajouter qu'il a reçu en 1997 le prix de la recherche de l'Institut français de la nutrition, notre cher IFN ?

Jeanne Brugère-Picoux est professeur à l'École nationale vétérinaire de Maisons-Alfort et spécialiste des maladies émergentes, comme celle de la vache folle. Elle siège à l'Académie de médecine et donne des conférences dans le monde entier. Elle est l'auteur de *Grippe aviaire. Les bonnes questions, les vraies réponses* (Milan, 2006).

Enfin, Adam Drewnovski, professeur d'épidémiologie et de médecine, directeur du Center for Public Health Nutrition, a mené aux États-Unis des études sur les édulcorants tirés du maïs, études financées par l'industrie du maïs elle-même, ce qui en général ne déçoit guère au moment des résultats. Un genre répandu des deux côtés de l'Atlantique.

Que peut-on ajouter sur les experts d'Entropy ? Trois fois rien. Ils sont (presque) tous membres de l'IFN, eux aussi ! Serge Michels fait partie du grand institut indépendant, ainsi que Serge Hercberg, Claude Fischler, Gérard Pascal – membre du conseil d'administration –, et même Adam Drewnovski. Comme le monde est petit ! Ce n'est certes pas un crime, juste une considération géographique. Tous les points de l'univers semblent parfois se rejoindre et même se toucher. Même l'agence Protéines, ès qualités, fait partie de l'IFN. C'est ainsi. Appelons cela une bizarrerie de la nature. Ajoutons que l'auteur de ce livre a pesamment tenté de rencontrer Serge Michels. Voici, après de nombreuses approches, sa réponse – un mél – en date du 3 avril 2009 :

« Cher Monsieur,
« Désolé de ne pas vous avoir répondu plus tôt, mais j'étais fréquemment à l'extérieur ces derniers jours. Je vous remercie de l'intérêt que vous portez à Protéines, et suis flatté de l'importance que vous m'avez accordée. Ayant déjà eu les honneurs de votre précédent ouvrage [*Pesticides. Révélations sur un scandale français*], je ne voudrais pas abuser de cet intérêt et suis certain que vous trouverez des confrères ravis de profiter de cette possibilité de s'exprimer à ma place.
« Vous souhaitant bonne chance dans ce travail.
« Serge Michels. »

PS : Les meilleurs systèmes connaissent des ratés. Témoin l'affaire du Programme national nutrition santé (PNNS). Lancé une première fois par l'État pour quatre ans – 2001-2005 –, il se poursuit en ce moment pour quatre nouvelles années, toujours dans le noble but d'améliorer la santé des Français par l'alimentation. Certains scientifiques évoqués dans ce chapitre ont trouvé une place à la hauteur de leurs compétences dans ce vaste PNNS. Et parmi eux – bravo ! – Serge Hercberg, qui, après avoir fait partie de son comité stratégique, est devenu tout bonnement le président de la structure. Laquelle a été rudement secouée par une critique acerbe de la Cour des comptes en septembre 2005 : « Selon une étude du Centre de recherche pour l'étude et l'observation des conditions de vie (Credoc) de 2004, chaque Français consomme 16 % de fruits et légumes en moins qu'en 1999. Dans la même période, l'industrie agroalimentaire a multiplié ses dépenses publicitaires par trois. »

Relation de cause à effet ? Crainte de paraître un peu trop près de l'agroalimentaire ? En tout cas, en février 2009, coup de tonnerre ! L'Institut national du cancer publie pour les professionnels de la santé une brochure titrée : « Nutrition et prévention des cancers : des connaissances scientifiques aux recommandations ». La brochure a fort naturellement l'estampille du PNNS dirigé par Hercberg. Or elle met en cause sans aucune gêne les liens entre consommation de viande et cancer (voir les détails au chapitre 11). Cris d'orfraie du Centre d'information des viandes de ce bon monsieur Orenga. La trahison est patente, et le CIV publie un communiqué alambiqué indiquant que ces recommandations sont déjà anciennes, qu'il ne faut pas confondre la France et le reste du monde, ajoutant : « Enfin, le CIV souhaite attirer l'attention sur le fait que le chapitre de la brochure sur l'épidémiologie doit être considéré avec beaucoup de précautions, les données y étant délivrées pouvant être mal interprétées du grand public si elles sont reprises telles quelles. »

On ajoutera pour rire une ultime cerise : le CIV fait partie du comité stratégique du Programme national nutrition santé. Et puis non, encore une : l'auteur de ce livre a fait la demande officielle de la liste des membres du PNNS. Après quelques péripéties, il est apparu que cette liste devait être secrète, car il a été impossible de l'obtenir. Réponse en date du 9 avril 2009 : « Bonjour, en réponse à votre demande, veuillez trouver, ci-joint, deux décrets et un arrêté. Cordialement. » Des arrêtés comme s'il en pleuvait, mais pas de liste. Dont acte, comme on dit quand on ne sait plus quoi dire.

CHAPITRE 15

Du foie gras
à s'en faire exploser le gosier

*La France est championne du monde de la production de foie gras.
Et de notables scientifiques de l'Inra s'escriment avec brio à démontrer qu'il est parfaitement indolore de gaver le foie d'un animal.
Noble pratique humaine ou torture ? En tout cas un art de vivre. Et surtout de tuer.*

Il y aurait donc Jekyll, ce qui ne surprend guère. Jacques Servière est un homme affable, qui reçoit volontiers dans son bureau de l'école parisienne AgroParisTech. Les patins seraient presque de rigueur. En effet, cette grande école a une histoire qui impressionne. Qui rassemble tout en un seul lieu. Trois hautes traditions : l'École nationale du génie rural, des eaux et des forêts (Engref), l'École nationale supérieure des industries agricoles et alimentaires (Ensia) et l'Institut national agronomique Paris-Grignon (InaPG).

Pour ne prendre que ce dernier exemple, l'InaPG plonge directement ses racines dans les premiers balbutiements de la zootechnie. Car il résulte de la fusion entre l'École nationale supérieure d'agriculture, créée en 1826 par Charles X, et l'Institut national agronomique, créé en 1848. Si les murs avaient des oreilles, et surtout s'ils pouvaient parler, on entendrait assurément des choses passionnantes. Sur les plantes, les animaux, les hommes qui les étudient. Et sur les innombrables expériences ici menées, évidemment.

Donc, Jacques Servière. Assistant à l'université de Paris VI dès 1970, il a fait une grande partie de sa carrière à l'Inra, travaillant sur le système nerveux central des animaux. Puis se tournant vers la rude question de la douleur dans les pratiques d'élevage. Il est au cœur désormais des questions dites de « bien-être animal ». Pour dire les choses simplement, il est l'une des bêtes noires des protecteurs. De ceux qui estiment qu'un animal est un être sensible, qui souffre et ne le mérite pas.

Mais pas de jugement hâtif. On l'a dit, Servière est affable, offre du café, papote volontiers. Cela n'a rien de désagréable. Puis l'on entre sans prévenir dans le vif du sujet : « Mes recherches sur la douleur sont articulées autour de questions sur la réalité des douleurs dérivées des conditions d'élevage particulières[109]. » Et c'est alors qu'on dresse l'oreille. Oui, ces circonlocutions intriguent.

On subodore, sans preuve il est vrai, que Jacques Servière ne croit guère à cette douleur « dérivée des conditions d'élevage particulières ». Mais on a tort. Seulement, a-t-il bien le choix ? Les mentalités évoluent, les textes officiels s'accumulent. L'Organisation de la santé animale (OIE), notamment, veille au grain, sans jeu de mots.

---

109. Entretien accordé le 19 décembre 2008.

La douleur des poissons

Pourquoi ce sigle, OIE ? Parce que cette association internationale, née en 1924 s'il vous plaît, a eu pour premier nom Office international des épizooties. D'abord en relation avec la Société des nations (SDN), ancêtre de l'Onu, l'OIE aura survécu à la guerre avant de devenir la référence mondiale pour ce qui concerne les animaux d'élevage. Or, exemple entre cent autres, elle a organisé en 2004 une vaste « Conférence mondiale sur le bien-être animal ». Le résumé officiel note : « Parmi les sujets traités figureront les actes douloureux (castration, décornage), l'utilisation des anesthésiques et analgésiques, les questions liées à la séparation, l'agressivité, les réactions de peur, et les états positifs tels que la satisfaction et le plaisir. » En 2007, pire encore, on lit dans un rapport de l'OIE : « Il a été décidé que, pour le moment, les lignes directrices ne doivent porter que sur le bien-être des poissons d'élevage. Cette décision a été prise en raison de l'existence de preuves scientifiques bien établies sur la perception de la douleur par les poissons. »

Les poissons eux-mêmes ! Dans ces conditions, nier la douleur des animaux est simplement impossible à un chercheur de l'Inra. Et Jacques Servière ne nie rien. Presque rien, comme on va le découvrir. Simplement, il atténue, il relativise. « C'est vrai, dit-il, qu'on castre les petits cochons sans anesthésie, et naturellement, dans ce cas, on fait référence à soi-même, on comprend la situation sur un plan émotionnel. Pourquoi le castrer ? Parce que, si l'on attend, sa chair aura l'odeur du pipi, qui la rapprochera de celle du sanglier. Or le goût a changé. Chez les bovins, il est vrai qu'on écorne les animaux, mais il faut aussi penser aux éleveurs. Un homme encorné a fini par en mourir. Et d'ailleurs, n'oubliez pas que les animaux d'élevage se battent spontanément. »

Bon début. Mais peut mieux faire. Jacques Servière se lance alors dans une explication complexe de la notion de nociception. Celle-ci provient d'un stimulus « nocif » d'un tissu quelconque, associé à un réflexe de protection. Si vous approchez une flamme d'un membre vivant, fût-il de poulet, vous constatez des réponses élémentaires telles que le retrait, le sursaut, des contractures. Mais attention, on peut constater des phénomènes de nociception chez des animaux ayant la tête coupée, preuve qu'ils n'impliquent pas forcément l'action de centres nerveux supérieurs. C'est possible, mais ce n'est pas obligatoire.

L'Association internationale pour l'étude de la douleur (International Association for the Study of Pain – IASP), qui fait autorité, définit la douleur comme « une expérience sensorielle et émotionnelle désagréable associée à un dommage tissulaire, réel ou potentiel, ou décrite en termes d'un tel dommage ». On voit bien que la sensation physique et l'émotion psychique sont mises sur le même plan. Or cela gêne Jacques Servière d'utiliser cette définition pourtant limpide à propos des animaux. « J'en suis au stade, précise-t-il, où il est difficile de demander à un canard s'il a mal. » L'animal n'est pas en mesure, en effet, de faire part des caractéristiques de son « expérience sensorielle et émotionnelle ».

Pour contourner l'apparente difficulté, la définition de la douleur chez l'animal a été adaptée par des scientifiques en 1997. Elle serait une « expérience sensorielle et émotionnelle désagréable représentée par la "conscience" qu'a l'animal de la rupture ou de la menace de rupture de l'intégrité de ses tissus ».

L'affaire serait-elle réglée ? Mais pas du tout ! Au contraire ! Que vient faire là cette absurde notion de conscience animale ? Dans un texte obligeamment fourni à l'auteur de ce livre, Servière écrit : « Toutefois, ces précisions ne clarifient pas les risques de superposition de sens dans la mesure où ce qui définit la "conscience" chez l'animal n'est pas clairement établi ni unanimement partagé au sein de la communauté scientifique. Il est actuellement très difficile de déterminer, sur l'échelle phylogénétique, quelles espèces possèdent une "conscience" développée et quelles espèces en sont dépourvues. »

Les choses se compliquent donc. Il y a bien des phénomènes de douleur chez l'animal, mais où commencent-ils, et chez quelles espèces ? Et surtout, peut-on à bon droit parler de souffrance des animaux ? La question est centrale, stratégique, essentielle. Car, attention, la recherche n'est pas là pour rigoler. De mars à juillet 2008, au cours des très officielles Rencontres Animal et société, présentées par le ministère de l'Agriculture comme une sorte de « Grenelle de l'animal », la vérité a été dite sans fard. Jacques Servière était présent en tant qu'expert dans le groupe « Statuts de l'animal ». Pas de malentendu : il s'agissait de « concilier la promotion de pratiques de bientraitance en vue d'améliorer le "bien-être" des espèces animales d'intérêt sans pour autant alourdir l'arsenal des contraintes au risque de compromettre le caractère durable des filières économiques liées à l'élevage ». En somme, d'accord pour accepter des mesurettes, mais sans toucher aux filières économiques. Car si l'on est bien obligé, avec des pincettes, d'accepter le mot douleur, il est exclu de parler de souffrance. Pas de ça, Lisette, comme on disait jadis dans les provinces. La souffrance, c'est le propre de l'homme.

Ne pas confondre souffrance et douleur

Le débat est certes philologique, mais passionnant. Car dans la langue courante, les mots douleur et souffrance sont très proches. *Le Robert* dit par exemple, à l'entrée « Souffrance » : « Le fait de souffrir ; douleur physique ou morale. » Mais voilà qui ne fait pas l'affaire de Jacques Servière. Selon lui, il y a maldonne, et les défenseurs des animaux font des « usages immodérés du terme souffrance ». Chez l'homme, écrit-il, « la souffrance accompagne très souvent une douleur sévère mais peut intervenir en son absence ; douleur et souffrance sont donc phénoménologiquement distinctes ».

Utilisant sans trop de vergogne un bout de phrase du philosophe Paul Ricœur sur la souffrance, dont les affects seraient ouverts « sur la réflexivité, le langage, l'altération du rapport à soi et à autrui, le rapport au sens et la diminution de la puissance d'agir », Servière triomphe. À ses yeux, « manifestement, ces concepts sont assez peu pertinents pour la majorité des espèces animales ». Et voilà le travail. La douleur, oui, la souffrance, non.

Il n'est que temps d'attaquer l'incroyable affaire du foie gras, dans laquelle Servière et son cher ami Daniel Guéméné, chercheur de l'Inra à Tours, ont joué un rôle majeur. La France détient un quasi-monopole sur la production mondiale de foie gras. Longtemps réservée à l'oie, cette « tradition » s'applique désormais essentiellement au canard, que l'on gave avec du maïs pour provoquer une hypertrophie du foie. C'est on ne peut plus agréable. L'éleveur a préparé ses bestiaux au gavage de manière à ce que leur jabot se dilate. Ensuite, les animaux sont placés dans une salle de gavage où ils ne peuvent bouger, ce qui favorise l'engraissement.

Le gavage est mécanique. Un tuyau est introduit de force dans l'œsophage du canard, et une bouillie sous pression, faite de 500 grammes d'un mélange de maïs et d'eau, lui est aussitôt expédiée. La suite est banale : après gavage, le canard est assommé électriquement, saigné, ébouillanté, plumé, éviscéré, découpé.

Mais il y a des fâcheux. Des gens qui prétendent que le gavage est d'une cruauté inouïe. Qu'il rend les animaux malades. Qu'il les fait terriblement souffrir. Jacques Servière ne semble pas près de faire des cauchemars. « Les opposants au gavage, explique-t-il, nous disent : "Et si on vous faisait la même chose ?" Ils oublient que les parois du jabot d'un canard sont élastiques. Comme la jupe plissée d'une femme. C'est un fuseau qui peut absorber de très grosses quantités de nourriture. L'homme a en fait utilisé une caractéristique anatomique. Voyez de quoi sont capables les cormorans ou les hérons, qui s'emparent de très gros poissons. Nous, les humains, nous ne pourrions pas, car notre œsophage est fait d'anneaux cartilagineux. Si on nous gavait, l'œsophage exploserait. »

Au reste, pourquoi s'en faire ? « Le canard mulard, reprend Servière, qui sert à la fabrication du foie gras, a été sélectionné génétiquement au point qu'il n'existe plus dans la nature. Et il est robuste, croyez-moi. »

Antoine Comiti est, lui, moins joueur. Bien moins. Ce responsable de l'association Stop gavage[110] a écrit un livre implacable qui aurait pu, dans une société plus attentive que la nôtre, provoquer un immense débat dont l'Inra ne serait pas sorti indemne.

Le spectre de la prohibition

Mais, au-delà de quelques articles de presse, rien. Le livre s'appelle *L'Inra au secours du foie gras* et a paru aux éditions Sentience à la fin de 2006. Que raconte-t-il ? On ne peut, on ne doit d'ailleurs pas le résumer. Pointons quelques points décisifs. Le premier, c'est que la filière industrielle française du foie gras finance largement les travaux de l'Inra sur le gavage. Pourquoi ? Mais parce qu'il y a le feu au lac, pardi ! En 1998, le comité scientifique de la santé et du bien-être des animaux de la Commission européenne a en effet rendu un rapport sans appel : « Le gavage, tel qu'il est pratiqué aujourd'hui, est préjudiciable au bien-être des oiseaux. » En 1999, c'est pire : une recommandation européenne stipule que « la production de foie gras ne doit être pratiquée que là où elle existe actuellement ». Le développement de la filière est donc gravement compromis. Ce même texte prévoit la suppression des petites cages individuelles dans lesquelles sont enfermés plus de 87 % des canards à gaver.

En bref, le spectre de la prohibition se profile à l'horizon. Déjà, la Pologne a renoncé. La France, qui produit 95 % du

---

110. http://www.stopgavage.com

foie gras de la planète (en 2007), est seule au monde, avec la Bulgarie, l'Espagne et la Hongrie. Mais que faire pour enrayer l'horrible mécanisme ? Payer. En toute indépendance, cela va sans dire.

Nos producteurs de foie gras sont regroupés au sein du Comité interprofessionnel des palmipèdes à foie gras (Cifog), et en cette funeste année 1999, prenant peur, ils décident d'investir dans la création d'un « argumentaire scientifique ». Alain Labarthe, président du Cifog, débloque un million d'euros, auxquels s'ajouteront des fonds publics. C'est parti ! De 1999 à 2004, des scientifiques de l'Inra travaillent sur le gavage. Et publient une synthèse, malignement nommée « Foie gras, gavage et bien-être animal : vers un peu d'objectivité ! ». On croit pouvoir deviner de quel côté se trouverait l'objectivité.

En tout cas, on peut parler d'un pilonnage des positions du comité européen. Là où l'Europe estimait que « la quantité de nourriture riche en énergie (maïs) que les oiseaux sont forcés d'ingérer durant les deux à trois semaines de gavage est bien plus importante que celle que les oiseaux mangeraient volontairement », les chercheurs de l'Inra Daniel Guémené, Gérard Guy et Jean-Michel Faure répondent : « Le canard mulard mâle et l'oie sont donc capables d'ingérer spontanément des quantités d'aliment comparables voire supérieures à celles qui leur sont imposées lors du gavage. »

Plus curieux, bien plus curieux encore : la synthèse de l'Inra assure que « le gavage n'apparaît pas comme étant un générateur important d'informations nociceptives » ; « l'acte de gavage [en cage individuelle] n'est pas une source majeure de stress aigu ou chronique ». Enfin, « la stéatose hépatique de gavage est [...] un processus non pathologique ». Et là, il faut bien parler d'un coup magistral, mais qui commande d'expliquer ce qu'est la stéatose hépatique.

La stéatose hépatique est tout bonnement l'accumulation de graisse dans le foie de l'animal gavé. Pour l'Inra, cet état n'est nullement pathologique. Pour preuve, il est pleinement réversible. Si l'on arrête de gaver un canard, au bout de deux mois son foie retrouve une apparence normale. L'argument est un rien étrange, pour au moins deux raisons. Un, le rapport européen de 1998 rappelle que la mortalité en gavage est de 10 à 20 fois plus élevée qu'en élevage ordinaire. Autrement dit, la réversibilité évoquée ne concerne évidemment que les survivants du gavage. Un million d'oiseaux mourraient chaque année en France pendant les opérations de gavage. Et deux, la réversibilité exclurait, à bien lire la synthèse de l'Inra, la pathologie. Une excellente nouvelle pour tous ceux qui, ayant un jour été malades sans en mourir, auront au passage connu la réversibilité de leurs symptômes. Preuve est ainsi faite qu'ils n'étaient pas malades, puisqu'ils ont guéri ! N'est pas malade qui veut ! N'est pas malade celui qui recouvrera la santé un jour. On se moque, ce qui n'est pas charitable, mais n'est-on pas dans l'univers des médecins de Molière ?

Les députés montent au front

Moins amusant : les innombrables aveux des professionnels du foie gras. Il existe bel et bien un accord sur le fond, qui ne vaut aucunement corruption, entre l'Inra et le Cifog. Ce dernier publie même au début de 2005 la synthèse de l'Inra sur son site Internet. Son président, Alain Labarthe, s'adressant aux chercheurs : « Grâce à vos travaux, nous disposons aujourd'hui d'un dossier beaucoup plus complet qui constitue un véritable contrepoids face aux attaques de nos détracteurs. »

Cette histoire d'amour entre chercheurs et producteurs n'aurait pas été aussi parfaite sans le soutien décidé du ministère de l'Agriculture. Car ce dernier n'est nullement – ô surprise ! – le garant d'un quelconque intérêt général, éventuellement européen. En la circonstance, il va se montrer comme si souvent militant de la cause productiviste. Jugez plutôt. Le 3 juin 2005, Dominique Bussereau, ministre en titre de l'Agriculture, adresse un courrier enchanté à Alain Labarthe, l'industriel du foie gras. L'interdiction des cages individuelles pour les canards, décidée par l'Europe et prévue pour le 31 décembre 2009, est repoussée de cinq ans.

Un premier pas aussitôt dépassé. Le 14 juin 2005, le ministère publie un rapport du Comité permanent de coordination des inspections (Coerci), qui pose avec gravité la bonne question : « Le foie gras, fleuron de la gastronomie française, est-il aujourd'hui menacé ? » La réponse est oui, par malheur, car « pour toute la filière "palmipèdes gras" ce serait une faute d'ignorer le danger que représentent certains groupes de pression se prévalant de la défense des animaux ».

Ce pourrait être cocasse : le ministère monte au front, sous la mitraille, pour défendre la stéatose hépatique du canard. Mais ce n'est pas fini. Le Cifog exige une « reconnaissance officielle du foie gras ». Et le ministère, qui connaît par cœur la petite chanson parlementaire, adresse aux élus de la patrie le rapport du Coerci, qui dégouline de mentions attendries sur la « tradition » et le « patrimoine gastronomique français » en danger.

Alors se lèvent trois braves soldats de nos provinces, les députés Antoine Herth, Michel Roumegoux et Germinal Peiro, qui en toute indépendance vont proposer, le 30 septembre 2005, un amendement, le numéro 354. Il est ainsi rédigé : « Le foie gras fait partie du patrimoine culturel et gastronomique protégé en France. On entend par foie gras le foie d'un canard ou d'une oie spécialement engraissé par gavage. » Et il ajoute, car les députés ne sont pas des brutes : « Du point de vue scientifique, l'état des recherches permet de répondre de manière incontestable aux idées reçues sur le bien-être des palmipèdes gras en période de gavage. Le foie d'un palmipède gavé n'est pas pathologique, il s'agit d'un stockage de graisse physiologique qui n'est possible qu'en dehors de tout stress ou souffrance de l'animal, d'un phénomène réversible, et non d'une lésion hépatique. »

Soit exactement l'argumentaire des chercheurs de l'Inra, opportunément propulsé sous leurs yeux par le ministère. Présenté dans la foulée, l'amendement 354 sera bien sûr voté, tant à l'Assemblée qu'au Sénat. Et prendra force de loi en janvier 2006, consacrant le foie gras au rang de monument national.

Quelques extraits pittoresques du débat. Michel Roumegoux, coauteur du texte et ancien vétérinaire : « D'un point de vue scientifique, on peut affirmer que, pour la production du foie gras, le bien-être de l'animal est incontestablement préservé. [...] Le foie d'un palmipède gavé n'est pas pathologique : c'est un phénomène tout à fait naturel. [...] Chers collègues, je peux vous garantir que le bien-être de l'animal est assuré, et je vous demande de voter en faveur de cet amendement. »

M. Patrick Ollier, président de la Commission des affaires économiques : « On a parlé du bien-être animal. Lors d'un colloque fort intéressant [...], un grand spécialiste de ces problèmes, le président de la SPA, a expliqué qu'il préférait que l'on parle de maltraitance parce qu'un animal ne peut définir les conditions de son bien-être. [...] Les progrès considérables réalisés par les producteurs [...] démontrent, si l'on se donne la peine de voir comment les choses se passent, qu'il n'y a peut-être pas de bien-être mais qu'il n'y a pas de maltraitance. »

M. Jean Dionis du Séjour : « Je m'associe à ces amendements et j'y associe le groupe UDF car je suis sûr que M. Lassalle est d'accord sur ce point. Nous sommes d'habitude très européens, mais, si l'Europe continue à bafouer le principe de subsidiarité en s'occupant de telles choses, elle n'est pas près d'emporter l'adhésion des peuples. »

M. Jean Lassalle : « Ah, ça non ! »

M. Jean Dionis du Séjour : « La machine infernale du bien-être animal pour démonter des traditions qui sont les nôtres, notamment dans le sud de la France... »

M. Jean Lassalle : « C'est vrai ! »

Oui, c'est vrai. Unanimes, nos députés ont donc créé – ou cru créer, l'avenir le dira – un sanctuaire autour du gavage des canards mulards, ces canards qui n'existeraient pas s'ils n'étaient pas torturés. Car il y a torture, évidemment. Avant d'en indiquer quelques signes évidents, encore un point qui montre jusqu'où vont les relations entre l'industrie du gavage et l'Inra. Il existe en effet une structure discrète mais décisive appelée Groupe inter-stations palmipèdes. Ce groupement d'intérêt scientifique rassemble quantité de structures publiques, dont l'Inra et l'inévitable Cifog des industriels. La mission de ce noble « machin » est explicitement « la traduction en actions de recherche des besoins de la filière exprimés par le Cifog ». Ce même communiqué officiel signale comme partenaire Gérard Guy, directeur d'une station expérimentale de l'Inra dans les Landes et coauteur de la fameuse synthèse de 2004, qui a permis les belles avancées que l'on sait. Le serpent ne se mordillerait-il pas la queue ?

Le vilain mot de torture

Sans y insister – à quoi bon ? –, les chercheurs de l'Inra eux-mêmes soulignent l'étrangeté radicale de leur travail. Servière, que nous retrouvons opportunément après l'avoir lâchement oublié dans son bureau, a ainsi déclaré à la télévision, le 18 décembre 2003 : « Je travaille sur des animaux dans des conditions expérimentales, et pas du tout dans les conditions de ferme. » Et tous ses collègues de même. Évidemment. Un peu comme si, pour décrire les conditions pénitentiaires et les cellules surpeuplées, on créait une prison aérée, pleine d'espace, d'éducateurs et d'activités. Car ne l'oublions jamais : dans les conditions réelles du gavage, un seul argument compte réellement, celui de la productivité. Le reste sert à amuser la galerie.

Et maintenant, la torture. Le mot choque ? La réalité encore bien plus. Revenons sur le chiffre affolant de un million de canards et d'oies morts au cours d'opérations de gavage en France. Chaque année. Les chiffres sont ceux de la filière industrielle, pas ceux de l'écologiste de service. Les survivants, eux, traînent un corps malade et alourdi par ce foie hypertrophié. De nombreux textes techniques déconseillent le transport vers l'abattoir des animaux au foie gras, car il pourrait mettre leur vie en danger. Un rapport du ministère de l'Agriculture daté de 1986 considère même ce transport comme impossible pour des animaux à ce point fragilisés.

Pour le reste, on se contentera de listes, laissant au lecteur le loisir d'imaginer ce qu'elles dissimulent. Au rayon maladies de l'élevage : inflammation de l'œsophage, candidose, mycose du tractus digestif, anoxémie, toxémie, cirrhose, hémorragie interne, indigestion, parasitisme, coma hypoglycémique, fibrose du foie, obstruction bronchique, tympanisme, spirurose, amidostomose, entérite, etc.

Au chapitre des blessures, il faut signaler avant tout l'embuc, ce bout de tuyau par lequel passe la pâtée de maïs. Il peut bien entendu blesser l'œsophage, le rompre, l'enflammer, créer ce que les spécialistes nomment un « pseudo-jabot ». Ces divers traumatismes sont le plus souvent colonisés par des germes pathogènes. Autres lésions fréquentes : nécrose au niveau du sternum, fracture aux ailes, aux pattes, au bréchet. Le gavage conduit en effet à des carences minérales, notamment en calcium et en phosphore.

Terminons l'interminable litanie par la question du halètement. Un canard gavé, et qui va mourir pour nous, halète. Les chercheurs de l'Inra jugent ce phénomène naturel. Dans un article qui mérite à coup certain la médaille d'or – « Le Gavage est-il indolore[111] ? » –, Jacques Servière, Daniel Guémené et Gérard Guy écrivent avec une belle conviction : « Le halètement en fin de période de gavage n'est pas un indicateur de douleur. » L'oiseau gavé, en ouvrant le bec et en haletant, éliminerait la chaleur qu'il ne parvient pas à éli-

---

111. Article publié dans *Cerveau & Psycho*, n° 10, 2005.

miner autrement, faute notamment de glandes sudoripares. Le halètement serait, à en croire nos chercheurs, « naturel ».

Bon sens ? Les animaux réagissent en réalité à un formidable stress thermique provoqué par le surplus d'alimentation. Ils halètent pour la raison qu'ils ont bien trop chaud d'avoir tant ingurgité, et parce que leurs sacs aériens sont tout comprimés. Ils halètent, mais ce n'est pas grave, car ils vont mourir.

Ce n'est pas si grave. Avant de quitter Jacques Servière et son bureau de l'AgroParisTech, haut lieu de savoir et d'humanisme, on a droit à un dernier trait d'esprit : « Si on ne mangeait pas le canard mulard, il n'existerait pas ! » Et, là-dessus, éclat de rire. Car il s'agit semble-t-il d'une blague. Où est passé ce bon docteur Jekyll ?

CHAPITRE 16

Les affreux « terroristes »
du bien-être animal

Il s'agit ici de bien compter ses sous. Si les tenants du bien-être animal obtenaient enfin des conditions dignes pour les bêtes, l'industrie de la viande devrait tout chambouler. Et donc payer. À enjeu de taille, moyens sans limites (morales). Comment un certain monsieur Coste a changé les défenseurs de la cause animale en obscures « Forces du mal ».

Il rigole. Il n'a pas l'air sérieux. Il l'est. Ajoutons cette évidence qu'il est sympathique, ce qui doit beaucoup aider dans un métier comme le sien. Où sommes-nous[112] ? À la terrasse d'un café parisien stratégiquement situé, *L'Esplanade*, qui donne sur la place des Invalides. Les ministères sont à un jet de pierre, et l'Assemblée n'est pas loin. Il rigole. Thierry Coste, chemise blanche et yeux bleus, se moque d'un peu tout le monde, et de son personnage aussi. C'est un lobbyiste en chef, c'est le créateur du Comité Noé.

Ce qu'est le Comité Noé ? Un prodigieux attroupement de grands amis de la nature. La scène primordiale se déroule

---

112. Entretien accordé le 9 avril 2009.

discrètement le 13 juin 2007 à Issy-les-Moulineaux, au siège de la Fédération nationale des chasseurs (FNC). Toute la grande famille est là. Les chasseurs, on s'en doute, qui sont la puissance invitante. ProNaturA-France aussi, à ne surtout pas confondre avec ProNatura, association de promotion de l'agriculture biologique.

ProNaturA-France défend les usages que les hommes font des animaux. Promeut par exemple l'achat et l'entretien de furets à la maison. Hurle au loup dès que les défenseurs de la cause animale montrent le bout de leur museau.

Autre présence remarquée le 13 juin 2007 : celle de l'Union nationale des associations de piégeurs agréés de France (Unapaf). Ce n'est pas leur faute mais, quoi qu'ils écrivent, ces excellentes personnes font rire. Exemple, à propos de la fouine : « Le stand de l'Unapaf [au Salon de la chasse de Rambouillet, en mars 2009] a été très visité lors des quatre journées. Il est remarquable de noter la participation de nombreux enfants amenés par leurs parents. Ils savent maintenant ce qu'est une belette, une fouine ou un geai... Beaucoup ont pris de la documentation pour "montrer à la maîtresse". » Le site Internet de l'Unapaf fourmille de trucs et astuces pour acculer blaireaux, martres, lapins, putois ou renards. Parmi les plans de pièges à faire soi-même, le classique « poulailler à renard », mais aussi le piège tombant à mustélidés, dont le « cadre doit être construit en bois dur et lourd de 3 cm d'épaisseur pour que [l'animal] capturé ne puisse pas le percer », ou encore le « pousse-au-cul », destiné à attraper des geais.

Le Comité Noé va sauver l'humanité

Oui, ils sont tous là. La cohorte invincible de l'agriculture intensive est là, sous diverses dénominations, comme la FNSEA ou l'Assemblée permanente des chambres d'agriculture (Apca). Les braves commerçants des animaleries, les aficionados de la tauromachie, les éleveurs amateurs, les cynophiles – qui organisent des expositions de chien-chiens –, les amateurs de la chasse à courre...

Est-ce tout ? Non. Retour à la terrasse de *L'Esplanade*, où Thierry Coste rigole toujours. Alors, ce Comité Nsoé ? « Disons qu'il s'agit d'un comité informel de gens très formels. Les industries du porc, du bœuf, des ovins, de la volaille, celle du cirque en font partie. Nous nous réunissons régulièrement mais, comme vous vous en êtes rendu compte, nous intervenons peu en public. Ce qui ne veut pas dire que nous ne faisons rien. »

Si à ce moment précis Thierry Coste rit encore, c'est qu'il a de bonnes raisons pour cela. Dans un livre paru en 2006[113], il livre une philosophie hédoniste et facétieuse du métier de lobbyiste. Mais aussi un peu plus inquiétante. Car si Thierry Coste est un « chasseur d'informations » conduisant des « stratégies d'investigation », il est également un spécialiste de l'« information stratégique » dont le travail « s'apparente plus souvent à celui de l'espion ».

Son cabinet, Lobbying & Stratégies, ne recule pas devant des moyens de guerre économique, des méthodes d'infiltration de l'adversaire passant par l'usage de taupes qu'on ima-

---

113. Thierry COSTE, *Le Vrai Pouvoir d'un lobby*, Bourin éditeur, 2006.

gine cachées sous terre, etc. N'en fait-il pas un peu trop ? Ne se vante-t-il pas un peu beaucoup ? Là n'est pas la question, car Coste est en toute certitude un homme de l'ombre, qui tape sur le ventre de quantité de parlementaires, qui mène ou aide à mener des campagnes politiques d'envergure. Il a conseillé pendant des années le mouvement violemment antiécologiste Chasse, pêche, nature et traditions (CPNT), qui aura connu son heure de gloire électorale, et il demeure au service de la Fédération nationale des chasseurs (FNC).

D'où cette réunion du 13 juin 2007 qui porte le Comité Noé sur les fonts baptismaux. Rappelons pour commencer qui est Noé, car il faut prendre au sérieux une telle dénomination. Selon la Genèse, Dieu, constatant la perversité des humains, décide de les punir en déclenchant un déluge qui noiera toute forme de vie. Mais il sauve du grand massacre Noé, qu'il juge bon, sa femme, ses fils Sem, Cham et Japhet et leurs épouses, ainsi que des représentants de toutes les espèces animales vivantes. Ce sera l'Arche, une sorte de barge sur laquelle les protégés de Dieu affronteront les flots avant de repeupler la terre.

N'insistons pas, tout le monde aura compris que Thierry Coste aime les puissants parallèles, au risque peut-être de friser le ridicule. Car de quoi s'agit-il avec le Comité Noé ? Essentiellement de casser les reins du mouvement de protection animale, qui se renforce d'année en année. En stratège, Coste-Noé a compris qu'il serait toujours plus difficile d'encager les animaux, de les piéger, de les larder de coups de couteau, de les atteindre d'un tir ajusté, de courir sus aux cerfs, de nourrir dans l'immobilité et la pénombre vaches, cochons et poulets avant de les abattre par centaines de millions. Oui, Coste a bien compris qu'un vent mauvais soufflait sur les fantaisies de l'imagination humaine. Et ses chers amis de la viande industrielle aussi.

Si l'on examine le premier communiqué du Comité Noé, on entrevoit fort bien ce qui se dessine. Première citation : « Ce comité est une force de lobbying au plan national et européen qui rassemblera les principales organisations d'utilisateurs et de gestionnaires d'animaux domestiques et sauvages afin de mieux résister à la montée en puissance des lobbies de la protection animale, dont l'intégrisme est de plus en plus évident. » Deuxième citation : « Face aux débats sans fin sur le "bien-être animal", chacun s'accorde à penser qu'il faut mettre en commun des moyens d'action, afin d'influencer le plus en amont possible les pouvoirs publics, à l'échelle nationale et européenne. Une volonté commune se dégage de diffuser largement un contre-courant de pensée sur la "bientraitance animale". »

L'Assemblée nationale mène le bal

Thierry Coste, qui termine avec plaisir son café en regardant passer les Parisiennes filant vers les Invalides, précise sans nul embarras : « Il fallait réagir. En face de cette montée en puissance des préoccupations de bien-être animal, je plaide pour une approche modérée mais anticipatrice. Voyez la situation européenne, où tant de directives sont votées, qui s'imposent à notre droit français. Nous avons laissé les idéologues de la protection animale sans contre-pouvoir agissant à Bruxelles. Ce qui leur a ouvert un véritable boulevard. Ils ont désormais des années d'avance, mais cela va changer. »

On n'en doute pas une seconde, mais, pour mieux comprendre encore, situons plus clairement les enjeux du problème. Le point de départ semble être un colloque tenu dans les locaux de l'Assemblée nationale le 7 octobre 2005. Patrick Ollier (UMP) mène les débats en sa qualité éminente de président de la Commission des affaires économiques de l'Assemblée. Il est vrai que le coût de la sauterie – 90 000 euros – est à la hauteur des intérêts en jeu, qui incluent notamment ceux de l'élevage industriel. Le colloque s'intitule pompeusement : « Premières rencontres nationales sur le bien-être animal ». Officiellement, l'organisateur s'appelle Jean-Claude Lemoine, député (UMP) et président du célèbre groupe Chasse de l'Assemblée. On y parle un peu de tout, mais beaucoup de rien, ce qui fait cher la minute de discussion. En tout cas, pas d'affrontement inutile, pas de pagaille, pas de haine.

L'explication est fournie par la députée socialiste Geneviève Gaillard. Dans un communiqué, elle dénonce « cette vaste farce » qui « se révèle une tentative d'OPA sur la protection animale ». Pourquoi un tel courroux ? Parce qu'en effet tout a été mijoté aux petits oignons par Thierry Coste, depuis les coulisses. Seuls les élus de droite étaient conviés, seule une association amie – l'antique Société protectrice des animaux (SPA) – était admise, et les membres du futur Comité Noé ont en fait réalisé une opération de commando comme les affectionne Coste. Poussant le bouchon fort loin, le colloque fait reprendre par la cacochyme SPA le néologisme de « bientraitance », dont on va comprendre plus avant l'immense intérêt.

Pour le reste, une réussite. Jean-Pierre Digard, chercheur au CNRS et vice-président de ProNaturA-France, était là. Tout comme notre ami Jacques Servière de l'Inra (voir le chapitre 15), tout comme Claude Bussy, directeur de la

Fédération nationale des chasseurs, etc. Tous. Tous ceux qui formeront l'ossature du Comité Noé en 2007. Une conjuration ? Appelons cela gentiment une vision commune du destin de l'animal dans les sociétés humaines. S'il restait quelques doutes sur le caractère bien organisé de ce colloque *made in Coste*, il suffirait de se rapporter à quantité de textes publiés par des associations très concernées par la « bientraitance » qu'évoquait opportunément la SPA.

Citons, à nouveau, nos amis de l'Union nationale des associations de piégeurs agréés de France (Unapaf). Au lendemain du colloque, ils publient un texte fort, dont on ne livre que les premières lignes : « Colloque Bien-Être animal à l'Assemblée nationale : un sans faute. Les premières Rencontres nationales sur le bien-être animal viennent de se tenir à l'Assemblée nationale à l'initiative de Jean-Claude Lemoine, député de la Manche et président du groupe Chasse de l'Assemblée nationale. Contre toute attente, les organisateurs ont réussi un sans faute en permettant la tenue d'un véritable débat contradictoire entre les représentants d'organisations qui généralement sont opposées en matière de protection animale. »

Pourquoi pas. Ce même mois d'octobre, le magazine en ligne Chassons.com écrit de son côté : « Les premières Rencontres nationales sur le bien-être animal viennent de se tenir à l'Assemblée nationale à l'initiative de Jean-Claude Lemoine, député de la Manche et président du groupe Chasse de l'Assemblée nationale. Contre toute attente, les organisateurs ont réussi un sans faute en permettant la tenue d'un véritable débat contradictoire entre les représentants d'organisations qui généralement sont opposées en matière de protection animale. »

Cela se ressemble, n'est-ce pas ? Et l'on retrouve ainsi le même texte, à la virgule près, dans toute une série de publications très attachées à la cause de ladite « bientraitance ».

L'opération Coste n'est évidemment pas passée inaperçue. D'autant moins d'ailleurs qu'elle se poursuit, comme il se doit, dans l'ombre propice. En décembre 2005, la revue *La Dépêche vétérinaire* publie un article inspiré, titré en toute clarté : « Le Bien-être animal est mort… vive la bientraitance ». Le pouvoir des mots étant ce qu'il est, l'association Protection mondiale des animaux de ferme (PMAF) y voit, on se demande bien pourquoi, comme une intention maligne. Après constat d'autres éléments troublants, elle prend sa meilleure plume – celle de Dominic Hofbauer –, et adresse, le 5 mars 2007, une lettre diplomatique à Dominique Bussereau, alors ministre de l'Agriculture.

Que dit Hofbauer ? En substance, PMAF s'inquiète de la volonté manifeste de certains secteurs de substituer le néologisme « bientraitance » à l'expression consacrée « bien-être animal ». Le débat n'est pas sémantique, mais politique et industriel. Deux citations du courrier. La première : « À la différence du terme "bien-être", la "bientraitance" se focalise sur la qualité de la relation de l'homme envers l'animal. Elle s'éloigne ainsi de la sensibilité propre de l'animal, et y fait passer l'animal du statut de *sujet* sensible à celui d'*objet* d'une relation de tutelle. » N'y voit-on pas déjà plus clair ?

Deuxième citation, qui se veut pédagogique : « En outre, la "bientraitance" ne permet plus de rendre compte de nombreux problèmes de "bien-être". Par exemple, la prise de poids accélérée des poulets issus de souches à croissance rapide est à l'origine de sévères boiteries et de fractures aux pattes. Ces problèmes de bien-être, qui relèvent de la sélection génétique, sont tout à fait indépendants de la manière dont les oiseaux sont élevés, et l'éleveur – même animé des meilleures intentions – n'y peut rien changer. »

Dominique Bussereau, qui a, en cet instant, d'autres chats à fouetter, repasse la patate chaude à son directeur de cabinet, Michel Fuzeau, lequel répond le 19 avril 2007, maniant une langue qui mêle embrouillamini et grande clarté. Embrouillamini lorsqu'il s'agit d'évoquer les expressions anglo-saxonnes *animal well-being* et *animal welfare*, en s'appuyant sur une miraculeuse étude à peine publiée – elle date de mars 2007 – par l'Académie vétérinaire de France. Cette dernière donne un coup de pouce à l'expression « bien-traitance », notant : « L'usage du mot bientraitance, dans le domaine du bien-être animal, est à l'évidence beaucoup plus récent. De construction inverse à maltraitance, ce néologisme présente l'avantage, sur le plan linguistique, d'être immédiatement compris des francophones. » Une formidable avancée, n'en doutons pas. Le bien-être animal n'est-il pas, d'évidence, trop compliqué pour un locuteur de la langue française ?

Afin d'apaiser les esprits et de tout simplifier, la noble Académie propose en outre – on se pince tout de même un peu – de distinguer : « Il est proposé, en conclusion, que selon le contexte l'expression *animal welfare* soit traduite en français soit par "bien-être animal" lorsqu'il s'agit réellement du ressenti de l'animal, soit par "bientraitance des animaux" lorsque sont proposées, dans une perspective dynamique, des actions en vue d'assurer le bien-être des animaux, soit enfin par l'association "bientraitance et bien-être des animaux" dans le cas de textes de portée très générale. »

Rions en cœur, le galimatias était presque parfait. C'est en tout cas en s'inspirant de ce plat roboratif que Michel

Fuzeau répond à Dominic Hofbauer, inquiet des intentions ministérielles. Mais il ajoute, dévoilant ce qu'il faut bien appeler un pot aux roses, ces sublimes précisions : « L'usage du mot bientraitance, introduit dans le domaine des animaux de laboratoire à partir de 2004, est demeuré limité à quelques cercles restreints jusqu'à reprise en public, le 7 octobre 2005 à Paris, lors des premières Rencontres nationales sur le bien-être animal, au cours des interventions de Patrick Ollier, président de la Commission des affaires économiques de l'Assemblée nationale, de Serge Belais, vice-président de la Société protectrice des animaux, et de Jean-Pierre Digard, directeur de recherche au Centre national de la recherche scientifique. »

C'est un chef-d'œuvre qui porte la marque de Thierry Coste, lequel doit à distance s'en pourlécher les babines. Un chef-d'œuvre de légitimation croisée qui tisse une toile de plus en plus solide. L'industrie de la viande au sens le plus large, se sentant menacée par la montée en puissance de considérations éthiques sur le bien-être animal, décide de réagir. Un article savant allume la mèche, suivi par un colloque prestigieux, relayé par les « partenaires » de l'opération, le tout repris dans un courrier officiel d'un des grands ministères de la République. Le Comité Noé n'existe pas encore qu'il vient de marquer des points sensationnels.

Derrière les mots, les gros sous

Surtout, ne pas sous-estimer Coste. « Entendez-vous parler du Comité Noé ? plaisante-t-il en terrasse de *L'Esplanade*. Bien sûr que non. Il s'agit d'un réseau, dont je suis le président en titre et qui se réunit régulièrement et discrètement pour mettre au point des stratégies. Il y aura peut-être des surprises. Des personnalités sont prêtes à sortir du bois. Mais quand ? Dans un an, dans cinq ans ? Nous verrons bien. » L'une de ces personnalités n'a plus à se cacher de la sorte, car il est déjà abondamment utilisé. Il s'agit de Jean-Pierre Digard, dont les fonctions au CNRS sont systématiquement mises en avant dès que la question de la « bientraitance » est évoquée quelque part. Digard est un ethnologue réputé, spécialiste des animaux domestiques, et singulièrement du cheval. Mais lorsqu'on l'entend parler du sort des animaux, mieux vaut tout de même savoir qu'il est aussi le vice-président de ProNaturA-France, pilier du Comité Noé. Une fédération d'associations dont l'un des buts officiels est de « combattre les poncifs et représentations "philosophiques" véhiculés par l'écologie extrême et les organisations de "libération animale" ». Et aussi de « promouvoir l'élevage des animaux de races françaises et étrangères ». Il vaut tout de même mieux le savoir.

Rendu à ce point, le lecteur a le droit de s'interroger : où va donc ce chapitre ? Sur quels chemins de traverse s'est-il égaré ? Il y a bien un chemin, mais aucune traverse, et voici pourquoi. Depuis les affaires retentissantes du veau aux hormones, de la vache folle, du poulet à la dioxine, de la grippe aviaire, l'industrie de la viande vit dans la triste peur du lendemain. Un retournement de marché est vite arrivé, dont les dégâts peuvent être désastreux et même irréversibles. Aussi bien, cette industrie s'est dotée de services de veille de l'information censés la prévenir des dangers potentiels qui menacent son chiffre d'affaires.

La question du « bien-être animal » en est un, et de première importance. Car contrairement à la France, qui mange dans la main de l'agriculture industrielle depuis des décennies, l'Europe dispose, elle, de quelques contre-pouvoirs. Elle n'a pas de FNSEA, mais au contraire quelques agricultures, notamment au nord du continent, davantage en phase avec les opinions publiques. Lesquelles réclament de plus en plus de dignité dans nos rapports avec les animaux, certaines fois un peu de ce respect qui a brutalement disparu de nos champs de vision hexagonaux.

Dès ce moment, tout s'éclaire. Car, en 2002, un premier clignotant s'allume. L'Organisation mondiale de la santé animale (OIE), qui regroupe 174 pays et territoires, adopte une résolution sur le bien-être animal, puis réunit dans la foulée un premier groupe de travail. En 2003, elle contresigne un nouvel appel à considérer le bien-être animal en tant que tel. En 2004, enfin, du 23 au 25 février, elle organise la toute première conférence mondiale sur le bien-être animal. Laquelle ne peut que déboucher, à terme, sur une vision renouvelée du sort des animaux d'élevage. On commence d'ailleurs à y discuter de règles universelles concernant le transport et l'abattage des animaux !

Ce mouvement mondial produit bien entendu ses effets en Europe, où la Commission s'agite au même rythme que l'OIE. Le 18 novembre 2002, la première adresse au Conseil et au Parlement européens une « communication » toute nouvelle, dont voici deux courts extraits. Le premier : « La nécessité d'assurer un traitement correct aux animaux élevés aux fins de production de denrées alimentaires, une exigence sur laquelle insistent les consommateurs, est de plus en plus ressentie. De ce fait, l'arsenal législatif communautaire en matière de bien-être des animaux n'a cessé de grossir ces dernières années. Cette tendance ira croissant. » Le second : « Ce processus entraîne cependant aussi des coûts pour les producteurs. Il est évident que toute prescription nécessitant des investissements et un changement des systèmes de production existants influera sur les coûts de production dans une mesure qu'il est néanmoins difficile de quantifier en termes généraux. »

Ce n'est qu'un début. Le 31 mai 2005, la Commission propose une législation destinée à « améliorer la protection des poulets de chair ». Pourquoi diable ? Parce que « des études scientifiques ont révélé de sérieuses lacunes sanitaires et de bien-être dans l'élevage intensif des poulets. [...] Il s'agit de la première législation européenne en la matière ». Vous avez bien lu : une première. Or nous sommes – et la date est en l'occurrence décisive – à la fin mai 2005. Cela ne vous rappelle rien ? Un peu plus de quatre mois plus tard, le 7 octobre, l'Assemblée nationale française organise elle aussi ses Rencontres sur le bien-être animal. Coïncidence ? On jurera que oui, car il faudrait autrement penser que nos députés peuvent être, à l'occasion, influencés par des lobbies industriels. Et cela se saurait.

Quoique. En cette fin d'année 2005, une petite catastrophe se profile à l'horizon. D'abord, des sondages européens concordants montrent que l'opinion est très largement prête à soutenir par ses achats une politique en faveur du bien-être animal. 57 % des consommateurs sont même d'accord pour payer davantage si cela permet d'améliorer le sort des animaux. Mais cette nouvelle est anecdotique, car l'offensive est bien plus redoutable : la Commission européenne prépare un plan d'action pour la période 2006-2010 qui va faire frémir l'industrie de la viande. Car il prévoit des mesures, car il parle d'éthique, car il envisage enfin « des indicateurs standardisés en matière de bien-être animal », lesquels peuvent en toute hypothèse se révéler ruineux. Il serait bien sot de penser qu'aucune contre-attaque n'aura lieu. Il serait tout aussi ridicule de penser que Thierry Coste manipule tout ce qu'il touche.

Il n'empêche que les Rencontres Animal et société du printemps 2008 laissent songeur. Sur le papier, il s'agit d'un Grenelle de plus, dont le sujet central est l'animal. Organisé par le ministère de l'Agriculture, dont le rôle d'arbitre peut être interrogé, il rassemble pendant plusieurs semaines des groupes de travail, dont l'un consacré au statut de l'animal. Est-ce un bien ? Une pantalonnade ? Le fait est que Coste et son Comité Noé ont bien travaillé. Ce livre n'est pas d'espionnage et ne prétend pas connaître les trop nombreux membres et sympathisants du comité créé par Coste.

Il demeure que l'on trouve dans le groupe clé chargé de penser le statut de l'animal bien des proches de Noé. Par exemple, Digard et Servière, la FNSEA, la Fédération nationale des chasseurs. Par exemple. On aura compris l'essentiel : la question du bien-être animal est devenue centrale pour les intérêts industriels, car, selon la définition retenue par la société, les normes, règlements et dispositifs peuvent changer du tout au tout. Si l'animal est considéré comme un être sensible, capable d'éprouver douleur et souffrance, il devient évident que les conditions d'élevage, de claustration et d'abattage ne peuvent plus être acceptées. Et, en ce cas, l'industrie doit revoir de fond en comble ses pratiques, au risque de perdre des marchés. Mais avec la certitude de devoir massivement investir. Oui, tel est bien l'enjeu de Noé et de toutes les discussions publiques ou plus discrètes, ici ou là.

Changer l'adversaire en ennemi à abattre

Mais, pour Thierry Coste et ses amis, il faudrait faire preuve d'une singulière hypocrisie pour ne pas accepter d'endosser les responsabilités d'une telle stratégie. Laquelle a sa logique, qui conduit, pour mieux souder les rangs et concentrer les énergies, à développer une certaine haine de l'autre. À tout le moins, à créer de toutes pièces un adversaire qui ressemble étrangement à un ennemi qu'il faut combattre avec des moyens lourds.

On aimerait mieux sembler excessif, mais c'est la réalité qui l'est. Témoin l'invraisemblable Petit Livre vert édité en 2008 par la Fédération nationale des chasseurs (FNC), dont le principal conseiller n'est autre que Thierry Coste. Ce livret, audacieusement sous-titré « La Chasse, pour une vision humaniste de l'animal », est en vérité un vif brûlot. L'éditorial, signé du président de la FNC, Charles-Henri de Ponchalon, mais revu de près par Thierry Coste, est d'une violence surprenante. Trois extraits. Le premier : « Si le bien-être animal était reconnu par la loi, jusqu'où irait sa mise en œuvre ? Les circulaires ministérielles fixeront-elles l'épaisseur des coussins des chiens ? » Le deuxième : « Manifestement, derrière le "bien-être" animal se cachent les tenants de la *deep ecology* et du végétalisme le plus intolérant. Une rupture grave de l'équilibre entre l'homme et l'animal. » Le troisième : « Ce Petit Livre vert 2008 relève un double défi majeur : faire prendre conscience à chacun de la machine infernale qui est en marche afin de l'arrêter, pour le bien-vivre de tous, hommes et animaux ; promouvoir une écologie humaniste dont le chasseur reste le garant. »

La ficelle est aussi grosse qu'un câble de pétrolier, mais elle produit nécessairement des effets sur les 1 300 000 chasseurs de France. Qui sont des gens par définition armés et à qui une autorité indiscutable révèle l'existence d'ennemis intérieurs de la pire espèce, lesquels avancent, pour comble, masqués. Il faut d'ailleurs considérer ce dernier mot au sens premier, car que ne lit-on pas à la page 28 ? Un petit article dont le titre effraie à juste titre : « Identifiez les forces du mal ». Ajoutons la présence d'une photo sans ambiguïté, sur laquelle un groupe de jeunes habillés de noir et cagoulés tiennent en main des filets, probablement destinés à déranger quelque chasse.

La photo n'est évidemment pas située ni légendée. Ce serait difficile, car de telles scènes sont rigoureusement inconnues en France. Extrait du commentaire : « Pour identifier les forces du mal, rien de plus simple. Sur le principal moteur de recherche Internet, tapez quelques mots comme : antispéciste, végétalisme, libération animale, bien-être animal. » Notons une fois de plus la méthode, qui par amalgame mêle aussi bien ceux qui plaident en faveur de l'animal que ceux qui utilisent la violence en son nom, comme certains groupuscules, notamment anglais. Mais il faut encore aller plus loin, car la malignité de cette présentation mérite un complément.

La rhétorique du Bien contre le Mal conduit droit aux bûchers. De la guerre totale menée contre les Cathares à George W. Bush, en passant par la Sainte Inquisition, chacun sait à quelles extrémités elle a pu mener les hommes. Et comme elle a pu justifier les méthodes les plus barbares pour faire rendre gorge au diable. Car, ne rions pas si vite, c'est bien de cela qu'il s'agit. Du diable. Du pire qui soit. En la circonstance, il est certain que le Petit Livre vert désigne à la plus extrême vindicte des êtres qui ne valent pas davantage, aux yeux des chasseurs de M. de Ponchalon, que les islamistes encagés à Guantánamo par l'armée américaine.

Comme dans toutes les constructions délirantes, par définition brinquebalantes, le méchant n'est jamais assez méchant. Il faut appuyer, exagérer, inventer. Bien entendu, les amis de Thierry Coste fantasment d'autant plus qu'on leur laisse toute liberté pour le faire. Par une série de syllogismes à peine dignes d'un enfant d'école maternelle, nos vaillants petits soldats passent des « puissants groupes financiers basés aux USA », jamais nommés, aux « animalitaires », présentés comme ceux qui « placent l'homme et l'animal au même niveau », puis à l'antispécisme, qui prône l'« égalité entre toutes les espèces vivant sur terre », avant d'atteindre Eurogroup for Animal Welfare (EAW), réseau européen de défense des animaux.

Ponchalon met ce groupe dans le même sac que « les individus cagoulés à l'origine d'opérations de sabotage et de destruction ». C'est ridicule, c'est inepte, c'est fort dangereux pour l'équilibre des points de vue dans une société démocratique. EAW, en un sens, représente un véritable danger, mais pour l'industrie de la viande et elle seule. Extrait du programme du réseau, qui livre la clé véritable de la haine qu'il suscite : « C'est après guerre que nous avons assisté à l'apparition de l'élevage industriel. Dans cette course à la productivité et aux prix bas, nous avons changé fondamentalement notre relation avec les animaux de la ferme. Ils sont devenus anonymes, invisibles – industrialisés. À présent, tandis que notre niveau de vie s'est amélioré, nous sommes devenus plus soucieux de la façon dont est produite la nourriture que nous mangeons. L'accent est moins mis sur le prix mais davantage sur la qualité ; et la qualité, pour la plupart des consommateurs, signifie qu'un animal doit être élevé et abattu dans des conditions naturelles et sans cruauté.

« Eurogroup for Animal Welfare et ses 42 organisations membres – qui comprennent les plus grandes organisations de la protection des animaux dans toute l'Europe – œuvrent depuis 1980 pour l'introduction et l'application d'une législation européenne pour la protection des animaux. »

Voilà donc les extrémistes imaginés par Thierry Coste et ses amis. Coste ? Il s'éloigne déjà, quittant le café *L'Esplanade*, un grand sourire aux lèvres. Non sans avoir feint, avec malice, de ne rien savoir du Petit Livre vert de ses clients de la FNC. Ce Petit Livre vert dont la page 24 s'intitule : « La Réponse à la zoolâtrie : le Comité Noé ». Encore bravo, monsieur le lobbyiste ! Vraiment bien joué. Comme l'écrit Thierry Coste dans son livre déjà cité : « La guerre économique emprunte les mêmes méthodes que la guerre militaire[114]. » On allait le dire.

---

114. Thierry COSTE, *Le Vrai Pouvoir d'un lobby, op. cit.*, p. 23.

CHAPITRE 17

L'avenir d'une tragique désillusion

Où va-t-on ? Jusqu'où ira-t-on ? Le système industriel de la viande est tenté, comme il se doit, par la fuite en avant. Connaîtrons-nous les hamburgers à la viande clonée ? Fabriquera-t-on bientôt de la viande sans animal, sous la forme de tissu de cellules ? Pour l'heure, Raymond le Breton et Éric l'Occitan. Pour l'heure et pour longtemps, l'animal est entre nos mains.

Tout va bien. En tout cas, cela ne va pas si mal en cet *annus horribilis* de la crise mondiale. Le chiffre d'affaires du groupe Evialis, dont il a déjà été question dans ce livre, se porte bien. Au cours des trois trimestres compris entre la mi-2008 et la fin mars 2009, il aura augmenté de 29 %, atteignant la bagatelle de 830,8 millions d'euros. Et l'achat des activités mirobolantes de Cargill, notamment au Brésil, n'est pas encore pris en compte. Tout va bien. Sauf que tout va mal.

Certains spécialistes de la viande acceptent volontiers de parler entre deux portes, à la condition expresse de ne jamais, jamais être cités. Qu'ils se rassurent, ils ne le seront pas. Mais ceux qui ne pratiquent pas la langue de bois ont quantité de choses à dire, pourtant. Car il ne fait aucun doute à leurs yeux que l'industrie de la viande est dans une impasse stratégique dont elle ne sortira qu'au prix d'une nouvelle révolution, aussi vive, aussi violente que l'a été la précédente.

Ces interlocuteurs-là ne nient rien des éléments évoqués tout au long de cet ouvrage. Non, disent-ils en substance, on ne pourra pas poursuivre une fuite en avant de plus en plus coûteuse. Oui, il faudra bien intégrer les limites objectives que sont le sol, l'eau, les aliments disponibles, le nombre de bouches à nourrir et même le bien-être animal. Une poignée, c'est à leur honneur, font part publiquement de leurs interrogations, même si certaines prêtent à sourire en coin. On citera dans cette catégorie le zootechnicien Jean-Claude Flamant. Cet homme est d'autant plus intéressant qu'on peut à bon droit le considérer comme l'un des fils spirituels de Jacques Poly, père incontestable de l'élevage industriel.

Flamant a peur de l'avenir

Entré à l'Inra dès 1963, Flamant travaille bientôt avec Poly au sein du célèbre département de génétique animale du grand institut, puis se consacre à la sélection des brebis de roquefort au centre Inra de Toulouse. Président de ce dernier, il devient aussi en 1999 le président d'une petite institution méconnue, la Mission d'animation des agrobiosciences. Ce curieux machin, financé par la région et le ministère de l'Agriculture, est, selon des termes officiels, un « centre de débats publics » chargé de « favoriser les échanges sociétaux sur des sujets à controverses concernant les avancées des sciences, le devenir du vivant, de l'agriculture et de l'alimentation ». En somme, un observatoire en or massif pour tout homme curieux en ces grandes et nobles matières.

Mais voilà que Flamant, après avoir servi le système de toutes ses forces, a des états d'âme, ce qu'on saurait comprendre. Dans un billet de novembre 2008, à côté de morsures contre ceux qui défendent le bien-être animal, il confie ceci, qui n'est pas rien : « Des interrogations sérieuses se manifestent concernant la satisfaction des besoins alimentaires au cours des prochaines décennies face à l'augmentation de la population mondiale, tandis que les ressources en énergie fossile à bas prix, qui ont permis la révolution agricole moderne – engrais, pesticides, motorisation –, ne seraient plus disponibles à terme. Pour certains analystes, une telle situation conduit inéluctablement à une réduction drastique de notre consommation de viande et de lait afin de nous passer du coûteux transformateur animal. Nous devrions alors nous satisfaire d'une alimentation essentiellement végétale. Du même coup, on réaliserait une moindre contribution des ruminants à l'émission de gaz à effet de serre, ont évalué certains chercheurs. Des raisons pour que s'impose progressivement le régime alimentaire végétalien – céréales, fruits et légumes, et soja pour produire du lait et des protéines structurées à l'aide de procédés industriels – déjà pratiqué par certains. »

Rassurons les amis de Jean-Claude Flamant, celui-ci n'évoque ces sombres perspectives que pour mieux les combattre. Et pourtant. On peut soutenir une aberration globale, pour quelque raison que ce soit, et avoir oublié d'être bête. Certains sectateurs de la viande industrielle, qui ne le reconnaîtraient pas la tête sur le billot, admettent que l'élevage industriel a plus sûrement un passé qu'un avenir. Mais ils confirment également ce qui saute aux yeux du premier observateur venu : une gigantesque machine s'est mise en mouvement.

Les intérêts en jeu dans l'industrie de la viande sont devenus tels que personne, en l'état, n'a « intérêt » à ce que les choses changent. À part bien entendu quelques noyaux classiques de *refuzniks*. Non, rien ni personne ne semble pouvoir enclencher le moindre mouvement vers un horizon qui soit acceptable et seulement possible. On peut et on doit même appeler cela une impasse. Une impasse d'autant plus tragique que le recours à la technologie reste possible, au moins pour gagner quelques années.

Dans ce registre un brin déprimant, il faut avant toute chose évoquer Nucleus. Nucleus, c'est « l'alliance de la performance et de la qualité[115] ». Mais encore ? Nucleus est une invention géniale qui incarne l'avenir possible de l'infamie. Réservée en la circonstance aux porcs. Car Nucleus, c'est le porc. Le « leader français de la génétique porcine ». 35 % des parts du marché français. 5 000 éleveurs, qui utilisent les bons reproducteurs, lesquels permettent la naissance de 10 millions de porcs charcutiers chaque année par la grâce de 1 700 000 doses de sperme. Avec, pour les plus entreprenants, pas moins de 1 000 « verrats d'élite en CIA ». CIA ne signifiant pas ici Central Intelligence Agency, mais Centres d'insémination artificielle.

Oh oui, Nucleus est beau, Nucleus est grand, Nucleus ne cesse d'ailleurs de grandir, ce qui est bien normal pour qui prétend incarner l'avenir de la viande industrielle. Mais comment procède-t-on, chez Nucleus ? Eh bien, en ne pre-

---

115. Les citations entre guillemets proviennent de textes officiels de Nucleus.

nant pas trop de gants avec les clients, auxquels il faut bien servir quelques rudes vérités pour arriver à 35 % de parts de marché. Cœurs trop doux, détournez-vous de ce qui suit, qui ressemble à une bastonnade : « Connaissez-vous l'incidence économique de la présence de certains contaminants sur votre élevage ? Un épisode aigu de SDRP [syndrome dysgénésique et respiratoire du porc] coûte 250 € par truie, soit 50 000 € pour 200 truies. […] Un épisode de rhinite atrophique pendant six mois, c'est 40 000 € pour 200 truies. […] Une infection mixte Actino pleuropneumomie et Pasteurella Multocida, c'est 200 € par truie NE, soit 40 000 € pour 200 truies sur une année. Le mycoplasme, c'est 200 € par truie par an de frais vétérinaires, soit 40 000 € pour 200 truies sur une année. Pour éviter ces coûts qui compromettent la rentabilité de votre élevage, Nucleus a les réponses. » Et en effet, ces réponses existent.

Ouvrons ensemble une publication qui mériterait d'être conservée en bibliothèque pour l'éternité : *Porc Magazine*. Dans le numéro 418 de février 2008, on peut lire en page 110 le début d'un article qu'on qualifiera de remarquable. Son titre se décompose en deux parties. La première : « Assainir la filière par le haut ». La seconde : « Nucleus enclenche la vitesse supérieure ». Il y a même ce que le jargon journalistique nomme un chapeau, c'est-à-dire une courte présentation. Qui donne ceci : « En inaugurant sur son site de Saint-Sulpice une unité protégée à haut risque sanitaire, Nucleus donne des ailes à sa stratégie de sécurisation de la filière de sélection-multiplication. »

On ne peut entrer dans les moindres détails de ce déploiement futuriste. Sachez que l'objectif est de « créer » des porcelets dépourvus du plus infime germe pathogène, qui serviront à « repeupler » des installations préalablement « dépeuplées » car trop vulnérables aux maladies. Pour cela, les grands moyens sont utilisés. Les jeunes porcs naissent à l'aide de deux opérations chirurgicales peu banales. La première s'appelle hystérectomie : l'utérus de la truie est simplement enlevé en même temps que les nouveau-nés qu'il contient. Radical. Autre méthode : l'hystérotomie. Dans cette opération, on se « contente », dans un bâtiment à air filtré plus surveillé que la plupart des services de réanimation humaine, d'ouvrir en deux l'utérus avant d'en extraire les petits. Car le but est d'obtenir des animaux exempts d'organismes pathogènes spécifiques (EOPS).

Cela paie. Oh, cela paie cher, que personne ne s'inquiète pour l'avenir financier de Nucleus. Mais si l'on entre dans le détail, inutile de dire que la plupart des humains ne supporteraient pas la simple vue des lieux et des méthodes employées. Dans la « salle d'évaluation des reproducteurs », les techniciens se livrent à des actions de « tri phénotypique » et mesurent les épaisseurs de gras et de muscle. Dans la « salle d'engraissement et système de distribution multiphase Fancom », des équipements permettent de mesurer le sacro-saint indice de consommation « pour des lots de 33 porcs par type génétique ». L'ennemi le plus considérable de cette noble entreprise est l'air extérieur. Heureusement, il ne peut entrer.

Comment Nucleus s'occupe des cadavres

Une question ? Voici en tout cas une réponse concernant l'évacuation des cadavres, car il y en a fatalement. Comme le bâtiment est en surpression, il est évidemment impossible d'ouvrir la moindre porte sur le dehors. Alors il existe un sas d'évacuation, mais pas n'importe lequel. « Ce sas est l'unique voie d'échange de matériel avec l'extérieur. […] Lorsqu'on a besoin d'évacuer un cadavre, celui-ci est placé dans ce sas en surpression, puis tiré à l'extérieur par du personnel qui n'entre pas dans les bâtiments. Ensuite, le sas est désinfecté par fumigation pendant 24 heures. »

Indiscutablement, cette voie générale est celle qu'ont déjà choisie les plus entreprenants de l'industrie de la viande, soutenus en cela par l'administration de notre pays. L'Agence française de sécurité sanitaire des aliments (Afssa), qui gère un centre à Ploufragan, dans le Finistère, a gentiment « épaulé méthodologiquement » la conception et la création de l'« unité protégée » de Saint-Sulpice-des-Landes (Loire-Atlantique). L'Inra n'est pas très loin derrière, comme l'explique à *Ouest-France*, le 27 décembre 2007, Gustave Petit, directeur de Nucleus : « Nous avons longtemps travaillé en aveugle. On mesurait l'effet des gènes. Nous procédions par déductions. La biologie moléculaire va nous permettre d'aller plus loin. Des recherches sont conduites avec l'Inra sur le génome porcin, dans le cadre du programme Agenae, pour décrypter le génome des animaux d'élevage. »

Pour la vache, c'est déjà chose faite. Le 24 avril 2009, la revue *Science* rendait compte de l'aboutissement de travaux sur le séquençage du génome de la vache, travaux auxquels l'Inra a participé. Commentaire du journal *Le Monde* : « Ces travaux tireront profit de certaines caractéristiques de la vache, usine à fabriquer lait et viande à partir d'une nourriture pauvre, l'herbe, grâce à son estomac à quatre poches peuplé d'un écosystème bactérien spécifique. Comment le ruminant se protège-t-il de ces microbes ? Comment transfère-t-il au veau, *via* son lait, des défenses immunitaires, différentes de celles d'*Homo sapiens* ? Ces questions vont désormais pouvoir être mieux explorées. »

À la vérité, il est bien d'autres voies de secours pour l'industrie de la viande. Les menaces qui pèsent sur ses chiffres d'affaires sont telles que toutes seront au moins parcourues. Parmi elles, le clonage, bien sûr. A-t-on le droit d'écrire le mot « flippant » dans un livre ? On fera comme si car, la demande de viande ne cessant d'augmenter, l'industrie ne manquera pas de faire feu de tout bois. La consommation, malgré les avertissements, a toutes chances de poursuivre dans la folle direction décrite dans cet ouvrage. Ne parle-t-on pas, à la FAO, d'un doublement obligatoire des productions mondiales d'ici à 2050 ?

Cela n'arrivera probablement jamais, mais cela n'empêche pas l'imagination humaine de caracoler. Et si l'on se passait des animaux ? Oui, si l'on pouvait enfin tuer sans remords, et ramener définitivement la bidoche à cette chose triste et sale que l'industrie de l'agriculture nous oblige à consommer ?

Pour le clonage, rien de plus simple. Il s'agirait – c'est facile à comprendre – de créer deux classes d'animaux domestiques. Les vrais, ou leurs spectres, à qui l'on pourrait éventuellement concéder un semblant de vie terrestre. Et puis les autres, reproduits sans fin aucune, jusqu'au bout de la nuit la plus noire. Seulement pour remplir nos insatiables estomacs. On serait alors tout près du film d'anticipation *Soleil vert*, les animaux prenant provisoirement la place des humains dans la fabrication de pâtés. Ou de *La Ferme des animaux*, chef-d'œuvre d'Orwell, dans lequel les dictateurs règnent déguisés en animaux, dont certains beaucoup plus égaux que d'autres.

On ne discutera pas ici des si nombreux aspects de la question. Mais une chose est sûre : la partie la plus « moderne » de l'élevage industriel considère le clonage comme une des solutions de l'avenir. Peut-être certains songent-ils au financement de « fermes modèles Potemkine », à l'ancienne, avec fermières en tablier tandis qu'on charcuterait, derrière, des veaux, des vaches et des cochons clonés, dépourvus d'yeux et de cerveau, qui sait ?

Ce n'est pas une sinistre plaisanterie. Aux États-Unis, l'offensive est très avancée. En 2003, puis en 2006, sous le règne éclairé de George W. Bush, l'agence fédérale chargée des produits alimentaires – la FDA – a déjà assuré que la viande clonée de bovins et d'ovins ne représentait aucun danger pour la santé humaine. Le 8 janvier 2008, elle a rendu une évaluation finale autorisant la commercialisation de viande clonée. Logique, puisqu'elle ne pose aucun problème.

En Europe, l'équivalent de la FDA s'appelle l'Autorité européenne de sécurité des aliments (Efsa selon son acronyme anglais). Sa directrice exécutive est bien connue de certains cercles en France, car il s'agit de Catherine Geslain-Lanéelle : ingénieur agronome de formation, elle a été, entre 2000 et 2003, la patronne de la puissante Direction générale de l'alimentation (DGAL). Et, à ce titre, elle a dû affronter la colère des apiculteurs, victimes avec leurs abeilles de pesticides on ne peut plus « modernes », comme le célèbre Gaucho[116]. Le moins que l'on puisse écrire, c'est

---

116. Voir Fabrice NICOLINO et François VEILLERETTE, *Pesticides. Révélations sur un scandale français*, op. cit.

que Mme Geslain-Lanéelle n'a pas laissé un bon souvenir aux défenseurs des abeilles.

En résumé, la directrice actuelle de l'Efsa a fait à la DGAL la démonstration qu'elle sait tenir une administration, et elle continue. La preuve : comme dans un ballet bien rythmé, l'Efsa est entrée en piste juste derrière la FDA, publiant son rapport le 11 janvier 2008, trois jours après son homologue américaine. Sans nulle surprise pour les connaisseurs, l'Efsa y note qu'il « n'y a pas de raison que les animaux clonés et leur descendance présentent de nouveaux risques alimentaires par rapport aux animaux nés selon des procédés conventionnels ».

La bonne viande sans animal autour

On notera tout de même qu'on a vu rigueur plus grande. Au reste, il s'agit d'un avis, non d'un travail scientifique. Tout de même, ce « il n'y a pas de raison » laisse songeur quant à l'arrière-plan de ce communiqué. À l'heure où ces lignes sont écrites (mai 2009), une confuse bagarre continue d'opposer, à Bruxelles, partisans et adversaires de la viande clonée. On ne tardera pas à savoir qui est le plus fort des deux, provisoirement du moins.

Autre perspective grandiose : la viande sans animal. On ne s'étonnera guère de lire un article enthousiaste dans la revue américaine en ligne *Beef*, mensuel destiné aux professionnels de la viande. Dans son numéro de février 2007, *Beef* s'extasie, sous la plume de Lorne McClinton. Car des chercheurs assurent enfin qu'il sera bientôt possible de cultiver des cellules animales de manière à produire, à terme, de la viande qui ne viendrait pas d'une bête mais d'un tissu capable, théoriquement, d'assurer les besoins en viande de l'humanité entière. Le principe est connu de (presque) chacun. Des cellules d'un quelconque animal peuvent se multiplier à l'infini à la condition d'être placées dans une solution nutritive. Les « chercheurs » créeraient donc de la « viande » par prolifération de cellules autour d'une microstructure.

Est-ce foldingue ? Bien entendu, et même Douglas McFarland, coauteur avec Jason Matheny d'un papier scientifique sur le sujet dans une revue de deuxième catégorie, *Tissue Engineering*, se croit obligé de rassurer les éleveurs. Non, le tissu de viande ne va pas ruiner l'élevage industriel. Et il est peu probable, ajoute-t-il, que lui-même puisse de son vivant aller acheter au supermarché du coin un hamburger plein de cellules de viande. Pourtant, on aurait tort de seulement se moquer. Car cette foi dans la technologie, omniprésente, trouve de vrais défenseurs chez les… végétariens, et même au sein de la grande association anglo-saxonne de défense des animaux, People for the Ethical Treatment of Animals (Peta).

En avril 2008, volant au secours de Matheny et McFarland, l'une des fondatrices de Peta, Ingrid Newkirk, a failli provoquer une scission d'ampleur en proposant une récompense d'un million de dollars à quiconque trouverait avant 2012 un moyen de faire de la viande *in vitro* à un prix compétitif. Une autre ONG américaine, New Harvest, s'est spécialisée dans la recherche de substituts à la viande, en particulier par la multiplication de cellules. Enfin, le premier symposium international sur le sujet a bel et bien eu lieu en Norvège du 9 au 11 avril 2008, sous les applaudissements d'une partie des végétariens, qui accepteraient ainsi cette nourriture de science-fiction.

Quel avenir pour la viande ? Finalement, on ne prétendra pas répondre à cette question pourtant décisive. Mais pour clore au moins, et faute de mieux, ce chapitre, on donnera à voir deux éleveurs de cochons rencontrés à deux bouts de la France. Le premier ne sera pas cité. Non qu'il ne le mériterait, mais on n'a pas le cœur à ennuyer Raymond. Appelons-le Raymond, même si ce n'est pas son vrai prénom.

Au téléphone on est un peu embarrassé, d'autant que le projet de ce livre n'est pas encore certain le jour de la rencontre. Que viendrait-on faire dans cette petite commune finistérienne ? Que viendrait-on faire près de l'Elorn, rivière malmenée par l'élevage industriel ? Eh bien, le voir, lui l'industriel du cochon, lui l'homme qui a tout réussi[117].

Raymond, porcher breton et fier de l'être

Raymond, jovial, guilleret, aussitôt amical et tutoyant, raconte un monde disparu, assis à la grande table d'une immense pièce. C'est l'ancienne écurie, l'ancienne étable, l'ancienne porcherie familiale. Tout mêlé, tout mélangé : les trois chevaux étaient ici, dans un coin, la soue aux cochons là-bas, les vaches non loin.

C'était le temps du père, né en 1932. Raymond, né en 1956, travaillait pis qu'une bête de somme. « Je me souviens de la traite des vaches, dit-il, qui commençait à onze heures du soir et se terminait à minuit. Moi, je me levais ensuite à six heures. Ça travaillait, croyez-moi. Je revois mes parents sarcler la betterave à genoux, à dix heures du soir, avant de

---

117. Entretien accordé le 24 avril 2008.

s'occuper des huit vaches du troupeau. Et c'est le curé, en chaire, qui donnait l'autorisation de travailler le dimanche après-midi parce qu'il allait faire mauvais temps le lundi. »

Raymond est l'homme de la révolution. Une révolution complète et brutale qui l'a fait passer, avec armes et bagages, du côté de la technologie sophistiquée. Autour de sa maison, tout près d'elle, les bâtiments d'une porcherie ultramoderne autant qu'industrielle, où prolifèrent, avant d'être abattues, 950 truies et leur descendance. Le père avait quatre truies, nourries en partie à la pomme de terre. On voit la différence.

« J'aime la performance, j'aime me battre et gagner, explique Raymond. Je me suis lancé dans le cochon en 1982, avec ma femme. » On peut en penser ce qu'on veut, mais l'aventure de cet homme ressemble à une (petite) épopée. Le bœuf dépendait directement des subventions européennes, et le poulet des réseaux d'intégrateurs, qui changent le paysan en ouvrier soumis. Seul le cochon était « libre ». Attention, ce dernier mot est de lui. Va pour « libre ». Raymond adhère au syndicat des jeunes, le Centre départemental des jeunes agriculteurs (CDJA), fréquente les ingénieurs du Centre de gestion d'économie rurale, monte un Groupement agricole d'exploitation en commun (Gaec) avec ses parents, commence à prendre des risques financiers, dûment encouragés par le Crédit Agricole. On connaît la chanson.

Un jour de 1988 – ou peut-être 1989 –, Raymond entre dans le bureau d'un cadre de la banque et, poussé par une audace forte et tranquille, il réclame « 350 briques pour faire des porcheries ». Soit près de 500 000 euros d'aujourd'hui, mais bien davantage il y a vingt ans. Une somme. Avec laquelle il va pouvoir installer 300 truies. Le début d'une longue série de pesants investissements : 5 millions d'euros ont été engagés sur les cinq dernières années, et l'ultime et futuriste porcherie d'une déjà longue série a englouti à elle seule 1,7 million d'euros. Raymond est le roi du cochon, mais un souverain endetté jusqu'au cou.

Sa démonstration de modernité depuis les commandes de l'ordinateur central, webcam comprise, impressionne. Raymond, ce gosse qui passait sa vie à curer l'étable et la soue, est devenu un manager. Grâce à lui, l'écran révèle le monde de la porcherie industrielle. Mais quel périple !

On résume : les cochettes – jeunes truies – sont vaccinées puis préparées à leur métier de pondeuses professionnelles, notamment par l'administration de pilules destinées à régulariser leur cycle – peu d'antibiotiques ici, car Raymond n'aime pas cela. Elles passent ensuite par la verraterie, où elles sont gentiment et artificiellement inséminées à trois reprises grâce au poétique contact de 9 milliards de spermatozoïdes. Vingt-huit jours plus tard, échographie pour tout le monde, de manière à vérifier que le sperme du verrat a bien « fonctionné ».

On peut amener ces femelles à la maternité huit ou neuf fois, mais ensuite les choses se gâtent davantage. « Ensuite, explique Raymond sans sensiblerie, saucisson sec. » Pour parler de ce processus tout de même étonnant, Raymond compare volontiers sa porcherie à une PME, ce qu'elle est. Et même à une écurie de Formule 1, ce qu'elle est sans doute aussi. L'alimentation des bestiaux se concocte sur place, Raymond étant le maître-queux du mélange. « La matière première, quand elle arrive dans la fosse de réception, va directement dans le ventre des cochons, sans intervention humaine. C'est automatique. »

Il va sans dire que Raymond est un homme intelligent et instruit, qui est allé visiter les fermes du Mato Grosso brésilien et celles de Caroline du Nord aux États-Unis. De ces dernières il dit : « J'en ai vu une qui comptait 5 000 truies qui n'avaient même pas la place pour se coucher. » Et du Brésil il retient que son soja, déversé à flots continus à Lorient ou à Brest, et qui nourrit le bétail breton, est moins cher que les céréales *made in France* qui viendraient de Paris.

Il réfléchit, pense aux questions de sécurité alimentaire, à l'avenir, à l'OMC, où tout se jouera, d'après lui. Acceptera-t-on un jour que l'alimentation des Français dépende *in fine* de la lointaine Amérique du Sud ? En attendant, cet autre tableau, aux couleurs différentes. Nous sommes le 22 mars 2007 et, à l'occasion de la Journée mondiale de l'eau, des associations bretonnes, parmi lesquelles Eau et rivières de Bretagne, l'Association de pêche et de protection des milieux aquatiques (APPMA) et S-Eau-S, ont décidé de gueuler un bon coup – de plus. Car l'Europe menace désormais la France d'une lourde amende de 100 millions d'euros pour la raison qu'elle ne respecte pas la loi européenne sur les nitrates. Il y en a trop dans les rivières, dans ces zones de captage où l'on pompe pour « fabriquer » de l'eau potable, et aucune mesure n'y a fait.

À ce moment de l'histoire, tous les acteurs retiennent leur souffle. Que va faire l'Europe ? Les associations de protection de l'eau se retrouvent à Goasmoal (Finistère) pour refuser la fuite en avant qui consiste à fermer des captages d'eau trop contaminés. Nos autorités en ont pourtant le projet, couplé à celui de pomper de l'eau directement dans le cours de l'Elorn, avec de lourdes conséquences écologiques à la clé pour cette belle rivière à truites et même à saumons.

Ce 22 mars 2007, les associations n'ont guère le temps de déployer leurs banderoles. Raymond arrive. Eh oui, Raymond. Accompagné par une soixantaine de paysans du coin, remontés comme jamais. Alors que les écologistes viennent de mettre à l'eau un cercueil tout symbolique de l'Elorn sacrifié à l'élevage industriel, les paysans bousculent et intimident. Tous équipés de la même casquette, ils jettent à l'eau des pancartes, insultent, même. Ce n'est pas pour rire, ou alors très jaune.

La suite ? Le lendemain des faits, soit le 23 mars, LE syndicat paysan, la FNSEA, réunit sa section départementale – la FDSEA du Finistère – en assemblée générale. Le discours du président local, Thierry Merret, est un morceau d'histoire. Pour bien comprendre, sachez que les locaux brestois de l'association écologiste Eau et rivières de Bretagne viennent d'être saccagés par un commando hargneux, qui a cassé autant qu'il pouvait. Qui a fait le coup ? Mystère relatif. Mais pas pour Merret, oh non : « Je souhaiterais m'exprimer sur les propos à peine voilés d'Eau et rivières de Bretagne, accusant ni plus ni moins la FDSEA d'avoir organisé le saccage de leurs locaux à Brest. Je voudrais ici leur dire que nous n'y sommes pour rien. Maintenant, à la vue des photos qu'il m'a été donné de voir, je suis quasi sûr que ce ne sont pas des paysans qui ont fait les dégâts car, en colère comme ils le sont après cette association, rien ne serait resté. Par contre, subversifs comme ils le sont [les membres de l'association], bon nombre d'entre eux ayant été formés à l'école de Trotski ou de Bakounine, il ne serait pas étonnant qu'à des fins de publicité ils aient en fait eux-mêmes tout organisé. »

Éric, porcher d'Occitanie et fier de l'être

Autre lieu, éloigné de quelques années-lumière du Finistère. La beauté rend incrédule. Ce matin de l'été 2008, à 5 h 42, le chien recommence à se distinguer du loup. Nous sommes quelque part au fond d'une vallée adjacente à celle de l'Hérault. Près du célèbre cirque de Navacelles. Au Coulet, hameau doté d'une église miniature et sublime. Une vingtaine de familles il y a un siècle. Deux paysans acharnés aujourd'hui : Éric Simon et son associé Nicolas. Le premier a été professeur dans un lycée agricole avant de choisir l'élevage du cochon. Le second, de 27 ans d'âge, vient de l'armée professionnelle.

Le jour qui monte révèle une vaste plaine semée de chênes pubescents, de buis géants et d'érables de Montpellier. Le tout disposé sur une table blanche, calcaire, que les mers d'il y a des millions d'années ont léguée aux hommes. Éric Simon attend sur le pas de sa porte. Il est 5 h 51, il met ses bottes, il se demande qui est son interlocuteur du jour, il ramasse un seau.

Par où commencer, alors que grogne un ciel d'orage ? Avouons de suite une véritable émotion. Car on n'avait jamais vu des cochons vivre ainsi leur vie de cochons sous les arbres et dans les herbes. Jamais. Il faut imaginer une immensité – les deux hommes possèdent au total 250 hectares de parcours divers et de garrigues – séparée en territoires distincts. Les truies gestantes ne sont pas avec les allaitantes. Les impressionnants verrats ne fréquentent que les dames qui sont en état ou en situation de recevoir leurs assauts. Les zones d'engraissement permettent à des bêtes d'âges différents de grossir, précisément. C'est une sorte de village, de vaste rassemblement de bêtes dont une partie du temps et de l'espace serait libre.

Éric ? Il nourrit. Inlassablement. Avec quantité d'aliments dispersés au long du trajet, dans de gros sacs ou de petits silos. Trois kilos par jour pour certaines truies, mais jusqu'à dix pour d'autres, celles qui doivent nourrir leurs petits. Et pas forcément les mêmes choses pour toutes, car elles n'ont pas les mêmes besoins. On ramasse par terre une étiquette tombée dans l'herbe, et voici ce qu'on lit : Établissements Aurouze Sarl, aliments du bétail. Truie bio gestante. Ingrédients : orge (45 %), son de blé (20 %), blé (15 %), lentille (15 %), argile, carbonate de calcium, sel gemme. Un détail, qui est au centre de tout : cette tambouille est à 100 % issue de l'agriculture biologique. 100 %. La viande produite chez Éric et Nicolas est d'exception. À tous les points de vue.

Mais suivons le guide. Il entre dans ces espaces que ne délimitent que deux fils de clôture, et parle. Et caresse. Et demande. Et encourage. Et regarde. Et câline. Oh ! il faudrait être singulièrement aveugle pour ne pas comprendre qu'au Coulet les cochons sont des êtres. Sensibles, existants, aimants, souffrants. Branchons le micro un instant : « Allez, les filles ! » « Tu viens manger, ma grande ? » « Attends, toi, ça va venir ! » À l'autre bout, on entend les cris de Nicolas, l'associé, presque invisible. Un peu comme le « Vitrier ! Vitrier ! » de certaines enfances aujourd'hui lointaines. Il appelle, lui aussi, il donne à manger, lui aussi. Il donne.

On ne sait guère de quel côté tourner le regard, car tout étonne. Mais tout. Ces cabanes dispersées qui évoqueraient de loin des yourtes mongoles, où des mamans ont mis au monde une dizaine de porcelets affamés et criards, qui se pendent à leurs tétines en se bousculant. Ces verrats au sexe invraisemblable, qui s'appellent notamment Victor, Hugo, Laurent, Miguel. Miguel est un emmerdeur, ne tournons pas autour du pot, qui ne laisse pas même approcher Éric. Les noms n'ont pas été choisis au hasard. Miguel est, dans la vraie vie, un humain disons discutable. Et Hugo est le nom du banquier dont Éric dit, avec quelque crédibilité, qu'il est le vrai propriétaire des lieux. « Et comme il y avait Hugo, n'est-ce pas, ajoute-t-il, il fallait aussi un Victor. »

Dans cette garrigue sèche de la région de Montpellier, l'été est rude, presque toujours. Et l'eau est une bénédiction, car les cochons ne supportent pas la chaleur. Mais tous, tous ont droit à des bauges creusées tout spécialement, alimentées par un tuyau, où ils peuvent se rafraîchir et prendre des bains de boue réparateurs. On regarde, l'orage s'est éloigné après avoir distribué une dizaine de gouttes lourdes, on est toujours aussi ébahi. Des cochons reviennent en petites bandes d'une virée dans le bois de derrière – « ce sont des copines, elles font leur vie », précise Éric –, des tout-petits se glissent sous les clôtures et viennent renifler le visiteur, les verrats soufflent du groin, de grosses mères de 250 kilos crient famine sans forcer la voix. Un village, oui, peuplé d'habitants. Aucun bâtiment industriel. Aucune promiscuité. Des gambades. Des rencontres. Des amours organisées, certes, mais qu'on imagine réelles au moins, même si Éric aide les verrats par une insémination artificielle indispensable à la réussite.

Rose cochon ? Eh non. Car tout se paie, car tout est plus complexe que dans les dessins animés. Éric a commencé dans le conventionnel. De plein air, mais conventionnel. On voulait l'obliger alors – il était dans le Tarn – à limer les dents des cochons et à couper leur queue, car ils étaient destinés à se retrouver dans de vastes concentrations, enfermés, et donc affreusement énervés et dangereux pour leurs congénères. Bien sûr, ici, en bio, plus question de couper la queue ou les dents. Mais au début Éric a dû pratiquer une opération inouïe, dont le public n'entend – et pour cause – jamais parler : la castration des porcelets. L'opération a des aspects tragiques. Éric pénétrait dans les enclos dotés de cabanes, où les mères venaient d'accoucher, et se débrouillait pour séparer les petits de leur génitrice. Elle dehors, eux dedans. Alors commençait ce qu'il faut bien appeler une mutilation. Un porcelet minuscule sous le bras, un geste technique autant qu'atroce de l'autre.

« Oh, ces cris stridents des petits ! lâche aujourd'hui Éric. La castration terminée, je me dépêchais, comme un voleur, de les balancer par la fenêtre, parfois dans la bouillasse de l'hiver. La mère pouvait devenir très agressive, et certaines fois arriver gueule grande ouverte en direction de la cabane où je me trouvais. Fortes comme elles sont, elles peuvent très bien en détruire une ! Et il m'est arrivé de devoir m'enfuir ! Ce sont des mères, quoi, et elles devenaient folles. »

Non, tout n'est pas rose. En cette année 2008, le prix des céréales bio pour animaux aura augmenté de 70 %. Et le saucisson bio de 10 % seulement. Cherchez l'erreur. « Au prix où nous vendons le cochon bio, dit Éric, on ne passe pas. On ne passe plus. Et nous essayons tout, je peux l'assurer. Tout. Les Amap[118], les associations de bien-être

---

118. Les Associations pour le maintien d'une agriculture paysanne (Amap) sont des structures bénévoles, surtout composées de consommateurs urbains, qui passent des contrats avec des paysans pour obtenir de « bons » produits tout au long de l'année.

animal, les associations de consommateurs. Mais ça ne marche pas. »

Cela ne marche pas, et il faut dire deux mots de l'incohérence profonde des politiques et des consommateurs. De nous, donc. Les premiers parlent de cantines bio, d'aides, de doublement, de triplement des surfaces, de tournant historique, d'engagements solennels, de Grenelle de l'environnement. Mais quoi ? « Des parlottes, résume Éric. Des réunions enthousiastes qui débouchent sur des rapports grandioses, qui annoncent des décisions qui ne viennent pas. Nous, il suffirait que nous ayons des contrats clairs et stables avec les cantines de trois lycées de la région pour être définitivement sauvés. Mais rien ne vient ! Et les Amap ! Combien de contacts suivis de combien de déceptions, avec des gens qui veulent bien certaines parties de l'animal mais pas toutes. Ou qui se désistent après avoir demandé telle quantité. Ou qui exigent que nous modifiions notre travail dans le sens qui leur convient à eux. »

Que dire à Éric Simon ? « Je voulais faire de l'élevage, mais dans le bien-être animal. Je ne pouvais pas imaginer des animaux en cage. Car j'étais poussé par le sentiment, oui, disons chrétien, de la responsabilité par rapport aux êtres vivants. » Que dire à Éric Simon ? Il est un humaniste d'un monde nouveau, à venir. Il est un homme.

CHAPITRE 18

Cachez ces morts
que je ne saurais voir

Les tueurs sont cachés dans les coins perdus de la campagne. Des assassins ? Plutôt les spadassins malheureux d'une société profondément hypocrite. Séquence abattoirs. Parce qu'il le faut bien. Ceux qui préfèrent tourner les pages sont à l'avance pardonnés.

Jacques Lesage a fait partie du métier. Pas longtemps, il est vrai. Mais cet homme marrant, heureux de vivre aujourd'hui, a connu dans le passé des moments difficiles. Notamment quand il est arrivé en Bretagne, en 1999, souhaitant tout reprendre à zéro avec son épouse et leurs enfants.

Il avait été restaurateur, il savait travailler de ses mains, il était en outre vaillant. Un vrai combattant du travail. Et il fallait non seulement reconstruire la vieille ferme achetée près d'Audierne (Finistère), mais aussi nourrir la famille. En passant un jour à l'ANPE, il découvre une petite annonce du genre raide, mais directe : tuerie de cochons cherche désosseur. Tel que : « tuerie de cochons ». Disons quelque part dans le Finistère.

Il y va : « Ma femme m'a accompagné, raconte-t-il. C'était la salsa, ça braillait, ça braillait, on ne savait pas que c'étaient les cochons qui attendaient dans les camions. Il y en avait toute une file. Mais attention, les cochons que j'ai connus étaient survitaminés, bourrés d'antibiotiques. On les appelait des coches, c'étaient de vrais monstres de 250 kilos et 2,20 m de long. Mais ça, j'ai su après. Le premier jour, le patron, qui jouait les cow-boys, m'a donné une combinaison blanche pour me montrer l'intérieur. Et le lendemain je commençais. »

Quel début ! Au motif que Jacques connaît le monde de la restauration, on le laisse seul et sans consigne précise, en fin de chaîne industrielle, avec trois couteaux, des gants métalliques, une combinaison de l'espace. Et que viennent les cadavres.

Ils arrivent, ils arrivent tout droit du « couloir de la mort », comme tout le monde appelle ce conduit reliant les camions, qui dégueulent les bêtes, et le grand coutelas. Poussée par le flot derrière elle, la truie effarée, qui sent la mort et le sang par tous les pores de sa peau d'animal intelligent, cette truie arrive sur une sorte de trappe qui va l'emporter. Mais avant cela, au-dessus d'elle, officie le prêtre barbare, armé d'une grosse pince électrique qui ressemble à un sécateur géant. La truie, prise des deux côtés de la tête, est électrocutée. Plus ou moins, plus ou moins bien, elle en ressort plus ou moins vivante, plus ou moins morte, selon les cas.

Elle part sur un tapis roulant, qui n'a rien de volant, rien de magique, jusqu'à un four. Un four, oui. Pour nettoyer et brûler la couenne, dont ces poils qui gênent l'industrie. Trois ou quatre de ces animaux géants tournent ensemble dans ce qui pourrait évoquer une rôtissoire. « Quelle vision ! commente Jacques. On aurait dit des vaches. » Pendu par un pied, glissant sur un rail, le cadavre est éviscéré et les boyaux soigneusement mis à l'écart, pour les raisons que l'on va voir.

Monsieur Trou-du-cul

Oh, il y a bien d'autres opérations à mener. Il faut par exemple scier – il suffit d'appuyer sur une pédale – la carcasse dans le sens de la longueur, ou bien encore ôter d'un coup de main chirurgical la totalité du rectum, autre gêne sur le chemin du saucisson sec. Jacques rigole, et comme on n'a pas le cœur à le laisser seul, on suit le mouvement. Bien obligé : c'est sinistre. « Le type qui faisait cette opération-là était un grand spécialiste, que tout le monde appelait Trou-du-cul. Il passait sa vie entière de travail à découper des trous du cul de cochon. »

Et Jacques lui-même ? Eh bien, prenez votre respiration : à la fin de tout, un bloc entier lui parvenait par un rail, accroché en hauteur et pendant. Un ensemble de 25 kilos au moins comprenant le cœur, le foie et les poumons du cochon. « La plus mauvaise place, car c'est là qu'on avait le plus de boulot. Bras tendu, je devais d'abord décrocher le bloc et le placer devant moi, avant de séparer les différents organes. »

Cela peut sembler quelconque, mais imaginez faire ce redoutable mouvement en tension tout au long d'une journée de dix heures, au cours de laquelle de 400 à 500 cochons seront réduits en morceaux. Dix heures, oui. Dans cet abattoir ordinaire d'une Bretagne ordinaire, le travail commence à 12 heures et s'achève à 23 heures, avec une pause au milieu.

Et interdiction d'aller aux toilettes, car ce serait casser le rythme de la chaîne. Dix heures à découper ces lourdes masses. Qui peut imaginer ? Personne. Les employés des abattoirs sont les secondes victimes de la tuerie organisée, après les animaux eux-mêmes.

Les chiffres officiels indiquaient en 2002 que les TMS représentaient en France 75 % de toutes les maladies professionnelles indemnisées[119]. Les TMS désignent, sous un nom passe-partout – troubles musculo-squelettiques –, un enjeu de santé publique évidemment essentiel. Il s'agit de ces maladies de l'appareil locomoteur, qui vont de la lombalgie au syndrome du canal carpien, en passant par la bursite du genou ou la tendinite du poignet. Dans le document déjà cité et qui confine au comique involontaire, notre vaillant Institut national de recherche et de sécurité (INRS) note que l'origine des TMS est « à chercher dans une macroanalyse du fonctionnement des entreprises ». Molière pas mort !

La réalité prosaïque, c'est que les TMS ne cessent, dans notre belle société pacifiée, de s'étendre et de ravager les vies de millions d'oubliés. Oui, leur nombre augmente, car, dit l'INRS, « plus les conditions de travail sont à risque, plus il y a de victimes » ! Détail qui n'a rien à voir : Dominique Moyen, qui fut longtemps directeur de l'INRS, organisme paritaire où les patrons ne font pas de la figuration, fut également le co-inventeur du chef-d'œuvre inégalé du lobby de l'amiante en France, le Comité permanent amiante (CPA).

Revenons à nos moutons, qui sont en l'occurrence des cochons. Les TMS se répandent donc, mais aucun chiffre glo-

---

119. www.oodoc.com/46645-tms-troubles-musculo-squelettiques-usine-tra-vail-psychologie.php

bal n'est pourtant disponible. Étrange, penserez-vous, et vous aurez peut-être raison. Les TMS demeurent en partie une *terra incognita*. On ne sait pas ou ne veut pas savoir ? En tout cas, on ne dispose pas de chiffres nationaux et généraux.

92,6 % *des ouvriers sont malades*

Regardons tout de même – sait-on jamais – du côté des abattoirs. Car là il existe une étude, terrible, terrifiante, même[120], qui nous ramène à Jacques Lesage et à ses couteaux destinés à découper le bloc poumons-cœur-foie. Menée par l'Institut national de veille sanitaire (InVs) en relation avec la Mutualité sociale agricole (MSA), elle décrit un enfer moderne.

Exemples, exemples parmi tant d'autres qu'il faudrait tous publier : sur les milliers de salariés d'abattoirs bretons questionnés, 47 % des hommes et 39 % des femmes déclarent avoir eu au moins un accident du travail depuis leur arrivée dans l'entreprise. Prenez plutôt un crayon pour noter ce qui suit : en moyenne, 92,6 % des personnes interrogées disent être victimes d'*au moins* une des maladies que recouvrent les TMS. *Au moins* une ! Car dans la réalité beaucoup cumulent TMS des hanches, des cuisses, des rachis dorsal, cervical, lombaire, de l'épaule, du coude, etc. La vérité, directement énoncée, c'est que tous sont malades. Tous des infirmes. À des degrés très divers, il est vrai.

Jacques Lesage s'est arrêté avant de ne plus pouvoir lever le bras. Mais il a eu le temps de connaître cet Asiatique que tous

---

120. www.invs.sante.fr/publications/2007/salaries_filiere_viande/index.html

appelaient le Chinois et qui se baladait avec un collier de dents de cochon autour du cou, façon Rahan. De connaître aussi les cancers visibles de certains animaux. Leurs furoncles surinfectés. Leurs hématomes. Et l'homme au Kärcher qui passait inlassablement d'un bout à l'autre des bâtiments au sol jaune pour évacuer le sang et les sanies jusque dans les trous d'évacuation. « En passant devant moi, dit Jacques, il me passait à la rincette aussi, car j'étais couvert de sang. »

Et puis il y avait les femmes. Car, souvenez-vous, les boyaux des écorchés étaient mis à part. Où allaient-ils ? Dans un autre atelier, occupé essentiellement par une quinzaine d'ouvrières. *Lasciate ogni speranza, voi ch'entrate*, notait déjà le Dante de l'Enfer. Et, en effet, vous qui entrez ici, laissez tout espoir. Dans ce lieu, les femmes retournent et nettoient les longs boyaux des cochons morts. Avant de les faire bouillir. Elles ne sont pas couvertes de sang, non. Mais de merde. Jacques Lesage était payé, en 1999, 5 400 francs par mois. Moins de 900 euros. Avis aux volontaires.

Le cas Lesage serait-il arbitrairement tiré du lot pour impressionner le lecteur ? On en jugera par cette offre d'emploi de début 2009, en tout point semblable à celle qui attira naguère Jacques Lesage. Malgré la crise, il y en a encore, preuve que le métier plaît, non ?

« Définition de l'emploi : Procède aux différentes opérations concourant à la transformation des viandes, depuis l'abattage des animaux, le désossage, la découpe, jusqu'à la fabrication de produits salaisonniers (jambons, saucissons, pâtés…), la préparation et le conditionnement des viandes (bovine, ovine, porcine) en quartiers ou morceaux, ainsi que des volailles et des gibiers.

« Aux différents stades de la transformation, met en œuvre des procédés en utilisant des outils (pistolets pneumatiques, couteaux, cisailles, scies…) et des appareils (machines à hacher, à embosser…).

« Conditions générales d'exercice de l'emploi : il s'exerce au sein d'abattoirs, d'ateliers de désossage, de charcuteries ou de boucheries dans des entreprises industrielles ou semi-industrielles de travail des viandes.

« Les différentes opérations de transformation s'exécutent en file ou chaîne, chacun des postes de travail étant soumis à un rythme de travail soutenu.

« L'activité s'exerce en milieu fermé, dans une atmosphère pouvant être froide (abattoirs de bovins et ateliers de découpe) ou chaude et humide (abattoirs de porcins) ou soumise à des odeurs caractéristiques au travail de la viande (ateliers de triperie, de boyauderie ou de traitement de peaux).

« Les horaires peuvent être de jour, décalés (abattoirs), mais aussi postés dans les entreprises de salaison. Le port de vêtements de protection et d'hygiène est obligatoire (bottes, calot, tablier, masque…).

« Formation et expérience : cet emploi est généralement accessible sans formation particulière, bien que les formations de niveau V (CAP, CFPA, BEP) dans les domaines de l'abattage et de la transformation des viandes permettent une adaptation plus rapide (notamment pour les opérations de désossage) et une progression à l'intérieur de l'emploi.

« L'exercice de certaines opérations telles que le dépouillement, l'éviscération, le pendage en abattoir et le désossage est toutefois facilité par la connaissance de l'anatomie animale. »

Répétons : le cas Lesage serait-il arbitrairement tiré du lot pour impressionner le lecteur ? Non. On rencontre Séverin Muller au soleil. À la terrasse d'un café parisien appelé *Le Soleil*[121]. C'est encore un jeune homme, à la tête bien faite assurément, auteur d'un livre passionnant qui s'appelle *À l'abattoir*[122]. Ce sociologue ne rédige pas ses essais en se contentant de lire. Il travaille. Il partage le sort de ceux qu'il étudie, suivant une méthodologie stricte. À partir de février 1998, il a travaillé six mois dans un abattoir au nom imaginaire, Abagro. D'abord comme ouvrier stagiaire, ensuite comme employé dans les bureaux.

Cela se passe ainsi : « Raymond me demande en me tendant le couteau si je sais le manier. À part pour le gigot du dimanche, je dis que non. Il m'invite alors à dégager la membrane de la hampe sur une carcasse en face de nous. Je tente sans rien savoir de la technique appropriée. J'essaie de suivre le mouvement de la carcasse et esquinte le morceau de viande désigné. Il me montre sur la suivante. Le geste paraît pourtant simple. Il me rend le couteau. J'exécute. Mon pouce prend appui sur la partie plane de la lame. La carcasse bouge et tourne sur elle-même. Je la réoriente en agrippant la partie extérieure. J'arrive mal à dégager la membrane. Le gantelet m'indispose pour la retenir et la tirer. J'ai l'impression qu'il s'est déjà fait une opinion de mes capacités : "Bon, faut pas avoir peur de la carcasse, elle est morte ! Tu touches surtout pas la partie extérieure de la bête. Sinon, tu vas la souiller. Mais n'hésite pas à la retenir quand même." »

---

121. Entretien accordé le 7 avril 2009.
122. Séverin MULLER, *À l'abattoir*, Maison des sciences de l'homme/ Quae, 2008.

Au soleil du *Soleil*, les choses semblent tout de même plus faciles. Le bistrotier kabyle fait des risettes à une vieille habituée, le printemps est solidement installé. Malgré tout, il faut bien y revenir, demander comment de telles conditions de travail sont possibles. Et alors Séverin donne sa vision, qui rafraîchit l'atmosphère : « L'abattoir, on s'en doute, est un lieu de travail oppressant. On sent le danger partout. Avec une conscience collective de ce danger et, en même temps, la propension à le changer en fierté professionnelle. Car ce boulot, tout le monde n'est pas capable de le faire. Loin de là ! Beaucoup s'en vont rapidement, le turn-over est impressionnant. Il est clair pour tous que ce n'est pas un travail de femmes, qu'il est donc spécialement viril. Le collectif de travail se constitue en partie sur cette difficulté à affronter le danger. À la pause, les anciens montrent parfois leurs blessures de guerre. Car il s'agit d'une guerre où l'on perd des phalanges, des doigts, où l'on hérite de balafres sur les bras. Ce sont réellement des faits de guerre. »

Dans ce monde clos, dans ce monde de reclus, dans ce monde un peu fou, tous les ouvriers ont eu au moins un accident. Tous les vieux sont amputés, peu ou prou. On y travaille avec des armes tranchantes qui peuvent à chaque instant se retourner contre vous. Il faut apprendre une fois pour toutes qu'un couteau ne se porte jamais lame en l'air. Jamais. Selon les statistiques de l'assurance maladie, citées par Séverin Muller dans son livre, le taux d'accidents en activité « abattage et découpe d'animaux de boucherie » peut atteindre 262 pour 1 000 ouvriers. 262 !

Puis il y a les maladies, comme autour de Jacques Lesage. D'après un document accablant du Collectif des médecins du travail de Bourg-en-Bresse, jusqu'à 80 % des salariés tra-

vaillant dans des abattoirs de volailles sont atteints de maladies professionnelles. Et voici les nobles questions qu'ils
posent : « Pourquoi un cas de listériose chez un consommateur est-il susceptible d'entraîner la fermeture de l'entreprise
fabricante, pourquoi les vétérinaires ont-ils un pouvoir coer-
citif en cas de non-respect des règles d'hygiène alors que,
quand des médecins du travail alertent *depuis plus de dix
ans sur le taux faramineux de 80 % de salariés atteints de
pathologies d'origine professionnelle dans certains abattoirs
de volailles, aucune injonction ne semble possible pour que
cela s'arrête ?* » Précisons que l'alerte sur le sujet a été
lancée dix ans plus tôt, sans que rien ne bouge. Et que
l'italique du texte est d'origine.

Il serait absurde de dresser la liste sans fin des maladies
qui frappent ceux qui tuent en notre nom. Mais il serait
injuste de ne pas en évoquer quelques-unes. Au rang des-
quelles ces mycoses de la peau glabre appelées herpès cir-
ciné. L'onyxis, localisé le plus souvent sur le seul gros orteil
et qui entraîne des déformations de l'ongle, des fissurations,
la destruction parfois. Les dermatophytes, qui apportent tei-
gnes et kérions. Ou encore la dermite du bacille du rouget
du porc, la fièvre charbonneuse, que les Américains appellent anthrax – de sinistre mémoire –, la fièvre Q, nommée
du reste fièvre des abattoirs, la chlamydiose aviaire, la lep-
tospirose, la brucellose, la tuberculose, la très rare mais
redoutable méningite à *Streptococcus suis* de type 2…

Arrêtons là, après un mot encore sur les tableaux officiels
des maladies professionnelles ouvrant droit à réparation.
Leur octroi a davantage à voir avec les rapports de force
sociaux et politiques qu'avec la science, ce qui rend leur
contenu, d'une certaine manière, très éclairant. Pour ce qui

concerne les ouvriers d'abattoir, les tableaux sont tout de même au nombre de quatre. Dans l'ordre, le tableau 40 : maladies dues aux bacilles tuberculeux et à certaines myco-bactéries atypiques : *Mycobacterium avium*/intracellulaire, *Mycobacterium kansasii*, *Mycobacterium xenopi*, *Mycobacterium marinum*, *Mycobacterium fortuitum*. Le tableau 57 RG : affections périarticulaires provoquées par certains gestes et postures de travail. Le tableau 88 RG, déjà cité : rouget du porc (Erysipéloïde de Baker-Rosenbach). Le tableau 98 RG, enfin : affections chroniques du rachis lombaire provoquées par la manutention manuelle de charges lourdes.

Une véritable affaire mythologique

Mais revenons donc au sport, au spectacle, aux habits de lumière constamment rincés par la scorie, et bien pire encore. Séverin Muller : « Dans la salle d'abattage, il n'y a pas d'acte standardisé de la mort. Celui qui pose le matador sur la boîte crânienne de l'animal ne sait pas comment les choses vont se passer exactement. Car la bête réagit. On imagine qu'elle sent, qu'elle peut savoir ou pressentir. Les ouvriers mythifient ce face-à-face. »

On les comprend. Comment commettre autrement un tel massacre quotidien ? Le mot « matador », qui désigne un pistolet à tige percutante, n'a pas été choisi au hasard. De même que l'autre nom de cette zone d'affaissement où s'effondre l'animal foudroyé : l'« arène ». On rejoue invariablement, sans montrer une quelconque lassitude, l'affrontement entre l'homme et cet autre que lui-même. Il est le héros, elle est la bête, personnages contraints d'une mythologie où chaque geste prend tout son sens au moment de la victoire et des éclaboussures.

Par définition, ceux qui tiennent supportent. Mais les autres ? Dans un témoignage publié par une association végétarienne suisse[123], l'étudiante vétérinaire Christiane Haupt rapporte les circonstances d'un stage effectué dans un abattoir. C'est assez saisissant : « J'ai emporté une vieille veste ; bien m'en a pris. Pour un début d'octobre, il fait un froid glacial. Ce n'est pourtant pas pour cette seule raison que je frissonne. J'enfonce les mains dans mes poches, m'efforce de montrer un visage avenant pour écouter le directeur de l'abattoir m'expliquer qu'on ne procède plus depuis longtemps à un examen complet de chaque bête, seulement à une inspection. Avec 700 cochons par jour, comment cela serait-il possible ?

« "Ici, il n'y a aucun animal malade. Si c'est le cas, nous le renvoyons tout de suite, avec une amende salée pour le livreur. S'il le fait une fois, il ne le fera pas une deuxième." Je baisse la tête comme pour m'excuser – tenir, simplement tenir, tu dois tenir ces six semaines – que deviennent les porcs malades ?

« "Il y a un abattoir tout à fait spécial." Je possède une certaine expérience concernant les règlements relatifs au transport et sais à quel niveau la protection des animaux est à présent reconnue. Ce mot, prononcé dans un tel endroit, a une résonance macabre. Dans l'intervalle, un gros camion d'où s'échappent des cris stridents et de lugubres grognements est venu se ranger face à la rampe. [...] Une cour déserte, quelques camions frigorifiques, des moitiés de cada-

---

123. www.vegetarismus.ch

vres de cochons pendus à des crochets, aperçus à travers une porte, dans un éclairage aveuglant. Tout ici est d'une propreté méticuleuse. Cela, c'est la façade. Je cherche l'entrée ; elle est située de côté. Deux bétaillères passent devant moi, leurs phares allumés dans la brume matinale. La lumière blanche des fenêtres éclairées me montre le chemin. Après avoir monté quelques marches, je me retrouve à l'intérieur, où tout est carrelé en blanc. Pas d'âme humaine en vue. Ensuite un corridor, blanc lui aussi, et le vestiaire pour les dames. Il est bientôt 7 heures et je me change : du blanc, du blanc, du blanc ! Mon casque d'emprunt oscille d'une façon grotesque sur mes cheveux raides. Mes bottes sont trop grandes. Je retourne dans le corridor et me range du côté des vétérinaires. Aimables salutations. "Je suis la nouvelle stagiaire." Avant de continuer, les formalités. "Enfilez un vêtement chaud, allez chez le directeur et remettez-lui votre certificat de santé. Le Dr XX vous dira alors où vous commencerez."

« De loin déjà les cris des cochons me transpercent comme un poignard. Le directeur est un homme jovial, qui me parle d'abord du bon vieux temps où l'abattoir n'était pas encore privatisé. Puis, s'interrompant à regret, il décide de me faire visiter personnellement les lieux. C'est ainsi que j'arrive sur la rampe. À main droite, des enclos de béton fermés par des barres en fer. Quelques-uns sont prêts, remplis de cochons. "Nous commençons ici à 5 heures du matin." On les voit se bousculant ici ou se traînant là ; quelques groins curieux arrivent à passer à travers la grille ; des petits yeux méfiants, d'autres fuyants ou en plein désarroi. Une grande truie se jette sur une autre ; le directeur se saisit d'un bâton et la frappe plusieurs fois sur la tête. "Autrement, ils se mordent méchamment."

« En bas de la rampe, le transporteur a abaissé le pont du camion et les premiers cochons, apeurés par le bruit et la raideur de la pente, se poussent vers l'arrière ; mais un convoyeur est monté à l'arrière et distribue des coups de trique en caoutchouc. Je ne m'étonnerai pas, plus tard, de la présence de tant de meurtrissures rouges sur les moitiés de cochons. "Avec les cochons, il est interdit d'utiliser le bâton électrique", explique le directeur. Certains animaux tentent quelques pas hésitants, en trébuchant parfois. Puis les autres suivent. L'un d'eux glisse et sa patte se coince entre la rampe et le pont ; il remonte et continue en boitant. Ils se retrouvent à nouveau entourés de barres de fer, qui les mènent inévitablement à un enclos encore vide. Lorsque les cochons se trouvant à l'avant arrivent dans un coin, ils s'y entassent en bloc et s'y cramponnent avec fermeté, ce qui fait pousser à l'employé des jurons de colère et cravacher les cochons de l'arrière qui, pris de panique, essaient de grimper par-dessus leurs compagnons d'infortune. Le directeur hoche la tête : "Écervelé, simplement écervelé. Combien de fois ai-je déjà dit qu'il ne servait à rien de frapper les cochons se trouvant à l'arrière !" »

Surtout ne rien dire à personne

Ce n'est pas un témoignage immonde, où le sang giclerait sur le plastron. Simplement le récit de quelqu'un qui ne pourra jamais. Qui ne sera jamais capable. Car tout est là : être ou non capable. La chaîne d'abattage est un lieu où les bruits atteignent aisément 110 décibels, soit davantage que le fracas d'un concert. Le crissement des couteaux et des scies fendeuses se mêle à celui des vérins soutenant les plates-formes et des outils pneumatiques. L'on travaille sous le jet de lances à eau sans lesquelles les ouvriers disparaîtraient sous les déjections. Il faut chaque matin se réhabituer à l'odeur du chlore, à l'odeur de l'urine, à l'odeur de la merde, à l'odeur du sang. N'oublions surtout pas, car c'est lié, l'obsession sanitaire, sans laquelle l'édifice s'effondre immanquablement.

« Le travail sur la chaîne, écrit Muller, répond aussi bien au principe fordien de la fluidité du procédé mécanique qu'à celui de la séparation des parties souillées et propres de l'animal, selon un ordre sanitaire de "marche en avant" sans entrecroisement possible. Le muscle ne doit être ni abîmé, ni contaminé par l'enveloppe extérieure. Les viscères, les sous-produits ou les déchets sont évacués de la chaîne par des goulets en direction d'ateliers adjacents. » Ainsi le saigneur doit-il prendre grand soin de ne pas sectionner l'œsophage de l'animal mort, car le rejet de ce que contient le bol alimentaire souillerait la chair.

L'éducateur Jean-Luc Daub a publié en avril 2009 un livre poignant sur des visites qu'il a effectuées dans quantité d'abattoirs entre 1993 et 2008[124]. À quel titre ? Bénévole. Daub, qui est éducateur spécialisé en Alsace, milite pour le bien-être animal. Son livre est une galerie de portraits, de lieux, d'anecdotes, de terribles anecdotes. Sans jamais citer un endroit précis, il raconte ce qui est une géhenne.

Un jour, Daub se trouve dans un abattoir de la région Rhône-Alpes. Ordinaire. Des « coches » – des truies – attendent leur tour dans des cases, avant abattage. Et voici ce qu'il voit : « J'ai assisté à l'une des choses les plus marquan-

---

124. Jean-Luc Daub, *Ces bêtes qu'on abat*, L'Harmattan, 2009, préface d'Élisabeth de Fontenay.

tes qui soient : c'est la mise à bas en abattoir. Une des coches a mis bas des porcelets dans la case, alors qu'elle se trouvait coincée par le peu de place qu'il y avait et que pouvaient lui laisser les autres. » Effaré, Daub intervient auprès du vétérinaire qui veille sur chaque abattoir. Lequel annonce qu'il va euthanasier les nouveau-nés, car il n'y a rien d'autre à faire. Comme pour consoler l'éducateur, il lui promet d'envoyer une lettre à l'éleveur responsable de cette terrible coïncidence. On se doute bien que, normalement, les truies qui partent à l'abattoir n'attendent pas une portée.

Mais la réalité est bien plus violente que cela. Daub : « Savez-vous qu'il est fréquent que des coches qui sont éventrées pour en sortir les viscères laissent apparaître qu'elles sont porteuses de porcelets ? Pourquoi ? Parce que les éleveurs inséminent plus de coches qu'ils n'auront ensuite de place. [...] Ils font cela pour être certains de ne pas avoir un problème de rotation et un manque à gagner lié aux places vacantes. »

Comment font les ouvriers d'abattoir ? Séverin Muller finit son verre. Malgré la distance nécessaire du sociologue, on sent chez lui comme une affection pour ces hommes perdus, délégués par la société à l'accomplissement d'une tâche aussi impossible qu'essentielle. « J'ai reçu un jour, chez ma logeuse, un ouvrier de l'abattoir. Or elle le connaissait depuis plus de vingt ans, mais elle ignorait qu'il faisait ce travail. Il ne lui avait jamais dit. Certains ne le disent pas à leur propre femme. Je crois que ces gens intériorisent une sorte de condamnation morale *a priori*, jamais exprimée, de leur activité. Même les vétérinaires, les zootechniciens, les journalistes semblent penser qu'un ouvrier d'abattoir est en quelque sorte dangereux. Parce qu'il aimerait la tuerie et le sang. Mon sentiment est tout autre. Ces travailleurs expriment la condition ouvrière actuelle, celle qui a émergé sur les ruines de l'autre, au temps où les ouvriers formaient encore une classe sociale susceptible de se défendre. »

Dans cette hypothèse, à laquelle on adhère largement, les ouvriers d'abattoir seraient aux marges extrêmes du monde réel, à merci, sacrificateurs autant que sacrifiés. « Ils sont fortement attachés aux lieux où ils habitent, constate Muller. Leur lien géographique est si fort qu'il leur serait inconcevable de partir s'installer dans une grande ville. Ils forment une population captive pour les industries de la viande qui viennent s'installer dans des zones rurales dépeuplées. »

Séverin Muller a bien raison d'insister sur cette dimension sociale. L'immense majorité des ouvriers d'abattoir sont des… ouvriers, souvent d'origine rurale, peu cultivés et ne disposant d'aucun relais dans la société pour faire entendre leur point de vue et défendre leurs intérêts. Ces hommes-là viennent après l'exode rural, qui leur est désormais interdit pour cause de chômage de masse. Comme les paysans d'antan, ils ne dépassent guère les frontières d'un monde étroit, malgré l'usage rendu indispensable d'une voiture pour se rendre au travail par les petites routes de campagne. Mais le grand massacre, dans ces conditions indignes, ne cache-t-il pas des mystères plus profonds encore ? D'où vient cette volonté du corps social de faire accomplir la tuerie par les plus pauvres, les mal-aimés de la vie, payés comme il se doit à un prix dérisoire ?

Comme il serait facile de concentrer le regard sur les tueurs patentés qui œuvrent en notre nom collectif !

Il est plus judicieux de se poser une ou deux questions complémentaires. Le 4 octobre 1872, un ingénieur du nom de François Bruneau dépose le brevet d'invention n° 96 760. Il s'agit d'un outil, d'une sorte d'outil qui « consiste en un masque proprement dit en cuir, toile ou toute autre matière qui se fixe sur la tête de l'animal au moyen de courroies et lui couvre les yeux. Sur ce masque et vers le milieu, existe une pièce métallique rivée au cuir ou à la toile et qui s'applique exactement en adoptant les formes sur le crâne au front de l'animal. Cette pièce est percée d'un trou. Une cheville emporte-pièce, creuse, s'ajuste librement dans le trou de la pièce. Pour abattre un bœuf, lorsque le masque est attaché sur sa tête, il suffit de placer la cheville dans le trou et de frapper un seul coup sur ladite cheville au moyen d'un maillet ou d'un marteau. Sous l'action du maillet, la cheville pénètre très aisément jusque dans la cervelle, en découpant sur le front un trou pour son passage ».

Un commentaire. L'invention est géniale, car elle est humaine. Elle permet certes de tuer à coup sûr par enfoncement d'une cheville au bon endroit, mais surtout elle nous libère du regard de l'autre au moment où nous le tuons. Car relisez : le masque de Bruneau n'en est pas un. Un masque ordinaire dissimule les traits, non les yeux. Or le brevet de Bruneau cache le tout. Le plus merveilleux de cette merveille-là, c'est que Bruneau reçut en 1894 un prix de la Société protectrice des animaux attribué en récompense de ses efforts en faveur des animaux.

Oui, il vaut tout de même mieux s'interroger. Dans les premières pages de son livre *L'Animal que donc je suis*[125], peu lu à ce jour, le philosophe Jacques Derrida exprime la gêne profonde qu'il éprouve à se dénuder sous le regard de son chat : « J'ai du mal à réprimer un mouvement de pudeur. Du mal à faire taire en moi une protestation contre l'indécence.

---

125. Jacques DERRIDA, *L'Animal que donc je suis*, Galilée, 2006.

Contre la malséance qu'il peut y avoir à se trouver nu, le sexe exposé, à poil devant un chat qui vous regarde sans bouger, juste pour voir. Malséance de tel animal nu devant l'autre animal, dès lors, on dirait une sorte d'animalséance : l'expérience originale, une et incomparable de cette malséance qu'il y aurait à paraître nu en vérité, devant le regard insistant de l'animal, un regard bienveillant et sans pitié, étonné ou reconnaissant. Un regard de voyant, de visionnaire ou d'aveugle extralucide. C'est comme si j'avais honte, alors, nu devant le chat, mais aussi honte d'avoir honte. »

Jacques Derrida et l'ombre du génocide

Mais le philosophe va infiniment plus loin encore, livrant des interrogations métaphysiques qui peuvent rendre malade autant qu'une visite à l'abattoir, car elles mènent droit à la question du génocide. Peut-on parler de génocide à propos des animaux ? Oui, répond Jacques Derrida, écrivant dans le même livre : « Personne ne peut plus nier sérieusement et longtemps que les hommes font tout ce qu'ils peuvent pour dissimuler ou pour se dissimuler cette cruauté, pour organiser à l'échelle mondiale l'oubli ou la méconnaissance de cette violence que certains pourraient comparer aux pires génocides (il y a aussi des génocides d'animaux : le nombre des espèces en voie de disparition du fait de l'homme est à couper le souffle). » Certes, il ajoute très justement : « De la figure du génocide il ne faudrait ni abuser ni s'acquitter trop vite », mais le parallèle est installé, pour l'éternité.

Et Derrida de préciser la dimension essentielle du crime, qui est sa dénégation : « De quelque façon qu'on l'interprète, quelque conséquence pratique, technique, scientifique, juridique, éthique ou politique qu'on en tire, personne aujourd'hui ne peut nier cet événement, à savoir les proportions sans précédent de cet assujettissement de l'animal. »

Dans le courant de l'année 2007 en France, 5 millions et 23 400 taurillons, bœufs, génisses, vaches et veaux ont été tués dans des abattoirs contrôlés.

Dans le courant de l'année 2007 en France, 6 millions et 73 300 agneaux, brebis, béliers et chèvres ont été tués dans des abattoirs contrôlés.

Dans le courant de l'année 2007 en France, 17 800 chevaux ont été tués.

Dans le courant de l'année 2007 en France, 25 millions et 260 000 porcs ont été tués.

Dans le courant de l'année 2007 en France, 917 millions et 600 000 poulets, poules, canards, dindes, pintades, oies ont été tués.

Dans le courant de l'année 2007 en France, 39,5 millions de lapins ont été tués.

Dans le courant de l'année 2007 en France, 48,8 millions de cailles ont été tuées.

Dans le courant de l'année 2007 en France, 3,4 millions de pigeons ont été tués.

Dans le courant de l'année 2007 en France, 19 918 tonnes de foie gras ont été produites, contre 17 018 tonnes en 2003.

Dans le courant de l'année 2007 en France, un milliard 46 millions et 562 800 animaux ont été tués dans des abattoirs contrôlés. Par nous, pour nous. Ou plutôt, par eux, pour nous.

CHAPITRE 19

Quand les vaches
étaient nos déesses

Et pourtant, au début était la grâce. Pendant des milliers d'années, les animaux, sauvages puis domestiqués, ont brillé au firmament des civilisations humaines. Surtout le taureau et la vache. Et puis sera venue une autre vision. Mais sa victoire n'avait rien de fatal. Car, derrière Descartes et ses descendants, le grand, le fabuleux Olivier de Serres.

Après tout ce qui vient d'être écrit, on ne le croira pas facilement. Mais c'est pourtant vrai : les vaches ont été nos déesses. Telle est la vérité de l'histoire humaine. Des déesses. Et le taureau, surtout, un dieu omniprésent, célébré comme on ne peut imaginer. Le préhistorien français Jean-Loïc Le Quellec poursuit des recherches admirables sur la domestication des bovinés dans l'Afrique d'avant les pharaons. Dans ce berceau supposé de l'humanité, le lien essentiel entre la vache et l'homme s'est noué il y a des milliers d'années. Quand ? La discussion demeure ouverte. Ailleurs, avant, la chèvre, le mouton, le porc et le bœuf étaient déjà entrés dans la société des hommes. Jean-Denis Vigne, par exemple, archéozoologue réputé, estime que la grande domestication date de 10 500 années, et qu'elle est survenue dans ce que nous appelons le Proche-Orient[126].

Mais Vigne ne se contente pas d'une date, car il en est beaucoup dans ce domaine. Tout indique en effet que la domestication a été inventée et réinventée à plusieurs reprises, dans des univers culturels et historiques sans liens connus entre eux. On peut imaginer, certes, que la domestication de l'aurochs dans la basse vallée de l'Indus, il y a 7 000 ans, a été « influencée » par l'exemple proche-oriental. Mais que penser du lama et de l'alpaca, domestiqués dans l'actuel Pérou il y a 7 000 ans ? De la domestication du dindon en Amérique du Nord il y a 3 000 ans ? De celle du porc en Chine ? De celle du cheval en Eurasie ? Et de celle du chien, bien longtemps auparavant ?

L'un des événements les plus saisissants de ce qu'il faut bien appeler une épopée concerne l'île de Chypre. Cette dernière a surgi de la mer il y a des millions d'années et n'a jamais depuis été reliée au continent. D'après des travaux archéologiques concordants, Chypre n'a jamais abrité d'ancêtres sauvages du bœuf, du mouton, de la chèvre ou du cochon. Or tous ces animaux, domestiqués, étaient à coup certain sur l'île il y a environ 10 300 ans, soit quelques siècles – quelques décennies peut-être – après le début de leur apprivoisement. Des hommes de ce temps ont donc conduit ces animaux à bord d'embarcations pour une traversée d'une cinquantaine de kilomètres. Comment ont-ils fait ? Et pourquoi diable ?

Plus près de nous, la question de l'origine de nos bœufs et de nos cochons reste en partie sans réponse. Ont-ils été

---

126. Jean-Denis Vigne, *Les Débuts de l'élevage*, Le Pommier, 2004.

domestiqués localement en Europe à partir d'espèces sauvages ? Ou bien transportés déjà domestiqués ? Certaines études montrent des ressemblances significatives entre l'ADN de « nos » premiers bovins domestiques et celui des animaux du foyer primordial, au Proche-Orient. En revanche, « nos » sangliers pourraient être une source au moins des lignées ininterrompues de porcs que nous élevons depuis des milliers d'années.

Le territoire de la France actuelle aurait par ailleurs connu des « importations » de moutons domestiqués par le biais de deux courants géographiques distincts : l'un d'origine danubienne, l'autre méditerranéen, il y a près de 7 000 ans. Ces moutons-là auraient gagné notre façade atlantique, peut-être par la Catalogne ou le Pays basque, avant de rejoindre la Bretagne et même l'Irlande. Mais pas l'Angleterre, en tout cas pas au même moment.

Le culte du taureau Hap

En vérité, après la sédentarisation qui a marqué l'entrée dans le Néolithique, les hommes ont été inspirés par quelque mouvement universel, pour l'heure très mystérieux. Quelle que soit l'explication, combien de peintures sublimes sur les murs du temps lointain ? Le Sahara est plein de gravures, d'aplats, de piquetages rupestres qui figurent tantôt des taureaux à robe quadrillée, tantôt des animaux puissants aux cornes en tenailles, parfois suivis d'hommes à pied. On signalera, par pur plaisir arbitraire, deux merveilles. La première, retrouvée dans la région de Karkur Talh, montre un archer noir suivant une vache noire dont les pis semblent surchargés. La seconde, dans cette même partie du désert libyque, au sud-ouest de l'Égypte, montre des vaches Pie rouge accompagnées de veaux[127].

On en sait davantage, bien sûr, sur l'Égypte ancienne. Les pharaons n'hésitaient pas à razzier ce qu'ils ne savaient produire. Sahourê, ainsi, qui régna voici 4 500 ans, se vante dans des textes hiéroglyphiques d'avoir volé 123 440 bœufs dans la Libye voisine. Ramsès III, douze siècles plus tard, en dérobera 42 700 – autre vantardise de vainqueur ! L'Égypte des anciens temps n'oublie jamais ce qu'elle doit aux bovins. Jamais. Quand un récit militaire rapporte quelque triomphe, il met au premier rang les animaux domestiques qui ont pu y être gagnés. Dans les tombes de l'ancien empire, on retrouve fréquemment et justement des scènes bucoliques, comme éternelles, où un veau tète sa mère. Où un pâtre fait traverser le gué à son troupeau, veillant à ce que le crocodile ne s'approche pas trop près.

Et puis il y a le ciel. Où demeure à jamais ce grand ancêtre de notre Antiquité qu'on appelle Narmer. Ou Narmer/Ménès, qui unifia – peut-être – les deux royaumes de l'Égypte, du nord au sud, il y a environ 5 500 ans. Ce règne est indissociable de la haute figure du taureau Hap, celui que les Grecs appelleraient Apis. Le culte voué à Hap, qui deviendra majeur, s'est poursuivi pendant des milliers d'années, jusqu'à Ptolémée[128]. Et l'image de l'animal, puissant symbole de vitalité, de force et de fertilité bien sûr, se superposa totalement à

---

127. Voir Jean-Loïc Le Quellec, Pauline et Philippe de Flers, *Du Sahara au Nil. Peintures et gravures d'avant les pharaons*, Soleb/Fayard, 2005.

128. Jack Randolph Conrad, *The Horn and the Sword. The History of the Bull as Symbol of Power and Fertility*, Dutton, 1971.

celle du grand roi. Qui était l'un ? Et l'autre ? Sur une tablette de la première dynastie, Narmer est présenté sous la forme d'un taureau pénétrant dans une ville. En réalité, tous les pharaons se considéraient comme des taureaux, et étaient d'ailleurs vus et admirés comme tels.

D'où venait Hap-Apis ? Mais d'une vache, bien entendu. D'une vache idéelle qui aurait été fécondée par un rayon de lune. Ne représentait-on pas le taureau divin avec un disque solaire installé entre ses larges cornes ? Il est facile, il est passionnant de montrer à quel point l'humanité a cheminé au pas des vaches et des taureaux pendant d'immenses durées. L'animal était utile – ô combien –, mais il était vénéré, admiré, magnifié. Toutes les civilisations d'avant le Christ ont accepté l'évidence de ses prouesses, de son incroyable beauté. En tout cas dans l'Ancien Monde.

À Sumer, le dieu suprême An est souvent représenté, il y a 5 000 ans, comme un taureau mugissant comparé au tonnerre. Et les épousailles de son fils Enlil avec la divine vache Ninlil ont longtemps été fêtées comme un jour de gloire pour tous. Ne disait-on pas que leurs accouplements entraînaient les bénéfiques crues du Tigre et de l'Euphrate, qui apportaient chaque année la fertilité ? Les temples de Sumer étaient pleins de frises décrivant le travail des bovins, et la joie des humains. Notre Louvre parisien dispose d'une statue splendide, vieille de 5 000 ans elle aussi, qui représente un taureau à tête d'homme – un dieu, à coup certain – qui nous regarde pour l'éternité.

Sur les terres nommées aujourd'hui Jordanie, Syrie, Liban, Israël, des dieux taureaux ont régné. Ils s'appelaient Teshub, Adad, Addu, Baal, Tesheba ou Tarhu. Les Phéniciens emportèrent le taureau sacré jusque dans leurs colonies d'Italie, de Grèce, d'Espagne, même. La première lettre de leur alphabet était l'image d'une tête de taureau, aleph, d'où proviennent à la fois l'alif arabe et l'alpha grec. La deuxième lettre, bet, qui signifie pourtant maison, arrive derrière ! Les deux, quoi qu'il en soit, donneront notre alphabet, source même de la culture écrite.

Où n'est-il pas ? On le trouve chez les anciens Hébreux, dans le palais de Minos, dans le culte de Mithra, dans l'Inde d'avant Bouddha, en Anatolie, sur les bords de la mer Noire, ailleurs, partout, toujours.

Une vraie mutation mentale

Pourquoi, oui, pourquoi une telle unanimité ? Ce livre ne prétend pas répondre à une question qui passionnera encore longtemps l'avenir. Mais il serait injuste de passer sous silence la théorie Cauvin. Jacques Cauvin est l'un des grands néolithiciens de notre culture occidentale. Autrement dit, un préhistorien spécialiste du passage complexe de l'âge paléolithique de l'humanité – une interminable aventure – aux temps nouveaux qui ouvrent sur l'agriculture.

Pendant longtemps, on a cru que cette dernière, imaginée il y a environ 10 000 ans, était pratiquement synonyme de révolution néolithique, définie par Cauvin lui-même comme le « début des premières manipulations par notre espèce de son milieu naturel[129] ». Qu'elle devait précéder, qu'elle précédait fatalement les premières installations permanentes sous forme de villages. Pour l'essentiel, le vaste changement n'aurait été possible qu'à partir de conditions climatiques

---

129. Jacques CAUVIN, *Naissance de l'agriculture*, CNRS Éditions, 1998.

plus favorables. Éventuellement pour des raisons démographiques, voire techniques.

Et puis est venu Cauvin. À partir d'études de terrain, notamment dans les vallées du Jourdain et du moyen Euphrate, il met patiemment au point un paradigme nouveau. Le Néolithique serait d'abord et avant tout un bouleversement religieux, préalable à tout le reste, agriculture comprise. Une « mutation mentale[130] », selon la forte expression par lui utilisée. N'entrons pas dans les détails de ce fabuleux débat. Cauvin, avec d'excellentes raisons à son appui, place au centre de cette humanité nouvelle, d'où nous venons tous, un culte neuf rendu à une déesse mère et à un taureau fils. Encore lui ! Encore ce taureau qui diffusera ensuite de l'Inde à la Grèce, de l'Égypte à la Rome antique. On assisterait à une immense révolution symbolique, une réorganisation majeure de la psyché humaine, désormais dominée par « deux figures symboliques dominantes, la Femme et le Taureau, qui conserveront la vedette durant le Néolithique et l'âge du bronze orientaux[131] ».

Bien qu'en partie hypothétique, cette révolution a été confirmée dans sa dimension factuelle. Il semble acquis que les débuts de l'élevage ne sont pas liés à la nécessité de nourrir la population. La vision de Cauvin a l'immense avantage de dire la puissance inouïe de la figure de l'animal. De cet animal-là, encore sauvage. Car cette métamorphose spirituelle aurait donc précédé la domestication des bêtes. Quel fabuleux compagnonnage ! Il entrouvre la porte sur le

---

130. Jacques CAUVIN, *Naissance des divinités, naissance de l'agriculture*, Flammarion, 1998.

131. *Ibid.*

vertige : y aurait-il, au fond de nos cerveaux d'hommes du xxiᵉ siècle, le souvenir commun de ce passé de gloire et de furie ? Cette lourde empreinte anthropologique expliquerait bien des phénomènes que ce livre vient d'interroger.

En tout cas, l'animal n'a pas pu être domestiqué pour des qualités qu'il n'avait pas encore. Comme le note l'ethnologue du CNRS Jean-Pierre Digard, « les mouflons, souches sauvages des moutons domestiques, ne possèdent pas de laine ; les oiseaux dans la nature ne pondent pas au rythme des poules actuelles ; les vaches ne produisent pas de lait en dehors de la période d'allaitement des veaux ; et comment aurait-on pu imaginer avant de les avoir domestiqués qu'un bœuf ou un cheval pourraient être utiles au travail[132] ? ».

Il est au moins une certitude : notre panthéon de vainqueurs de la vie est plein de têtes de taureau et de poitrails débordant de force. Il semble que la situation ait commencé à changer pour des raisons politiques et temporelles. Et que l'Église catholique ait joué un rôle important dans ce qu'il faut bien appeler un tournant. Car ce taureau vénéré, révéré, adulé dans les siècles des siècles, fut finalement désigné comme un monstre. Comme le démon lui-même. Comme le diable. Il faut signaler au passage l'événement qu'a pu être le concile catholique de Tolède, en 447 de notre ère.

Cette année-là, dans la célèbre ville d'Espagne, les théologiens tentent de donner une description du diable, que voici dans une traduction de l'auteur de ces lignes : « C'est une monstrueuse apparition noire, grande, avec des cornes sur la tête, des sabots fendus, une tignasse, des oreilles

132. In Pascal Picq, Jean-Pierre Digard et Boris Cyrulnik, *La Plus Belle Histoire des animaux*, Seuil, 2004.

d'âne, des yeux brûlants, des griffes, des dents grinçantes, un énorme phallus et une odeur de soufre. » Bigre, le taureau vient de changer de visage, et le diable vient d'emprunter ses traits.

Difficile de ne pas rapprocher cette vision du combat acharné mené par l'Église contre le mithraïsme et son culte du taureau. En cette année 447, les partisans de Mithra viennent juste de perdre la partie, et ne maintiennent plus qu'une présence clandestine dans l'Europe chrétienne.

Ce n'est pas qu'anecdote. Car le mithraïsme a longtemps été une religion concurrente du christianisme. Au IIIe siècle de notre ère, elle était même plus populaire à Rome que le Christ ! Or Mithra, dieu indo-persan, a partie liée, et partie intime, avec le taureau. À peine né, Mithra s'empare d'un taureau primordial, qu'il finit par porter sur ses épaules au cours d'une transe initiatique, le *transitus*.

Rome et les premiers catholiques avaient de bonnes raisons de se défier du mithraïsme, très populaire dans les armées de l'Empire. Comment expliquer que l'Église naissante ait choisi pour fêter Noël le 25 décembre, jour de la naissance de Mithra ? Au cours de cette cérémonie, au cours de l'anniversaire du soleil invaincu, *Dies natalis solis invicti*, un taureau était immolé.

En Gaule, le peu qu'on sait des relations de nos ancêtres avec le bétail montre une proximité impressionnante entre hommes et animaux domestiques. Le Grec Strabon, dans son chef-d'œuvre *Géographie*, évoque d'une manière admirative l'opulence relative de la Gaule agricole. On peut lire dans le livre IV des notations qui laissent songeur, comme celle-ci : « Les maisons des Gaulois, bâties en planches et en claies d'osier, sont spacieuses et ont la forme de rotondes ;

une épaisse toiture de chaume les recouvre. La grande quantité de bétail, surtout de moutons et de porcs, qu'ils possèdent explique comment ils peuvent approvisionner si abondamment de saies et de salaisons, non seulement Rome, mais la plupart des autres marchés de l'Italie. »

De notre Moyen Âge ne surnagent que de vagues évocations. Il est manifeste que les historiens ont oublié de s'intéresser au « sentiment de l'élevage », au sens que Philippe Ariès a pu donner, il y a près de cinquante ans, au « sentiment de l'enfance ».

Les premiers « artistes vétérinaires »

Dans les années 60 du siècle passé, on a mis au jour les restes d'un village mérovingien à l'emplacement du bourg actuel de Brebières, dans le Pas-de-Calais. Ce qu'on appelle la basse-cour parfaite est déjà présente. Parmi les restes de 437 animaux d'élevage retrouvés, on dénombre 18 chèvres, 74 moutons, 25 chevaux, 26 poules et poulets, 1 canard, 2 oies, 170 porcs et 97 bovins.

Pendant des siècles, au gré des invasions, des famines, des terribles épidémies comme la grande peste, un conflit spatial oppose en France et en Europe ce que la langue latine connaît sous les termes *ager* et *saltus*. Le premier désigne en fait les labours ou les terres aisément cultivables, le second l'espace inculte. Inculte, mais très utilisé pour le pacage des animaux, qui utilisent les herbes, les fruits, les tubercules. Parfois produit par les défrichements de la forêt – la *silva* –, le *saltus* est à la fois taillis, garrigues, marécages et zones humides, landes et broussailles, friches et jachères voulues ou contraintes. Dans la

France mérovingienne, dans celle qui lui succède, traversée par l'interminable guerre de Cent Ans, les guerres de religion, les grandes maladies, cela représente un espace immense.

L'alimentation du bétail fait largement appel à la provende du parcours. Les animaux domestiques divaguent, ou sont gardés d'une manière qui étonnerait aujourd'hui. Autant qu'on puisse en juger, l'élevage, pendant l'essentiel du Moyen Âge, semble reposer sur le triptyque bovins-porcins-ovins[133]. Avec bien entendu de grandes variations d'une région à l'autre. Rien à voir, on s'en doute, entre l'aristocratie, ou le clergé, et le monde des lopins, celui des manants.

Inutile de rêver plus avant : ce temps n'était pas celui de l'âge d'or. Tant d'animaux pesaient fort lourd dans l'économie pauvre de la plupart des régions agricoles. Pour seulement nourrir une bête d'élevage – ne songeons pas à l'engraissement –, il fallait en effet lui fournir en moyenne entre huit et dix fois son poids par an.

Mais il faut signaler, à la charnière entre Moyen Âge et révolution industrielle, l'extraordinaire ouvrage d'Olivier de Serres. Né au cours de la Renaissance, en 1539, Serres crée, dans l'Ardèche actuelle, une ferme modèle dans laquelle il imagine quantité d'améliorations pratiques du domaine agricole. Son *Théâtre d'agriculture et mesnage des champs*, paru en 1600, fait de lui le grand pionnier des agronomes modernes. Sully et Henri IV le tiendront en très haute estime.

Or que dit-il des animaux d'élevage ? Ou plutôt, comment en parle-t-il ? C'est passionnant. C'est édifiant. Car Olivier de

133. Roland JUSSIAU, Louis MONTMÉAS et Jean-Claude PAROT, *L'Élevage en France. 10 000 ans d'histoire*, op. cit.

Serres aime visiblement – d'amour, oserait-on écrire – le bétail. Page après page, il passe en revue tout ce qui doit être fait par l'homme pour contenter les bêtes qui le servent. Comme on est loin du temps d'aujourd'hui ! Tout y passe : les conditions du vêlage, la qualité des herbages, la nécessité de belles étables. Quelle leçon de vie et de maintien ! Jugeons ensemble : « Quant à leur logis [celui des animaux] et particulier gouvernement, il en sera traicté en lieu convenable, selon le naturel de chacune espèce de bestail. » Ou encore : « En campagne durant l'esté, les vaches seront menées aux pasquis, et ce dès la poincte du jour, pour manger l'herbe en la frescheur de la matinée, avec la rosée. Environ les dix heures, les serrera-t-on dans les estableries, où séjourneront durant la grande chaleur […], laquelle passée, ou pour le moins abaissée, qui sera environ les deux ou trois heures de l'après-midi, les amenera-t-on au pastis jusques à l'entrée de la nuict, lors les enfermant dans le logis jusques au lendemain. » Le pastis, il faut peut-être le préciser, désigne le pré.

Des « machines » à tête de singe

Relisez si vous en avez le temps, et considérons le souci de ce que nous appelons aujourd'hui le « bien-être animal ». Serres ne tarit pas d'évocations douces et presque amicales à l'endroit du bétail. « Les veaux à laict, et les bouveaux et genices, marcheront ensemble, pour la sympathie de leurs mœurs et âges. » Autrement dit, il convient de tenir compte de la « personnalité » des animaux et de leur âge… On n'en finirait pas de décrire la méticulosité tendre avec laquelle Olivier de

Serres octroie ses conseils d'élevage. Respect des veaux et de leurs mères, jugées « amoureuses » de leurs petits. Respect des bœufs, auxquels le bouvier doit accorder de nombreux soins quotidiens, dont la recherche des « espines et pierres qui souventes fois » s'attachent aux pieds de l'animal pendant la journée. Quant aux étables, mazette, on aimerait qu'elles soient en activité aujourd'hui. « Les estables seront appropriées au bestail, comme j'ai dict, grandes, aux grandes bestes : petites, aux petites, et pour toutes en général, sèches et aérées, afin qu'aucune humidité n'y séjourne, pour petite qu'elle soit, estant tous-jours contraire à toute sorte d'animaux. »

C'est bien dommage, mais il faut arrêter. Et considérer qu'en 1600, en France, l'un des grands du pays, ayant l'oreille du roi, explique comme une évidence qu'il faut bien traiter les animaux. Et qu'ils ne sont pas tous identiques. Qu'ils ne sont pas, en somme, de simples numéros.

Trente-sept années plus tard, le philosophe René Descartes publie son célébrissime *Discours de la méthode*. Dans le livre v, il formule sur les animaux un jugement qui continue de faire couler beaucoup d'encre. Pour lui, en effet, les animaux seraient des machines. Deux courtes citations permettront d'y voir plus clair : « Et je m'étois ici particulièrement arrêté à faire voir que s'il y avoit de telles machines qui eussent les organes et la figure extérieure d'un singe ou de quelque autre animal sans raison, nous n'aurions aucun moyen pour reconnoître qu'elles ne seroient pas en tout de même nature que ces animaux. » En somme, une bonne machine serait parfaitement capable d'imiter à la perfection un singe, ou un lion, ou un éléphant.

Deuxième citation : « Car c'est une chose bien remarquable qu'il n'y a point d'hommes si hébétés et si stupides, sans en excepter même les insensés, qu'ils ne soient capables d'arranger ensemble diverses paroles, et d'en composer un discours par lequel ils fassent entendre leurs pensées ; et qu'au contraire il n'y a point d'autre animal, tant parfait et tant heureusement né qu'il puisse être, qui fasse le semblable. »

On voit là que, pour Descartes, la parole est le propre de l'homme, et qu'elle est interdite aux animaux. Lesquels, car telle est l'explication, sont dépourvus d'âme. Ne maltraitons cependant pas trop Descartes, qui ne fait que reprendre et systématiser les idées dominantes de son époque. Ce qui compte davantage, c'est de pointer deux tensions. D'un côté ceux qui considèrent l'animal pour ce qu'il est, un être vivant et sensible. De l'autre ceux qui jugent qu'une telle *chose* peut être vue comme un assemblage de morceaux et de pièces plus ou moins utiles à l'espèce humaine.

Si Descartes n'est pas le monstre que certains prétendent, nul doute que ses épigones se seront appuyés sur les sentences émises par le maître. Pour ceux venus après Descartes, et se réclamant de lui, l'animal est bien un automate. Et l'homme un grand horloger disposant de tous les droits sur ce qui ne sera jamais qu'un objet utile.

Et si nous apprenions
à regarder les moutons ?

Que s'est-il donc passé ? Malgré les apparences, c'est assez simple à comprendre. Un système destiné à mieux nourrir le monde s'est emballé, échappant à tout contrôle social et moral. Il risque désormais d'entraîner les sociétés humaines dans un véritable gouffre. En 1945 en Europe, quarante ans avant en Amérique, chacun était pourtant d'accord sur une vision nouvelle de la viande. L'industrie semblait être l'avenir du monde. L'industrie commandait de découper en morceaux, au plus vite, des êtres sensibles et dignes d'intérêt et de compassion. L'industrie ne voulait plus entendre parler d'animaux, mais de choses.

On ne refera pas l'histoire, et il faut bien constater qu'aucune voix discordante ne s'est élevée. À moins qu'elle n'ait pas été entendue, ce qui arrive encore assez souvent. Quoi qu'il en soit, et pour en rester à la France, une génération a cru voir la marque du « progrès » dans l'univers concentrationnaire de l'élevage industriel. Et elle a eu tort.

Cet univers, en dehors et au-delà de toutes les explications, est répugnant. Rien n'y pourra plus rien changer. On peut repeindre des barreaux, on peut augmenter de quelques millimètres carrés un enclos, laisser téter les veaux un jour de plus, la pièce centrale, qui est une tragédie, restera la même. Des bourreaux patentés tuent chaque année en France, en notre nom, plus d'un milliard d'animaux domestiqués. Et il faut, pour satisfaire les investisseurs et ceux qu'ils ont soumis – qu'on appelle « éleveurs » –, continuer la course folle au profit. Cette marche à l'abîme implique l'usage de tueries mécanisées et de méthodes barbares. Banales, mais barbares.

Tout ce livre repose sur un postulat qu'il n'est que temps d'énoncer. Les hommes ne sauraient avancer sur la voie de sociétés meilleures sans conclure un vaste traité de paix avec les animaux. Ce n'est pas le lieu de débattre du droit. Ce n'est pas le lieu de dire si les animaux seront un jour considérés comme des sujets de droit. Ce n'est pas le lieu de régler cette redoutable question.

En revanche, il m'apparaît nécessaire d'appeler lucide-ment à la révolte la plus complète qui soit contre le sort fait aux veaux, vaches, cochons, poules et dindons de cette farce insupportable. Et je le fais sans hésiter une seconde. Et je le clame ici : vive les animaux ! Oui, vive les animaux et à bas leurs tortionnaires ! Dans le livre xi de l'*Esprit des lois*, et précisément dans son chapitre iv, Montesquieu écrit ceci : « Pour qu'on ne puisse abuser du pouvoir, il faut que, par la disposition des choses, le pouvoir arrête le pouvoir. »

Cette dernière phrase me hante. Comment faire pour que le pouvoir puisse efficacement arrêter le pouvoir ? Je sais comme vous des dizaines d'hommes politiques qui citent, pour le plaisir de se croire grands, quelque phrase du baron de La Brède et de Montesquieu, qui est son vrai nom. Je gage que la plupart n'ont pas dépassé le stade du dictionnaire des citations.

Or il faudra bien arrêter ce bras qui assassine. Un système qui a oublié à ce point les bases de la vie est dangereux pour tous. Où sont passés les points de vue pluralistes sur les animaux et les traitements qui leur sont infligés ? Où lire des points de vue dissidents ? Pourquoi les journaux acceptent-ils avec tant de facilité les arguments du lobby de la viande et les pages de pub pour McDo ?

La seule voie discernable par moi, et j'y reviens, est celle de la révolte. Massive. Irréconciliable. Un système aussi puissant, aussi enraciné que celui que je viens de décrire ne saurait être réformé. Ou il nous mènera au bout de sa course, ou il sera détruit. Par qui ? J'aimerais croire que le monde deviendra végétarien, car ce serait la preuve manifeste qu'il a choisi la voie de la sagesse. Moi qui ai mangé beaucoup de viande, moi qui en consomme aujourd'hui bien peu, je me permets de saluer avec le respect qu'ils méritent ceux qui refusent de croquer la chair des animaux.

Je n'ai aucune crainte pour leur santé, car, contrairement à ce que clame une propagande insistante, elle est bien meilleure que celle des carnivores. Voyez le cas de l'Indien Rajendra Pachauri, président du Groupe intergouvernemental d'experts sur le climat (Giec) et prix Nobel de la paix. Cet homme végétarien ne donne pas l'impression d'être le plus imbécile d'entre nous. Il a pourtant déclaré en septembre 2008 que nous devions tous – tous – apprendre à consommer moins de viande pour agir, à titre personnel, contre le dérèglement climatique. Je le cite : « Au début, renoncez à manger de la viande un jour par semaine, et ensuite cessez graduellement votre consommation. » Pachauri, prix Nobel de la paix. Je le salue bien bas, lui et tous les végétariens de son espèce, mais peuvent-ils incarner l'avenir commun que j'appelle de mes vœux ? Je le souhaite, mais je suis bien loin d'en être sûr. On ne saurait passer, massivement en tout cas, d'un régime basé sur la viande à un autre qui reposerait sur les végétaux.

Alors ? On a vu comment l'éleveur Éric Simon (chapitre 17) soignait ses beaux animaux. Il a poussé son sentiment d'humanité jusqu'au bout de sa propre démarche, mais l'élevage bio, en toute hypothèse, restera longtemps minoritaire. Ne croyez pas pour autant que les éleveurs ne cherchent pas d'autres voies, car ce serait mal les connaître. Beaucoup ne supportent plus ce que l'industrie les oblige à faire.

Je me permettrai de signaler le formidable signe d'espoir que représente en France le Réseau agriculture durable, ou RAD. Né en 1994, ce réseau dans lequel André Pochon (voir chapitre 13) a joué un grand rôle, s'appuie sur des systèmes autonomes et économes. Il ne regroupe pas que des éleveurs, mais ces derniers forment la moitié des 4 000 paysans membres. Qu'on se le dise ! Dans ce vieux pays qu'est la France, 2 000 éleveurs ont d'ores et déjà relevé la tête, surtout dans le Grand Ouest.

Le cahier des charges de ces valeureux pionniers dit tout : les trois quarts de la surface fourragère principale (SFP) doivent être en herbe. Les OGM, les farines animales, les antibiotiques, les hormones sont interdits. Peut-être – sait-on jamais – certains d'entre eux sont-ils indifférents au sort de leurs animaux. Mais je fais le pari, gagné d'avance, que la plupart ont et maintiennent des liens dignes et puissants avec leur cheptel. Le RAD est sans aucun doute possible la preuve que le système peut changer, et même basculer. Car les résultats économiques sont là, qui montrent que seules de nouvelles pratiques sont porteuses d'un avenir possible pour les hommes et les bêtes.

Cela ne peut nous dispenser d'agir. Tout de suite, collectivement, sans peur et sans aucun reproche. Il n'y a guère le choix. Si l'on veut avancer, il faut qu'un mouvement des consommateurs inédit se lève et modifie radicalement, par ses choix quotidiens, une industrie devenue folle et mortifère. Est-ce possible ? Je le crois. Est-ce souhaitable ? J'en suis sûr.

En 2006, j'ai eu la chance de rencontrer l'éthologue belge Vinciane Despret. Elle m'a parlé de quantité d'études passionnantes menées sur les animaux. Dont les chimpanzés, bien sûr. Mais à un moment elle a évoqué le travail de Thelma Rowell qui, dans les années 80 du siècle passé, avait décidé de regarder les moutons. Des animaux que la plupart des humains jugent irrémédiablement stupides. Mais Thelma, à la différence d'autres rares humains avant elle, a accepté d'emblée le rythme très lent – à nos yeux – de ces animaux. La suite nous est racontée par Vinciane elle-même, et a été publiée dans le magazine *Canopée* en 2007 : « Il faut beaucoup de patience pour observer les moutons, qui ne bougent pas beaucoup. Ils ont des gestes très éloignés des nôtres et pour en comprendre la signification, il faut souvent les voir manifester des dizaines de fois tel ou tel comportement, suivi de telle ou telle conséquence. Prenons l'exemple d'un mouton couché dans l'herbe, et qui se lève, le visage en avant. On peut penser qu'il hume l'air, qu'il apprécie la force du vent… Eh bien, Thelma a fini par comprendre après des centaines d'observations qu'en réalité ce mouton propose aux autres de partir dans la direction qu'il indique avec sa tête pointée. »

Je ne souhaite rien d'autre qu'apprendre, avec qui le voudra, à regarder les moutons se lever.

La suite de ce livre, avec des vidéos, sur Internet :
http://bidoche.wordpress.com

Table

BABEL

Extrait du catalogue

Ouvrage réalisé
par l'Atelier graphique Actes Sud.
Achevé d'imprimer
en décembre 2015
par Normandie Roto Impression s.a.s.
61250 Lonrai
sur papier fabriqué à partir de bois provenant
de forêts gérées durablement (www.fsc.org)
pour le compte
des éditions Actes Sud
Le Méjan
Place Nina-Berberova
13200 Arles.

Dépôt légal
1re édition : septembre 2010
N° impr. : 1505842
(Imprimé en France)